Le shell Bash

Configuration et programmation

CAMERON NEWHAM
BILL ROSENBLATT

Le shell Bash

Configuration et programmation

Traduction de René Cougnenc

ÉDITIONS O'REILLY INTERNATIONAL THOMSON
Tour Maine-Montparnasse, 33 avenue du Maine, 75755 PARIS CEDEX 15
email : *contact@itp.fr*

L'édition originale de ce livre a été publiée aux Etats-Unis par
O'Reilly & Associates Inc., Sebastopol, CA, sous le titre *Learning the bash shell.*

Couverture conçue par Edie Freedman

Les programmes figurants dans cet ouvrage sont livrés sous forme source pour illustrer les sujets traités. Il n'est donné aucune garantie quant à leur fonctionnement une fois interprétés dans le cadre d'une application professionnelle ou commerciale.

Édition : Xavier Cazin

ISBN 2-84177-023-0

Table des matières

Avant-propos

LA PREMIÈRE CHOSE à laquelle les utilisateurs du système d'exploitation UNIX ou Linux se trouvent confrontés, c'est le *shell*. « Shell » est le terme utilisé sous UNIX pour désigner l'interface entre l'utilisateur et le système, qui permet de communiquer avec l'ordinateur par l'intermédiaire du clavier et de l'écran. Les shells[1] ne sont que des programmes séparés qui « encapsulent » le système, et par conséquent il en existe de nombreuses variétés ; le choix est vaste.

En général, les systèmes sont configurés pour utiliser un shell « standard », que les nouveaux utilisateurs adoptent sans trop se poser de questions. Toutefois, certains de ces programmes sont de conception plutôt ancienne et il leur manque beaucoup des possibilités offertes par les versions modernes. C'est une honte, car les shells ont une grande influence sur l'environnement de travail des utilisateurs. Comme il est aussi aisé de changer de shell que de changer de chapeau ou de chemise, il n'y a aucune raison de ne pas adopter le meilleur de la technologie actuelle.

Parmi tout l'éventail des shells existants, ce livre présente le *Bourne Again shell* (**bash** en abrégé). Il en existe d'autres du même niveau ; citons le *Korn shell* (`ksh`) et le « *tektronix C shell* » (`tcsh`), tous deux faisant l'objet d'ouvrages chez *O'Reilly & Associates*.

Versions de Bash

Ce livre s'applique à toutes les versions de **bash**, bien que les plus anciennes ne comportent pas certaines des possibilités décrites. Vous pouvez très facilement déterminer quelle est celle en votre possession, en tapant `echo $BASH_VERSION` sur la ligne de commandes. La première version publique portait le numéro 1.0, et la plus récente à l'heure où nous écrivons ces lignes est la 1.14.6, sortie en juillet 1995. Si la vôtre est trop ancienne,

1. En anglais, « shell » signifie « coquille », ou « bogue » (au sens d'enveloppe). On le nomme souvent « interpréteur de commandes » en français ; dans cet ouvrage nous conserverons le mot shell, qui est plus général et adopté dans le monde entier (d'ailleurs, le terme « interpréteur » est une pure invention des informaticiens ; le mot « interprète » ne devait pas avoir un aspect suffisamment technique à leurs yeux...).

nous vous conseillons de faire une mise à jour ; vous trouverez la méthode à suivre dans le chapitre 11. Alors que cet ouvrage était sous presse, une version bêta de **bash** 2.0, comportant beaucoup de nouvelles fonctionnalités, a été diffusée. Vous trouverez un résumé des nouveautés apportées par cette version 2.0 dans l'annexe C.

Caractéristiques de Bash

Bash constitue une évolution du *shell Bourne*, avec lequel il est compatible ; il propose la plupart des avantages du *C shell*, certaines possibilités du *shell Korn*, ainsi que quelques caractéristiques qui lui sont propres.

Les emprunts au *C shell* sont :

- Manipulation des répertoires par les commandes `pushd`, `popd` et `dirs` ;
- Contrôle de processus, comprenant les commandes `fg` et `bg` et la gestion du `CTRL-Z` (« *job control* ») ;
- Expansion des accolades, pour générer des chaînes arbitraires ;
- Expansion du caractère *tilde*, raccourci pour référencer les répertoires des utilisateurs ;
- Alias, permettant d'affecter des noms simples à des commandes complexes ;
- Historique des commandes, autorisant le rappel des commandes effectuées précédemment.

Les améliorations spécifiques à **bash** comprennent :

- Édition de la ligne de commandes, que l'on peut choisir selon l'ergonomie des éditeurs `vi` ou Emacs ;
- Fonctions avancées de programmation intégrées : les fonctionnalités de plusieurs commandes externes UNIX comme `test`, `expr`, `getopt` et `echo` ont été intégrées dans le shell lui-même, ce qui autorise une programmation courante plus souple, plus propre et plus efficace ;
- Structures de contrôle ; `select` facilite par exemple la réalisation de menus ;
- De nouvelles options et de nouvelles variables, offrant encore plus de possibilités de personnalisation de votre environnement.

Public visé

Cet ouvrage s'adresse aux utilisateurs occasionnels d'UNIX ou de Linux, dont le niveau est juste supérieur à celui de « débutant ». Vous devez maîtriser la procédure de `login`, savoir entrer des commandes, et effectuer des actions simples sur des fichiers. Bien que le premier chapitre rappelle des notions élémentaires comme l'arborescence des fichiers et répertoires, il sera peut-être trop rapide pour vous, si vous êtes totalement néophyte. Dans ce cas, nous vous recommandons la lecture du livre *Learning the UNIX Operating System*, par Grace Todino et John Strang, chez *O'Reilly & Associates*.

Si vous êtes un utilisateur expérimenté, vous préférerez sans doute sauter ce premier chapitre. Mais si votre expérience se borne au *C shell*, consultez-le malgré tout car il vous révélera quelques subtiles différences existant entre **bash** et les *C shells*.

Mais quel que soit votre niveau, cet ouvrage vous apprendra à coup sûr beaucoup de choses, qui vous rendront plus productif sous **bash**, aussi bien dans l'exploitation de ses caractéristiques principales que dans celle de tout petits détails que vous n'auriez jamais imaginés.

Si la programmation shell vous intéresse (réalisation de shell scripts et de fonctions automatisant les tâches journalières ou implémentant des utilitaires système), ce guide constituera également une aide appréciable. Toutefois, nous avons délibérément évité de trop distinguer l'utilisation interactive (entrée de commandes pendant une session) et la programmation. Nous considérons la programmation shell comme une évolution naturelle et inévitable, au fur et à mesure de l'expérience acquise par l'utilisateur.

Par conséquent, chaque chapitre dépend de celui qui le précède, et bien que les trois premiers ne traitent uniquement que de l'usage interactif, les suivants introduisent aussi bien des notions de programmation que des possibilités offertes en mode interactif.

Ce livre a pour but de vous montrer que l'écriture de programmes shell utiles ne nécessite pas de grandes connaissances en informatique. Même si l'ordinateur est une chose nouvelle pour vous, il n'y a aucune raison pour que vous ne soyez pas capable de domestiquer rapidement toute la puissance de **bash**.

Pour cela, nous avons décidé de ne pas perdre trop de temps à décrire des concepts de bas niveau, qui n'intéressent que le programmeur système. Les notions de descripteurs de fichiers, de types de fichiers spéciaux, ne peuvent que troubler l'utilisateur occasionnel. Et de toute manière, nous espérons que ceux qui comprennent ce genre de choses sont suffisamment intelligents pour extrapoler, et déduire les informations qui les intéressent de nos courtes introductions.

Exemples de code

Ce livre est rempli d'exemples de programmes et commandes shell qui ont été prévus pour faciliter votre vie d'utilisateur de tous les jours, et pas uniquement dans un but éducatif. À partir du chapitre 4, nous introduisons différents problèmes de programmation, sous forme de petits exemples pratiques illustrant des concepts particuliers. Certains voient leurs solutions améliorées dans les chapitres suivants. Plus loin encore, vous trouverez des exercices de programmation, dont un grand nombre s'appuie sur les exemples décrits auparavant.

Vous pouvez utiliser librement le code que vous trouverez dans cet ouvrage, et en faire bénéficier votre entourage. Nous vous encourageons fortement à le modifier et à l'améliorer.

Si vous voulez essayer les exemples, mais que vous n'utilisez pas **bash** comme shell par défaut, vous devez mettre la ligne suivante au début de chaque shell script :

```
#!/bin/bash
```

Si **bash** n'est pas installé sous le nom de fichier `/bin/bash` dans votre système, remplacez son chemin d'accès dans cet exemple.

Description des chapitres

Le premier chapitre, « *Bash, notions de base* », présente **bash** et vous explique comment vous l'installer en shell par défaut. Il introduit ensuite les bases de l'utilisation du shell interactif, tout en donnant un aperçu de l'organisation des fichiers et répertoires sous UNIX, des entrées/sorties, et des processus fonctionnant en arrière-plan.

Le second chapitre, « *Édition de la ligne de commandes* », aborde le mécanisme gérant l'historique des commandes (en passant par les modes d'édition `vi` ou Emacs), la substitution et la commande `fc`, et l'assignation des touches avec `Readline` et `bind`.

Le troisième chapitre, « *Personnalisation de l'environnement* », vous apprend comment personnaliser votre environnement sans avoir à programmer, à l'aide des fichiers d'initialisation et des variables d'environnement. Les alias, options et variables internes font partie des techniques de configuration décrites.

Le quatrième chapitre, « *Programmation du shell — les bases* », constitue une introduction à la programmation shell. Il décrit les bases du langage script et des fonctions, et présente plusieurs caractéristiques importantes, clés d'une programmation efficace : opérateurs de manipulation de chaînes, expansion des accolades, arguments de la ligne de commandes, et substitution de commandes.

Le chapitre cinq, « *Structures de contrôle* », prolonge l'apprentissage de la programmation en présentant le statut de retour des commandes, les expressions conditionnelles, et les structures de contrôle de flux du programme shell : `if`, `for`, `case`, `select`, `while` et `until`.

Le sixième chapitre, « *Options en ligne de commandes et variables typées* », approfondit la gestion des options en ligne de commandes et la position des paramètres, puis présente les types et propriétés des variables, et l'arithmétique des entiers.

Le septième chapitre, « *Entrées/sorties et traitement de la ligne de commandes* », donne une description détaillée des entrées/sorties sous **bash**. Toutes les redirections possibles sont présentées, tout comme les commandes ligne-à-ligne `read` et `echo`. Ensuite, ce chapitre traite du mécanisme de gestion de la ligne de commandes et de la commande `eval`.

Le chapitre huit, « *Gestion des processus* », présente en détails tout ce qui concerne les processus. Il commence par le contrôle de processus, puis aborde des notions de plus bas niveau, en passant par les numéros de processus, les signaux et leur gestion par `trap`. Enfin, il atteint un niveau d'abstraction plus élevé en abordant les coroutines et les sous-shells.

Le chapitre neuf, « *Déboguage des programmes shell* », aborde les techniques de déboguage, comme `trace` et les modes verbeux.

Le chapitre dix, « *Administration et Bash* », apportera beaucoup d'informations aux administrateurs système, en présentant des méthodes pour implémenter des configurations valides pour tout le système, ainsi que des techniques relatives à la sécurité.

Le chapitre onze, « *Bash pour votre système* », indique comment se procurer **bash** et comment l'installer sur votre machine. Vous y trouverez également des conseils sur la démarche à adopter au cas où vous rencontreriez des problèmes d'installation.

L'annexe A, « *Autres shells* », compare **bash** avec d'autres shells similaires, qui comprennent le shell Bourne standard, le shell POSIX IEEE 1003.2, le Korn shell (`ksh`) et son implémentation en domaine public (`pdksh`), et le shell du « MKS Toolkit » destiné aux systèmes d'exploitation MS-DOS et OS/2.

L'annexe B, « *Listes de référence* », contient la liste des options d'appel du shell, des commandes et variables internes, des opérateurs de tests conditionnels, des possibilités d'édition et des commandes `Readline`.

L'annexe C, « *Bash 2.0* », présente les nouvelles caractéristiques offertes par la version 2.0 de **bash**.

L'annexe D, « *Syntaxe* », contient la liste des mots réservés de **bash** ainsi qu'une description BNF complète du shell.

L'annexe E, « *Comment se procurer les exemples* », indique les différents moyens possibles pour vous procurer facilement les plus importants scripts contenus dans ce livre, par FTP anonyme ou courrier électronique.

Conventions typographiques

Nous sous-entendrons que, lorsque vous tapez une commande shell, vous terminez la saisie par la touche ENTRÉE. Cette touche s'appelle parfois RETOUR ou ENTER, sur certains claviers.

Les caractères nommés CTRL-X, où X peut être une lettre quelconque, sont entrés en maintenant enfoncée la touche CTRL (ou CTL, ou encore CONTROL puis en pressant cette lettre. Vous n'avez pas besoin d'utiliser la touche majuscules.

Parmi les autres caractères spéciaux, citons LF ou LINEFEED (saut de ligne, qui correspond à CTRL-J), CORRECTION ou BACKSPACE (correction, correspondant à CTRL-H), ESC, TAB (tabulation) et DEL (appelé parfois DELETE ou RUBOUT).

Ce livre se conforme aux conventions suivantes :

Les italiques sont utilisées pour les noms de fichiers UNIX, et pour mettre en valeur les termes spéciaux, lors de leur première apparition.

Les caractères gras seront employés pour les noms d'utilisateurs.

`Les caractères Télétype` seront utilisés dans les exemples, pour montrer le contenu des fichiers ou la sortie affichée par les commandes, pour le nom des commandes, et de manière générale tout texte à destination ou issu de l'ordinateur.

Le souligné servira à montrer la position du curseur sur la ligne de commandes en cours d'édition. Par exemple :

```
grep -l Alice < caroll/livre/chapisres
```

Nous utiliserons le nom UNIX, comme raccourci désignant « UNIX et Linux ». Les puristes insisteront, avec juste raison, sur le fait que Linux n'est pas UNIX, mais pour tout ce qui concerne ce livre, ils se comportent tous deux de manière identique.

Remerciements

Ce projet fut une expérience très enrichissante, et n'aurait jamais été possible sans l'aide de nombreuses personnes. Tout d'abord, je voudrais remercier Brian Fox et Chet Ramey pour avoir créé **bash**, et en avoir fait le superbe produit qu'il est actuellement. Chet Ramey doit également être remercié pour avoir répondu rapidement à toutes mes questions et rectifié mes erreurs, et Brian Fox pour m'avoir fourni un petit historique de **bash** (très complet, avec une anecdote que j'ai tant bien que mal essayé d'intégrer).

Merci à Michael O'Reilly et Michael Malone de *iiNet Technologies* pour leur commentaires et suggestions (et ma connexion.internet !) ; Chris Thorne, Justin Twiss, David Quin-Conroy, et ma mère pour leurs critiques et corrections ; Linus Torvalds pour avoir réalisé le système d'exploitation Linux, grâce auquel j'ai fait la connaissance de **bash**, et qui a été ma plate-forme pour tous mes travaux relatifs à ce livre ; David Korn pour avoir fourni des informations sur le tout dernier Korn shell. Merci également à Depeche Mode, « 101 » ayant été le fond sonore qui a accompagné tous mes travaux, à Laurence Durbridge, charmante petite peste qui n'a jamais manqué de demander « — Alors, il est terminé ce bouquin ? », et à Adam (histoire de le citer dans mon livre).

Les yeux impitoyables de nos relecteurs techniques ont traqué toutes les erreurs. Merci à Matt Healy, Chet Ramey, Bill Reynolds, Bill Rosenblatt, et Norm Walsh pour avoir pris le temps de relire le manuscrit.

Toute l'équipe de O'Reilly & Associates fut indispensable pour que cet ouvrage voie le jour. Je voudrais particulièrement remercier Lenny Muellner pour m'avoir fourni les outils de formatage qui m'ont permis de réaliser ce travail, Chris Reilley pour les illustrations, et Edie Freedman pour la maquette de la couverture. Du côté de la production, j'aimerais remercier David Sewell pour la mise en page, Clairemarie Fisher O'Leary pour le suivi de production ainsi que Michael Deutsch et Jane Ellin pour leur assistance en ce domaine, Ellen Siever pour le support des outils, Kismet McDonough pour le contrôle de qualité, et Seth Maislin pour l'index.

Je suis très reconnaissant envers Frank Willison pour avoir provoqué mon premier courrier électronique à O'Reilly : « — pourquoi pas un bouquin sur **bash** ? ».

Enfin, un grand merci à mon responsable d'édition, Mike Loukides, qui m'a bien aidé tout au long de ce projet.

Votre avis nous intéresse

Nous avons testé et vérifié, du mieux que nous avons pu, toutes les informations contenues dans ce livre. Mais il se peut que vous constatiez des changements dans **bash**, ou que vous trouviez encore de légères erreurs. Faites-le nous savoir, et si vous avez des suggestions à nous faire, n'hésitez pas à écrire à :

`O'Reilly & Associates, Inc.`
`103 Morris Street, Suite A`
`Sebastopol, CA 95472`
`1-800-998-9938 (in the US or Canada)`
`1-707-829-0515 (international/local)`
`1-707-829-0104 (FAX)`

Vous pouvez également nous contacter par courrier électronique. Pour être inscrit à la liste de diffusion ou pour demander un catalogue, envoyez un message à l'adresse :

`info@ora.com     (via l'Internet)`
`uunet!ora!info   (via UUCP)`

Pour toute question ou suggestion technique à propos de cet ouvrage, envoyez un courrier électronique à l'adresse :

`bookquestions@ora.com`

Dans ce chapitre :

- *Qu'est-ce qu'un shell ?*
- *But de ce livre*
- *Histoire des shells UNIX*
- *Comment obtenir bash*
- *Utilisation interactive*
- *Entrées et sorties*
- *Processus en arrière-plan*
- *Caractères spéciaux*
- *Aide*

1

Bash, notions de base

Depuis le début des années 1970, lorsqu'il fut créé, le système d'exploitation Unix n'a cessé de devenir de plus en plus populaire. Au fil du temps, il s'est scindé en différentes versions, et a pris des noms comme Ultrix, AIX, Xenix, SunOS et Linux. Employé à ses débuts sur les mini et gros ordinateurs, il pilote de nos jours les stations de travail et même des micro-ordinateurs personnels, pour une utilisation domestique. De nos jours, ce n'est plus un système réservé aux spécialistes des universités et des centres de recherche : Unix est utilisé dans de nombreuses entreprises, écoles, et chez eux par un nombre croissant de particuliers. D'année en année, de plus en plus de monde entre en contact avec Unix.

Vous pouvez très bien avoir utilisé Unix à votre école ou votre lieu de travail pour exécuter vos applications, imprimer des documents, ou lire votre courrier électronique. Mais avez-vous déjà songé à ce qui se passe lorsque vous tapez une commande suivie de la touche ENTRÉE?

Un bon nombre de couches logicielles entrent en jeu à chaque fois, mais nous n'allons nous préoccuper uniquement que de la plus haute, connue sous le nom de shell. Il s'agit d'un terme générique définissant n'importe quelle interface entre l'utilisateur et le système d'exploitation Unix ; par exemple un programme qui attend une action de l'utilisateur, la traduit en instructions que le système peut comprendre, et convertit la réponse de ce système en quelque chose de significatif pour un humain. La figure 1.1 illustre les relations entre l'utilisateur, le shell, et le système d'exploitation.

Il existe différents types d'interfaces utilisateur. Bash appartient à la catégorie la plus courante, dite orientée caractères. Ces interfaces prennent les commandes sous forme de lignes de texte que l'utilisateur doit taper, et produisent en général dans l'autre sens une sortie lisible, elle aussi en mode texte. Parmi les plus connues, citons les interfaces graphiques (GUI,

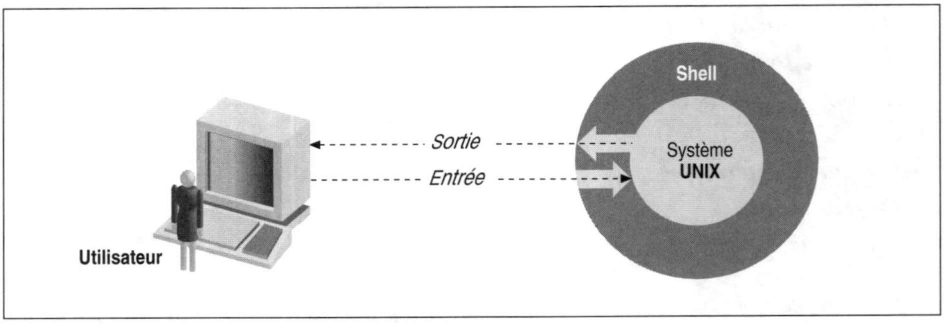

FIG. 1.1 - *Le shell enveloppe le système d'exploitation UNIX.*

Graphical User Interfaces), capables d'afficher n'importe quelle image (et pas uniquement des caractères de l'alphabet) et d'accepter des ordres en provenance d'une souris ou d'appareils du même type, et les interfaces tactiles, comme celles que vous rencontrez sur les bornes d'information ou les distributeurs de billets de train.

Qu'est-ce qu'un shell?

Le rôle du shell, donc, consiste à traduire les commandes tapées par l'utilisateur en instructions destinées au système d'exploitation. Par exemple, considérons la ligne suivante :

```
sort -n listephone > listephone.ordonnee
```

Elle signifie, sachant que « sort » veut dire « trier » en anglais : « trier les lignes que contient le fichier `listephone` par ordre de valeur numérique, et mettre le résultat dans le fichier `listephone.ordonnee` ». Voici ce que le shell fait de cette commande :

- il découpe la ligne en morceaux, qui sont `sort`, `n`, `listephone`, `>`, `listephone.ordonnee`. Ces parties sont appelés des *mots* ;
- il détermine la nature de ces mots : `sort` est une commande, `n` et `listephone` sont des arguments, puis `>` et `listephone.ordonnee`, pris ensemble, des instructions d'entrée/sortie (E/S) ;
- il paramètre les E/S en fonction de `>listephone.ordonnee` (effectue donc la sortie dans un fichier nommé `listephone.ordonnee` ;

– il recherche la commande `sort` dans un fichier binaire et l'exécute avec l'option `n` (tri numérique) et l'argument `listephone` (fichier d'entrée).

Bien entendu, chacune de ces étapes met en jeu plusieurs autres phases, qui donnent des instructions particulières au système d'exploitation qui est en dessous.

Rappelez-vous que le shell lui-même n'est pas UNIX, mais une simple interface. UNIX est l'un des premiers systèmes d'exploitation à avoir rendu l'interface utilisateur indépendante du reste du système.

But de ce livre

Cet ouvrage vous apprendra **bash**, qui est l'un des plus récents et des plus puissants shells UNIX. Il y a deux manières de l'utiliser : en tant qu'interface utilisateur, et comme langage de programmation.

Ce chapitre, ainsi que le suivant, traite de l'exploitation en mode interactif. Tous deux devraient vous apporter suffisamment de connaissances pour que vous puissiez utiliser efficacement le shell, pour tous vos travaux quotidiens.

Après quelques temps d'utilisation, il vous prendra sûrement l'envie de personnaliser votre environnement shell, et d'automatiser certaines tâches. Le chapitre 3, « *Personnalisation de l'environnement* », vous proposera différentes solutions à cet effet.

Il vous préparera également à la programmation du shell, sujet qui sera couvert en détails dans les chapitres 4 à 6. Vous n'avez besoin d'aucune expérience préalable en programmation pour comprendre ces notions. Les chapitres 7 et 8 décrivent encore plus précisément les entrées/sorties et la gestion des processus, et le chapitre 9 présente différentes techniques de mise au point et de déboguage des programmes.

Vous apprendrez beaucoup sur **bash** dans ce livre ; mais vous apprendrez aussi bien des choses concernant les utilitaires UNIX et la façon dont ce système d'exploitation fonctionne. Il est possible de devenir un virtuose de la programmation shell sans posséder aucun langage informatique au départ. Nous avons bien pris soin d'éviter les détails excessifs concernant le fonctionnement interne d'UNIX. Nous insistons sur le fait qu'il n'est pas nécessaire d'être un expert pour utiliser et programmer le shell de manière efficace, et nous n'aborderons pas les quelques possibilités offertes spécifiquement aux programmeurs système.

L'histoire des shells UNIX

L'indépendance du shell vis-à-vis du système d'exploitation UNIX lui-même a entraîné le développement de dizaines de ces interfaces tout au long de l'histoire d'UNIX; néanmoins seuls quelques uns ont abouti à des programmes universellement répandus.

Le tout premier shell important fut le shell Bourne (qui doit son nom à son créateur, Steven Bourne) ; il faisait partie de la première grande distribution d'UNIX, la version 7, à partir de 1979. Le shell Bourne s'appelle, pour le système, `sh`. Bien qu'UNIX ait subi énormément de changements, ce shell est toujours très populaire et n'a pratiquement jamais évolué. Plusieurs utilitaires et commandes d'administration dépendent de lui.

La première alternative largement répandue a été le C shell, ou `csh`. Écrit par Bill Joy à Berkeley, université de Californie, il fait partie de la distribution BSD (*Berkeley System Distribution*) UNIX, qui apparut deux ans après la Version 7. Il est à l'heure actuelle inclus dans toutes les versions récentes d'UNIX.

Ce C shell doit son nom à la ressemblance de sa syntaxe à celle du langage de programmation C, ce qui le rend très facile à apprendre pour les développeurs sous UNIX. Il supporte bon nombre de facilités proches du système (par exemple, le contrôle de processus, voir le chapitre 8) qui étaient propres aux UNIX BSD à l'époque, mais qui sont maintenant intégrées à la plupart des implémentations courantes. Il propose diverses possibilités importantes (les alias par exemple, voir chapitre 3) qui le rendent très pratique.

Ces dernières années, quelques autres shells ont acquis une certaine popularité, notablement le Korn shell. Il s'agit d'un produit commercial qui intègre le meilleur du shell Bourne et du C shell, et y ajoute de nombreux perfectionnements. Le Korn shell est semblable à **bash** en bien des points ; tous deux offrent des facilités en abondance, ce qui les rend très agréables à utiliser. L'avantage de **bash**, c'est qu'il est gratuit. Pour plus d'informations sur le Korn shell, consultez l'annexe A.

Le « Bourne Again » shell

Le « Bourne Again shell » (son nom étant un genre de calembour autour du nom du shell de Steve Bourne) fut réalisé dans le cadre du projet GNU.[1] Ce projet GNU a été lancé par Richard Stallman, de la FSF (*Free Software Foundation*, fondation pour le logiciel libre) et a pour but de réaliser un

1. GNU est un acronyme récursif, signifiant « *GNU's Not Unix* », GNU n'est pas UNIX.

système compatible UNIX au complet, et de remplacer tous les utilitaires commerciaux habituellement rencontrés sous ce système d'exploitation par des versions librement distribuables. GNU comprend non seulement de nouveaux logiciels utilitaires, mais également un nouveau concept de distribution : le *copyleft*. Les programmes soumis à ce copyleft peuvent être librement distribués, tant qu'aucune restriction n'est faite (par exemple, le code source doit être rendu accessible gratuitement).

Bash, conçu pour être le shell standard du système GNU, est officiellement « né » le dimanche 10 janvier 1988. Brian Fox a écrit les versions originales de **bash** et de `readline`, et a continué à améliorer le shell jusqu'en 1993. Au début de 1989, il fut rejoint par Chet Ramey, qui était l'auteur de nombreuses corrections de bogues et de beaucoup des nouvelles caractéristiques introduites. Chet Ramey est actuellement le responsable officiel de la maintenance de **bash**, et continue à le faire évoluer.

Suivant les principes GNU, toutes les versions de **bash** depuis la 0.99 ont été librement disponibles. Ce shell a fait son chemin, a été installé sur toutes les versions d'UNIX et est rapidement devenu le plus populaire des dérivés du shell Bourne. En fait, c'est même le shell standard du système Linux, un système UNIX gratuit très répandu.

Cet ouvrage décrit la dernière version de **bash**, 1.14.6, datée du mois de décembre 1995. Elle comporte quelques changements par rapport aux versions précédentes ; ceux-ci seront signalés dans le texte. Les nouveautés présentes dans **bash** 2.0, qui est encore en test à l'heure où nous écrivons ces lignes, sont résumées dans l'annexe C.

Caractéristiques de bash

Bien que le shell Bourne soit toujours reconnu comme l'interpréteur de commandes « standard », **bash** devient de plus en plus populaire. En plus de sa compatibilité avec le premier, il apporte le meilleur du Korn et du C shell, ainsi que bien des possibilités qui lui sont propres.

Ce qui attire les gens au tout premier abord, ce sont les modes d'édition de la ligne de commandes. La possibilité d'éditer cette ligne apporte une très grande facilité de correction des erreurs ou fautes de frappe, ou de rappel des précédentes commandes ; le mécanisme d'historique du C shell est bien plus lourd à manipuler, et le shell Bourne ne vous autorise aucune manipulation.

L'autre caractéristique principale, destinée essentiellement à l'utilisation interactive, c'est le contrôle de processus. Comme vous le verrez dans le chapitre 8, celui-ci vous permet d'arrêter, de relancer, de mettre en attente un nombre quelconque de commandes s'exécutant simultanément, depuis un seul terminal. Ces fonctions sont empruntées au C shell, pratiquement sans modification.

Le reste des principaux avantages de **bash** est destiné principalement aux programmeurs, et aux personnes aimant personnaliser leur environnement. Il propose de nombreuses options de configuration, et ses possibilités de programmation ont été étendues de manière significative pour inclure des définitions de fonctions, plus de structures de contrôle, l'arithmétique entière, des entrées/sorties perfectionnées, et bien d'autres choses.

Comment obtenir bash

Vous pouvez, ou non, être sous **bash** en ce moment. Votre administrateur système a probablement configuré votre compte avec le shell qui est considéré « standard » sur la machine. Il se peut qu'on ne vous ait même pas averti que plusieurs shells sont disponibles.

Il est très simple de déterminer quel est votre shell par défaut. Connectez vous sur le système, et tapez la commande `echo $SHELL`. Vous obtiendrez une réponse contenant `sh, csh, ksh` ou `bash` ; ce qui correspond respectivement aux shells Bourne, C, Korn et **bash**. Il y aussi une chance pour que vous soyez sous autre chose, comme `tcsh`.

Si vous n'êtes pas sous **bash**, mais que vous aimeriez l'être, alors la première chose à faire est de vérifier s'il existe sur votre système. Tapez simplement `bash`. Si vous obtenez une nouvelle invite avec un dollar ($), tout va bien ; tapez `exit` pour revenir à votre shell normal.

Si vous obtenez un message signifiant que la commande n'est pas trouvée, il se peut qu'il ne soit pas installé. Demandez à votre administrateur système ou à un utilisateur au courant ; il est possible que **bash** ait été mis à un endroit (répertoire) qui ne vous est pas normalement accessible. Sinon, consultez le chapitre 11, où vous trouverez tous les renseignements nécessaires pour vous procurer une version de **bash**.

Après vous être assuré de disposer de **bash**, vous pouvez l'invoquer depuis n'importe quel autre shell en tapant son nom, comme ci-dessus. Toutefois, il est nettement préférable de l'installer comme shell par défaut, c'est-à-dire celui que vous obtenez automatiquement lorsque vous vous connectez sous votre compte utilisateur ; on l'appelle également le *login shell*. Vous pouvez peut-être effectuer l'installation vous-même. Voici les instructions nécessaires, qui devraient fonctionner sur la majorité des divers systèmes UNIX. Si quelque chose ne se passe pas comme prévu, vous devrez abandonner la procédure d'installation et demander à votre administrateur de s'en occuper lui-même.

Vous devez déterminer l'endroit où se trouve **bash** sur votre système, c'est-à-dire le répertoire dans lequel il est installé. Vous obtiendrez peut-être le résultat en tapant la commande `whereis bash` (en particulier si vous êtes sous C shell) ; si cela ne marche pas, essayez `whence bash`, `which bash`, ou cette commande plus complexe[2] :

```
grep bash /etc/passwd | awk -F: '{print $7}' | sort -u
```

Vous devriez obtenir une réponse dans laquelle vous trouverez quelque chose comme `/bin/bash` ou `/usr/local/bin/bash`.

Pour l'installer comme shell par défaut, tapez `chsh` ***nom-de-bash***, où ***nom-de-bash*** sera la réponse que vous aurez obtenue par l'une des méthodes précédentes. Par exemple :

```
% chsh /usr/local/bin/bash
```

Soit vous aurez un message d'erreur indiquant que le shell n'est pas valide, soit il vous sera demandé votre mot de passe. Tapez-le, puis déconnectez-vous et recommencez une session pour que, cette fois, ce soit **bash** qui soit exécuté. Si vous obtenez un message d'erreur à ce moment, il vous faudra aller voir votre administrateur système[3].

Utilisation interactive du shell

Lorsque vous utilisez le shell en mode interactif, vous entamez une session qui commence lors de votre connexion au système et se termine quand vous tapez `exit` ou `logout`, ou encore lorsque vous pressez CTRL-D [4].

Pendant la session, vous tapez des lignes de commandes ; ce sont des lignes de texte qui se terminent par ENTRÉE, que vous saisissez depuis votre terminal ou votre station de travail. Par défaut, le shell vous propose une *invite* pour chaque commande, sous la forme du signe dollar (`$`), mais vous verrez dans le chapitre 3 que cette invite peut être modifiée à votre guise.

Commandes, arguments et options

Les lignes de commandes sont composées d'un ou plusieurs mots, séparés par des espaces ou des caractères de tabulation. Le premier de ces mots correspond à la *commande*. Le reste (s'il existe) constitue les *arguments*

2. Assurez-vous d'utiliser les bons caractères dans cette commande ; il s'agit de l'apostrophe (`'`) et non pas de l'apostrophe inversée (`` ` ``).

3. Pour des raisons de sécurité, seuls certains programmes sont autorisés à être installés comme shell par défaut.

4. Le shell peut être paramétré pour ignorer un ou plusieurs caractères CTRL-D, afin de ne pas terminer prématurément une session en cas d'erreur de frappe. Consultez la section décrivant les options, dans le chapitre 3, pour plus de détails.

(également appelés *paramètres*) de cette commande. Ce sont les noms des objets sur lesquels elle agira.

Par exemple, la ligne de commandes `lpr monfichier` est constituée de la commande `lpr` (imprimer un fichier) et du simple argument `monfichier`. Ici, `lpr` traitera `monfichier` comme le nom du fichier à imprimer. Les arguments sont très souvent des noms de fichiers, mais pas toujours : dans la ligne de commandes `mail marcel`, le programme de courrier (`mail`) traite `marcel` comme le nom de l'utilisateur à qui il faut envoyer le message.

Une *option* est un argument particulier, qui donne des informations spécifiques à la commande au sujet de ce qu'elle doit faire. Les options sont constituées d'habitude d'un tiret (`-`) suivi d'une lettre ; nous disons « d'habitude » car c'est plus une convention qu'une règle. La commande `lpr -h monfichier` contient l'option `h`, qui indique au programme de ne pas imprimer de bannière avant l'impression du fichier.

Quelquefois, les options ont leurs propres arguments. Par exemple, la commande `lpr -P Germaine -h monfichier` possède deux options et un seul argument. La première option est `-P Germaine`, ce qui signifie « utiliser l'imprimante nommée Germaine ». La seconde option et l'argument sont les mêmes que ceux décrits dans les précédents paragraphes.

Les fichiers

Bien que les arguments des commandes n'en soient pas toujours, les fichiers sont les « choses » les plus importantes dans tous les systèmes UNIX. Un fichier peut contenir n'importe quel genre d'information, et en réalité il existe différents types de fichiers. Ceux qui sont, de loin, les plus importants sont au nombre de trois :

- **les fichiers texte**. Ils contiennent des caractères lisibles. Par exemple, ce livre a été réalisé à partir de plusieurs fichiers texte, qui contiennent l'ensemble de l'ouvrage, plus des instructions de formatage lisibles par un humain, destinées au processeur de texte LaTeX;

- **les fichiers exécutables**. On les appelle également *programmes* ; ils sont invoqués en tant que commandes. Certains ne sont pas lisibles par un humain, car ils contiennent du code destiné directement au microprocesseur de la machine : ce sont des fichiers *binaires*. Le shell **bash** est de ce type. D'autres — ce sont les shell scripts que nous allons étudier dans ce livre — sont juste des fichiers texte particuliers ;

- **les répertoires**. Ce sont des « dossiers » qui peuvent contenir d'autres fichiers, voire d'autres répertoires (appelés dans ce cas *sous-répertoires*). On les appelle aussi parfois « catalogues ».

Les répertoires

Voyons l'un des concepts les plus importants concernant les répertoires. Le fait qu'ils puissent contenir d'autres répertoires, nous donne une structure hiérarchique, plus connue sous le nom d'*arborescence*, selon laquelle sont organisés tous les fichiers UNIX. La figure 1.2 schématise une partie d'une arborescence typique de fichiers sous UNIX; les rectangles correspondent aux répertoires et les ovales aux fichiers ordinaires. Le haut de l'arbre se

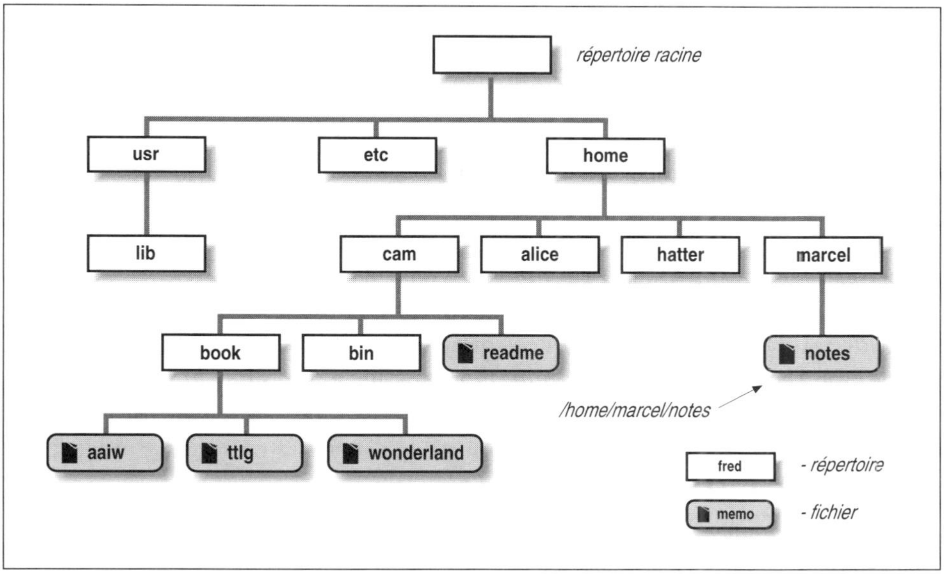

FIG. 1.2 - *Arborescence de répertoires et de fichiers.*

nomme par convention la *racine* (*root* en anglais), c'est un répertoire qui n'a pas de nom sur le système[5]. Tous les fichiers peuvent être nommés en indiquant leur emplacement dans l'arborescence par rapport à cette racine ; les noms sont construits en écrivant chacun des répertoires, dans l'ordre, séparés par des barres obliques (le caractère *slash*, « / »), suivis du nom du fichier. Cette convention d'écriture s'appelle le *chemin d'accès absolu*, ou *chemin d'accès complet*.

Par exemple, supposons qu'il existe un fichier dont le nom est *notes*, se trouvant dans le répertoire *marcel*, qui est lui-même dans le répertoire *home*,

5. La plupart des manuels UNIX stipulent que la racine a pour nom « / ». Cela s'explique par le fait que cette dénomination est plus en accord avec le reste des conventions de nommage des fichiers sous UNIX.

ce dernier appartenant au répertoire racine. Le chemin d'accès complet à ce fichier sera alors : */home/marcel/notes.*

Répertoire de travail

Bien sûr, il serait ennuyeux d'avoir à indiquer le chemin d'accès absolu tout le temps. C'est pourquoi il existe la notion de *répertoire de travail*, (souvent appelé *répertoire courant*), qui correspond au répertoire « dans lequel vous vous trouvez » à un moment donné. Si vous spécifiez un chemin d'accès sans qu'il commence par le nom de la racine (sans `/` au début), l'emplacement de ce fichier sera déterminé à partir du répertoire de travail. C'est ce que l'on appelle un *chemin d'accès relatif* ; vous les utiliserez bien plus souvent que les chemins complets.

Lorsque vous entrez dans le système, votre répertoire courant est initialement positionné à une valeur particulière, votre *répertoire personnel*. Les administrateurs choisissent souvent de lui donner le même nom que celui de votre compte utilisateur, et tous ces répertoires sont contenus dans un répertoire commun, sous la racine (souvent, */home*).

Par exemple, */home/marcel* est un répertoire personnel typique. S'il s'agit de votre répertoire courant et que vous tapez la commande `lpr memo`, le système recherchera le fichier *memo* dans le répertoire */home/marcel*. Si vous disposez d'un répertoire *recettes* dans le répertoire courant, et qu'il contient le fichier *cassoulet*, vous pourrez imprimer ce dernier en tapant simplement `lpr recettes/cassoulet`.

Le tilde (˜)

Vous devez vous en douter, les répertoires personnels apparaissent très souvent dans les chemins d'accès. Bien que beaucoup de systèmes soient organisés de telle sorte qu'ils se trouvent tous centralisés dans un répertoire commun (comme */home* ou */users*), ne comptez pas que ce sera le cas partout. Et vous n'avez même pas à savoir quel est le chemin d'accès absolu aux répertoires des autres utilisateurs.

Par conséquent, **bash** intègre une méthode d'abréviation de ces répertoires personnels : il suffit de faire précéder le nom de l'utilisateur du caractère *tilde* (˜). Par exemple, pour désigner le fichier *histoire* qui se tiendrait dans le répertoire personnel de l'utilisatrice **alice**, il suffit d'indiquer *˜alice/histoire*. Il s'agit alors d'un chemin absolu, aussi le répertoire courant dans lequel vous vous trouvez à ce moment n'a aucune importance. Si le répertoire d'**alice** contient un sous-répertoire appelé *aventure*, et que le fichier *histoire* se trouve plutôt là, vous pourrez utiliser *˜alice/aventure/histoire* pour y accéder.

Encore plus pratique : un tilde seul référence votre propre répertoire personnel. S'il s'y trouve un fichier du nom de *notes*, vous pouvez y accéder de n'importe quel endroit par la notation *~/notes* (notez, c'est le cas de le dire, la différence avec la notation *~notes*, que le shell interpréterait comme le répertoire personnel d'un hypothétique utilisateur **notes**). Si ce fichier se trouve dans votre sous-répertoire *boulot*, vous pourrez le désigner par *~/boulot/notes*. Cette notation est extrêmement pratique lorsque votre répertoire de travail n'est pas votre répertoire personnel, mais un endroit quelconque du système, comme */tmp* par exemple.

Changer de répertoire de travail

On utilise pour cela la commande `cd`. Si vous ne vous souvenez pas quel est le répertoire dans lequel vous êtes, la commande `pwd` vous l'affichera.

Pour vous déplacer dans l'arborescence, `cd` prend en argument le nom du répertoire dans lequel vous désirez aller, qui deviendra votre répertoire de travail. Ce nom peut être relatif au répertoire courant, il peut contenir un tilde, ou il peut être absolu (en commençant par un `/`). Si vous omettez cet argument, `cd` vous ramènera directement dans votre répertoire personnel (c'est équivalent à `cd ~`). Le tableau 1.1 donne quelques exemples de commandes de déplacement dans l'arborescence. Il considère que votre répertoire courant est */home/marcel*, et que la structure des répertoires ressemble à l'exemple de la figure 1.2.

Commande	Nouveau répertoire courant
`cd livre`	*/home/marcel/livre*
`cd livre/merveilles`	*/home/marcel/livre/merveilles*
`cd ~/livre/merveilles`	*/home/marcel/livre/merveilles*
`cd /usr/lib`	*/usr/lib*
`cd ..`	*/home*
`cd ../dugenou`	*/home/dugenou*
`cd ~dugenou`	*/home/dugenou*

TAB. 1.1 - *Exemples de commandes de déplacement dans l'arborescence.*

Les quatre premières lignes parlent d'elles-mêmes. Les deux suivantes font appel à un répertoire spécial, nommé .. (deux points), qui signifie « parent de ce répertoire ». Tout répertoire possède une entrée comme celle-ci ; c'est une méthode universelle pour remonter dans le répertoire juste au-dessus de celui dans lequel on se trouve dans l'arborescence ; on l'appelle le *répertoire père* ou *parent*[6].

6. Chaque répertoire contient également le répertoire spécial « . » (un point), qui

Le shell **bash** possède un autre raccourci très pratique, la commande `cd -`, qui change le répertoire courant pour celui dans lequel vous étiez précédemment. Par exemple, si vous êtes allé dans */usr/lib*, tapez `cd -` pour revenir dans votre répertoire personnel, puis refaites `cd -` pour retourner dans */usr/lib*.

Fichiers, caractères génériques, et expansion de noms de fichiers

De temps à autres, vous aurez besoin d'exécuter une commande traitant plusieurs fichiers à la fois. L'exemple le plus courant se rencontre avec la commande `ls`, destinée à afficher des informations sur les fichiers. Si on ne lui passe aucun argument, `ls` donne la liste des noms de tous les fichiers présents dans le répertoire courant, à l'exception des fichiers cachés, ceux dont les noms commencent par un point.

Si vous lui passez des noms de fichiers en arguments, `ls` listera ceux qui correspondent, ce qui est un peu idiot : si vous avez deux fichiers, disons *whisky* et *pastis* dans le répertoire courant, et que vous tapiez `ls whisky pastis`, le système affichera bêtement ces deux noms.

En fait, `ls` est bien plus souvent utilisée avec des options qui lui demandent de donner des précisions sur les fichiers : l'option `-l`, par exemple, lui fait afficher un format « long » comportant le propriétaire du fichier, sa taille, la date de sa dernière modification et quelques autres informations. L'option `-a` lui demandera de traiter les fichiers cachés que nous citions dans la note 6. Mais quelquefois, vous aurez besoin de vérifier l'existence d'un certain groupe de fichiers sans connaître leurs noms exacts ; par exemple, si vous utilisez un éditeur de texte, il peut vous prendre l'envie de savoir quels sont les fichiers présents dans votre répertoire de travail, dont les noms se terminent par « *.txt* ».

Les noms de fichiers ont une telle importance sous UNIX que le shell offre, en interne, une méthode permettant de spécifier des ensembles de noms sans qu'il soit nécessaire de connaître tous les noms correspondants. Vous disposez de caractères spéciaux, dits *caractères génériques* (ou parfois *métacaractères*), permettant de décrire les noms désirés. Le tableau 1.2 donne la liste des principaux.

Le point d'interrogation remplace n'importe quel caractère à l'endroit où il est placé : si votre répertoire contient, par exemple, les fichiers *programme.c*, *programme.log* et *programme.o*, l'expression `programme.?` correspondra à *programme.c* et *programme.o*, mais pas à *programme.log*.

---

signifie simplement « ce répertoire-ci ». Par conséquent, « `cd .` » ne fait rien. En fait, les entrées « `.` » et « `..` » sont des fichiers spéciaux, cachés dans chaque répertoire, qui pointent respectivement sur le répertoire en question et sur son parent. La racine est son propre parent.

Le caractère	Remplace
?	N'importe quel caractère
*	N'importe quelle chaîne de caractères
[ensemble]	N'importe quel caractère de l'ensemble
[!ensemble]	N'importe quel caractère absent de l'ensemble

TAB. 1.2 - *Principaux caractères génériques.*

L'astérisque (`*`) est plus puissant et bien plus souvent employé ; il remplace toute une chaîne de caractères. L'expression `programme.*` correspondra aux trois fichiers du paragraphe précédent. Les utilisateurs d'éditeurs de texte peuvent par exemple employer l'expression `*.txt` pour désigner, en bloc, tous leurs fichiers de travail[7].

Le tableau 1.3 devrait vous aider à mieux comprendre comment fonctionne l'astérisque. Pour cette démonstration, considérons que nous avons les fichiers *bob*, *darlene*, *dave*, *ed*, *frank* et *fred* dans notre répertoire courant.

Notez bien que `*` ne compte pas pour un emplacement de caractère : les expressions `*ed` et `*e*` correspondent à *ed*.

Expression	Fichiers correspondants
`fr*`	*franck fred*
`*ed`	*ed fred*
`b*`	*bob*
`*e*`	*darlene dave ed fred*
`*`	*bob darlene dave ed frank fred*
`d*e`	*darlene dave*
`g*`	`g*` (aucun)

TAB. 1.3 - *Exemples d'utilisation de l'astérisque.*

Les derniers caractères génériques sont les crochets, délimitant un ensemble. Un ensemble peut être une liste de caractères (par exemple abc), un intervalle (a-z) ou toute combinaison des deux. Si vous désirez que le tiret

7. Les utilisateurs de MS-DOS et de VAX/VMS doivent noter que le point (.) ne signifie rien de particulier dans un nom de fichier UNIX (mis à part le fait qu'il désigne un fichier caché s'il est en première position) ; c'est un caractère ordinaire. Par exemple, `ls *` liste tous les fichiers du répertoire courant ; vous n'avez absolument pas besoin de préciser `*.*` comme sous d'autres systèmes d'exploitation. D'ailleurs, `*.*` ne correspond pas à tous les fichiers, mais seulement à ceux dont le nom comporte au moins un point au milieu.

fasse partie de la liste, il vous suffit de le citer en premier ou en dernier. Le tableau 1.4 décrit plus facilement ce concept que de longues phrases.

L'expression	correspond à
[abc]	a, b ou c
[.,;]	point, virgule ou point-virgule
[a-c]	a, b ou c
[a-z]	toutes les lettres minuscules
[!0-9]	tout ce qui n'est pas des chiffres
[0-9!]	tous les chiffres et le point d'exclamation
[a-zA-Z]	toutes les lettres, majuscules et minuscules
[a-zA-Z0-9_-]	toutes les lettres, tous les chiffres, le souligné et le tiret

TAB. 1.4 - *Ensembles et intervalles.*

Dans notre premier exemple de caractères génériques, les expressions `programme.[co]` et `programme.[a-z]` décriront donc toutes deux les fichiers *programme.c* et *programme.o*, mais pas *programme.log.*

Un point d'exclamation après le crochet ouvrant indique une « négation » de l'ensemble. Par exemple, `[!.;]` désigne tout caractère, sauf le point et le point-virgule ; `[!a-zA-Z]` signifie tout caractère qui n'est pas une lettre de l'alphabet. Pour spécifier le point d'exclamation lui-même, faites-le précéder d'une contre-oblique, comme ceci : `[\!]`.

Les intervalles sont une notation très pratique, mais vous ne devez pas faire trop de suppositions quant aux caractères contenus entre deux points. Utiliser la gamme des lettres non-accentuées majuscules et minuscules est sûr, ainsi que toute partie de cet alphabet et les chiffres (`[f-q]`, `[2-6]`). N'utilisez pas d'intervalles entre des signes de ponctuation, ou des mélanges de majuscules et minuscules. Par exemple, il n'est absolument pas assuré que `[a-Z]` et `[A-z]` ne contiennent que des lettres ; et cet ensemble n'est pas portable entre différents types d'ordinateurs[8].

La procédure consistant à comparer les expressions génériques avec les noms des fichiers s'appelle *l'expansion des noms de fichiers*. Il s'agit juste d'une ou plusieurs étapes de la lecture et du traitement de la ligne de commandes par le shell ; nous en avons déjà vu une autre, l'expansion du tilde, dans laquelle ce caractère est remplacé par un répertoire personnel lorsque c'est possible. Nous en verrons encore d'autres plus loin, et tout le détail de la procédure est décrit dans le chapitre 7, « *Entrées/sorties et*

8. Le problème tient à l'encodage des caractères sur votre ordinateur. La grande majorité du parc informatique suit la norme ASCII, mais les grosses machines IBM utilisent EBCDIC, par exemple.

traitement de la ligne de commandes ».

Toutefois, vous devez savoir que les commandes que vous exécutez ne voient que le résultat de cette expansion ; c'est très important. C'est-à-dire qu'elles ne voient juste qu'une liste d'arguments, et n'ont aucune connaissance de leur provenance. Par exemple, si vous tapez `ls fr*` et que vos fichiers soient ceux de l'exemple précédent, le shell expansera la ligne de commandes, qui deviendra alors `ls fred frank`, et invoquera donc la commande `ls` avec les deux arguments `fred` et `franck`. Si vous tapez `ls g*`, comme aucun fichier ne correspond, le shell passera à `ls` la chaîne `g*` intacte, et `ls` affichera alors le message d'erreur « `g*: No such file or directory` » (fichier ou répertoire inexistant)[9].

Voici un exemple qui devrait rendre les choses plus claires. Supposons que vous êtes un programmeur en langage C. Cela signifie que vous traitez des fichiers dont les noms se terminent par `.c` (programmes, appelés également fichiers sources), `.h` (fichiers d'en-têtes), `.o` (fichiers contenant le code objet, non lisibles par un humain), ainsi que d'autres fichiers de toutes sortes. Admettons que vous désiriez lister tous les fichiers sources, en-têtes et objets présents dans le répertoire courant. La commande `ls *.[cho]` fera parfaitement l'affaire. Le shell expanse `*.[cho]` en tous les noms qui se terminent par un point suivi d'un `c`, d'un `h` ou d'un `o` et passe le résultat en tant qu'arguments à la commande `ls`. En d'autres termes, `ls` verra les noms de fichiers exactement comme si vous les aviez tous tapés un à un sur la ligne de commandes ; mais notez bien qu'il n'a pas été nécessaire de connaître à l'avance quels étaient ces noms ! Nous laissons les caractères génériques et le shell faire tout le travail.

Expansion des accolades

L'expansion des accolades est un concept très proche de celui de l'expansion des noms de fichiers. Là où la seconde s'applique à des fichiers et des répertoires existants, la première gère une chaîne de caractères arbitraire, d'une forme donnée : un préfixe facultatif, suivi d'une liste de chaînes séparées par des virgules et placée entre accolades, puis un suffixe optionnel. Si vous tapez `echo ri{delle,gole,dicule}s`, vous obtiendrez les mots *ridelles, rigoles* et *ridicules.* Chaque instance d'une chaîne entre les accolades est combinée avec le préfixe `ri` et le suffixe `s`. Notez que ce ne sont pas des noms de fichiers, c'est une simple manipulation de texte quelconque. Il est aussi possible d'imbriquer les accolades, comme dans `echo b{ar{re,rage},ruit}s`, qui donne comme résultat les mots *barres, barrages* et *bruits.*

9. Le mécanisme du C shell est différent : c'est lui qui affiche le message d'erreur et il n'exécute pas la commande `ls` dans ce cas.

L'expansion des accolades peut être utilisée conjointement avec celle des caractères génériques. Dans l'exemple précédent, où nous avions listé les fichiers sources, en-têtes et objets, nous aurions pu employer la commande `ls *.{c,h,o}`.

Les entrées et sorties

Le domaine du logiciel — en fait, tout domaine scientifique — tend à avancer d'un pas de géant chaque (rare) fois que quelqu'un (c'est-à-dire pas un comité) arrive avec un nouveau concept, petit et simple, mais ayant des implications énormes. Le principe des entrées et sorties standard d'UNIX est à porter à la trop courte liste de telles innovations, tout comme le langage LISP, le modèle relationnel et la programmation orientée objet.

Les E/S (entrées/sorties) sous UNIX fonctionnent selon deux idées d'une éblouissante simplicité. Tout d'abord, les E/S de fichiers UNIX prennent la forme de longues séquences arbitraires de caractères (octets). À l'opposé, les systèmes de fichiers plus anciens ont des E/S plus complexes (« bloc », « enregistrement », « image » par exemple). Ensuite, tout ce qui peut produire ou accepter des données dans le système est traité comme un fichier ; cela comprend les périphériques matériels comme les disquettes, disques durs et les terminaux. Les systèmes d'exploitation plus anciens traitaient chaque périphérique différemment. Ces deux idées ont rendu la vie des programmeurs bien plus facile.

Entrée et sortie standard

Par convention, chaque programme UNIX possède une seule voie pour accepter des données en entrée, appelée l'*entrée standard*, une voie pour fournir des données, appelée la *sortie standard*, et une voie pour produire des messages d'erreur, appelée la *sortie standard d'erreurs*. Bien sûr, un programme peut avoir d'autres sources d'entrée et de sortie, comme nous le verrons dans le chapitre 7.

Ce principe des flux standards fut le premier du genre à être implémenté spécifiquement pour l'utilisation interactive sur des terminaux, plutôt que l'ancienne méthode de traitement par lots qui imposait des piles de cartes perforées. Puisque le shell UNIX fournit l'interface utilisateur, vous ne serez pas surpris d'apprendre que les E/S standard furent étudiées pour s'intégrer le plus naturellement possible dans le fonctionnement du shell.

Tous les shells gèrent les E/S de la même façon. Chaque programme invoqué possède les trois canaux cités plus haut, associés à votre terminal ou station de travail, de sorte que l'entrée standard corresponde à votre clavier, et les deux sorties (standard et erreurs) s'affichent sur votre écran ou dans votre fenêtre. Par exemple, l'utilitaire de courrier (`mail`) imprime les messages sur la sortie standard, et lorsque vous l'employez pour envoyer du courrier à d'autres utilisateurs, il accepte vos données sur son entrée standard. Ce qui fait que vous voyez les messages sur votre écran et que vous tapez votre courrier sur le clavier.

Lorsque c'est nécessaire, vous pouvez rediriger l'entrée et la sortie vers un fichier. Si vous désirez envoyer le contenu d'un fichier existant à quelqu'un, par courrier, vous redirigez l'entrée standard de la commande de sorte que celle-ci lise ce fichier plutôt que votre clavier.

Ce système permet d'employer les utilitaires UNIX comme des briques, des éléments de programmes plus gros. En fait, beaucoup de ces utilitaires sont faits pour être utilisés ainsi : chacun effectue une opération de filtrage spécifique du texte qu'il reçoit sur son entrée. Bien que cet ouvrage ne soit pas un manuel sur les commandes UNIX, beaucoup sont essentielles pour utiliser le shell de manière productive. Les utilitaires de filtrage les plus connus sont indiqués dans le tableau 1.5.

Utilitaire	Fonction
`cat`	Copie l'entrée sur la sortie
`grep`	Recherche de chaînes dans l'entrée
`sort`	Tri des lignes lues sur l'entrée
`cut`	Extraction de colonnes depuis l'entrée
`sed`	Édition de texte sur l'entrée
`tr`	Translation des caractères entrés en d'autres.

TAB. 1.5 - *Utilitaires de filtrage* UNIX *les plus courants.*

Vous avez peut-être déjà utilisé certains de ces programmes auparavant, et noté qu'ils prenaient le nom des fichiers d'entrée en tant qu'arguments et produisaient le résultat sur la sortie standard. Mais vous ne savez peut-être pas, toutefois, que tous (ainsi que la plupart des utilitaires UNIX), acceptent les données sur l'entrée standard si vous omettez les arguments[10].

Par exemple, l'utilitaire le plus simple est `cat`, qui se contente simplement de copier l'entrée sur la sortie. Si vous tapez `cat` en lui donnant un nom de fichier comme argument, il affichera le contenu de ce fichier sur votre écran. Mais si vous l'invoquez sans argument, il attendra les données sur l'entrée standard et les copiera sur sa sortie. Essayez le : `cat` attendra

10. Si une commande particulière n'accepte pas de données sur l'entrée standard lorsque vous ne lui fournissez aucun argument, essayez de lui passer « `-` » (un tiret) comme unique argument.

que vous entriez une ligne de texte ; lorsque vous taperez ENTRÉE, il vous répétera ce que vous lui avez dit. Pour arrêter le programme, tapez CTRL-D en début de ligne. Vous verrez alors `^D` s'afficher à ce moment-là. Voici ce que vous devriez obtenir :

```
$ cat
Voici une ligne de texte.
Voici une ligne de texte.
Seconde ligne, pour voir...
Seconde ligne, pour voir...
^D
$
```

Redirection des entrées/sorties

En fait, `cat` est l'abréviation de « concaténation », c'est-à-dire l'enchaînement de plusieurs choses ensembles. La commande accepte de multiples fichiers en arguments, et les copie sur la sortie standard. Mais considérons pour l'instant, que `cat` et les autres utilitaires n'acceptent pas d'argument et se contentent de l'entrée standard. Comme nous l'avons dit plus haut, le shell permet de rediriger cette entrée standard pour prendre les données dans un fichier. Cela se réalise par l'opérateur `<` ; il positionne les flux de telle sorte que la commande prenne son entrée depuis le fichier indiqué plutôt que sur le terminal.

Par exemple, si vous avez un fichier appelé *alice* qui contient du texte, la commande `cat < alice` vous affichera ce texte sur le terminal. De même, `sort < alice` triera les lignes du fichier et vous pourrez observer ce résultat à l'écran (souvenez-vous que nous prétendons pour l'instant que ces utilitaires ne prennent pas d'arguments).

De la même manière, `commande > fichier` provoquera la redirection de la sortie standard de la commande vers le fichier en question. L'exemple classique (on dit souvent « canonique ») est `date > maintenant` : la commande `date` donne la date du jour sur la sortie standard ; notre exemple la sauve dans un fichier nommé *maintenant*.

Les opérateurs de redirection peuvent être combinés. Par exemple : la commande `cp` est normalement utilisée pour copier des fichiers ; si pour une raison quelconque elle est absente de votre système ou ne fonctionne pas, vous pouvez toujours utiliser `cat` de la manière suivante :

```
$  cat < fichier1 > fichier2
```

C'est équivalent à `cp fichier1 fichier2`.

Les tubes

Il est également possible de rediriger la sortie d'une commande vers l'entrée standard d'une autre, au lieu d'un fichier. L'opérateur qui permet cette opération est le *tube*, que l'on note | (barre verticale). Le terme anglais est *pipe*, une ligne qui contient deux commandes, ou plus, connectées ensembles par des tubes est parfois appelée *pipe-line*.

Les tubes sont très souvent utilisés conjointement avec l'utilitaire `more`, qui fonctionne comme `cat` mais qui affiche la sortie écran par écran, en attendant à chaque fois que l'utilisateur tape ESPACE (écran suivant), ENTRÉE (ligne suivante) ou diverses autres commandes. Si vous êtes dans un répertoire contenant beaucoup de fichiers, et que vous désirez les examiner en détails, `ls -l | more` vous permettra d'en obtenir la liste, une page-écran à la fois.

Les pipe-lines peuvent devenir très complexes et peuvent être combinés avec les autres opérateurs de redirection des E/S. Pour examiner une liste triée du fichier *alice* page par page, tapez `sort < alice | more`. Pour l'imprimer au lieu de l'afficher sur l'écran, faites `sort < alice | lpr`.

Voici un exemple plus compliqué. Le fichier */etc/passwd* contient les informations concernant les comptes des utilisateurs du système UNIX. Chaque ligne est composée du nom d'utilisateur, son numéro, son mot de passe chiffré, son répertoire personnel, son shell par défaut et d'autres données diverses. Le premier champ de chaque ligne est le nom d'utilisateur ; les champs sont séparés par un deux-points (:). En voici un exemple :

```
rene:9WzaQIj4wHqSv:509:100:Rene COUGNENC:/home/rene:/bin/bash
```

Pour obtenir une liste triée des utilisateurs du système, tapez la commande :

```
$  cut -d: -f1 < /etc/passwd | sort
```

(En fait, vous pouvez omettre le signe <, puisque `cut` accepte des fichiers d'entrée en arguments). La commande `cut` extrait de l'entrée standard les premier champs (`-f1`), ces champs étant séparés par des deux-points (`-d:`). La commande de notre exemple affichera une liste qui aura l'allure suivante :

```
adm
attila
bin
card
charpentier
cougnenc
daemon
ftp
guest
```

```
...
zorro
zuzur
```

Si vous voulez envoyer la liste directement vers l'imprimante (au lieu de votre écran), vous pouvez étendre encore la ligne de commandes :

```
$  cut -d: -f1 < /etc/passwd | sort | lpr
```

Vous devriez maintenant comprendre comment les tubes et les redirections supportent la philosophie des « briques » de programmes utilitaires sous UNIX. La notation est extrêmement élégante et puissante. Une autre chose très importante est que le concept de tube élimine le besoin de fichiers temporaires pour stocker la sortie d'une commande avant qu'elle ne soit envoyée dans l'entrée d'une autre.

Par exemple, pour effectuer le même genre d'opérations que la ligne de commandes ci-dessus sur d'autres systèmes d'exploitation (en supposant que les outils équivalents y soient disponibles...), il faudrait exécuter trois commandes. Sur le système VAX/VMS de DEC, cela nous donnerait quelque chose comme ceci :

```
$  cut [etc]passwd /d=":" /f=1 /out=temp1
$  sort temp1 /out=temp2
$  print temp2
$  delete temp1 temp2
```

Avec un peu de pratique, vous vous prendrez à taper machinalement de puissantes commandes qui feront en une seule ligne ce qui aurait demandé de nombreuses étapes et beaucoup de fichiers temporaires avec d'autres systèmes d'exploitation.

Processus en arrière-plan

Les tubes ne sont en fait qu'un cas particulier d'une possibilité bien plus générale : faire plusieurs choses en même temps. C'est une caractéristique dont bien d'autres systèmes commerciaux ne disposent pas, en raison des limitations strictes qu'ils tendent à imposer à leurs utilisateurs. UNIX, à l'opposé, a été développé dans un laboratoire de recherche et était destiné à un usage interne, aussi impose-t-il très peu de limites sur les ressources disponibles aux utilisateurs d'un ordinateur (il tend comme d'habitude vers la simplicité plutôt que la lourdeur et l'extrême complexité).

« Faire plusieurs choses en même temps » signifie exécuter plusieurs programmes au même moment. C'est ce qui se passe lorsque vous utilisez plusieurs tubes ; vous pouvez le réaliser aussi en vous connectant sous votre compte UNIX autant de fois que vous le désirez au même instant, pour obtenir plusieurs sessions simultanées (si vous essayez la même chose sur un système IBM VM/CMS, par exemple, vous obtiendrez le pénible message « `already logged in` », « vous êtes déjà connecté »).

Le shell vous autorise aussi à exécuter plus d'une commande à la fois pendant une session. Normalement, lorsque vous tapez une commande suivie de la touche ENTRÉE, il passe le contrôle de votre terminal à cette commande, jusqu'à ce qu'elle se termine. Mais si vous désirez exécuter un programme qui ne nécessite pas d'entrées de la part de l'utilisateur et que vous voulez faire autre chose pendant qu'il tourne, mettez un *et commercial* (`&`) après la commande.

On appelle cela l'exécution d'un programme en *arrière-plan* (on dit parfois, vulgairement, « tâche de fond ») ; à l'opposé de l'exécution normale qui est dite en *avant-plan*. Lorsque vous lancez un processus en arrière-plan, vous retrouvez immédiatement l'invite du shell, prête à recevoir d'autres ordres.

L'utilisation la plus évidente de cette possibilité, c'est l'exécution de programmes qui prennent beaucoup de temps à aboutir, comme `sort` (les tris de données) ou `uncompress` (le décompactage) sur de très grands fichiers. Par exemple, supposons que vous venez de vous procurer un gigantesque fichier compacté[11], provenant d'une archive sur bande magnétique. Disons qu'il s'agit de *gcc.tar.Z*, qui est une archive compressée contenant plus de 10 Mo de code source.

Tapez `uncompress gcc.tar &` (on peut omettre le `.Z`), et le système lancera en tâche de fond la commande qui décompactera le fichier, et aboutira à *gcc.tar*. Juste après avoir tapé votre commande, vous verrez une ligne ressemblant à ceci :

```
[1] 175
```

Elle sera suivie de l'invite du shell, ce qui signifiera que vous pourrez continuer à entrer d'autres commandes comme si de rien n'était. Ces nombres vous permettront de référencer et agir sur vos processus en arrière-plan ; le chapitre 8 explique tout cela avec moult détails.

Un processus que vous lancez ainsi en arrière-plan s'appelle un *job*. Vous pouvez vérifier le statut de chacun par la commande `jobs` :

```
$ jobs
[1]+  Running                 uncompress gcc.tar
```

11. Les fichiers compressés sont créés par l'utilitaire `compress`, qui compacte les données afin qu'elles prennent moins de place ; ils ont des noms de la forme *fichier.Z*, où *fichier* est le nom du fichier original non compressé.

Lorsqu'un job se termine, un message s'affiche juste avant l'invite du shell, comme ceci :

```
[1]+  Done                    uncompress gcc.tar
```

Ce message est différent si le processus s'est terminé sur une erreur ; là encore, consultez le chapitre 8.

E/S et arrière-plan

Les commandes exécutées en arrière-plan ne doivent pas faire d'entrées/sorties sur votre terminal. Réfléchissez à ce problème quelques instants et vous comprendrez aisément pourquoi.

Par définition, un processus en arrière-plan n'a pas le contrôle de votre terminal. Cela signifie entre autres choses que seul le processus en avant-plan (ou s'il n'y en a pas, le shell) « écoute » votre clavier. Si un programme tournant en tâche de fond a besoin d'entrées depuis le clavier, il attendra souvent sans rien faire jusqu'à ce que vous fassiez quelque chose pour lui (comme décrit dans le chapitre 8).

Si ce programme effectue un affichage à l'écran, vous verrez simplement ces messages sur votre terminal. Si, à ce moment, vous êtes en train de travailler sous un autre programme qui affiche lui aussi quelque chose, le résultat sera que les deux sorties apparaîtront en même temps, les lignes seront (souvent aléatoirement) mélangées et le tout sera difficilement lisible.

Lorsqu'on lance en arrière-plan un programme qui attend des entrées ou doit afficher un résultat, on redirige en général les E/S de sorte qu'elles proviennent ou aboutissent dans un fichier. Les utilitaires qui n'affichent que de petits messages d'une ligne (avertissement, statut, ...) sont une exception à cette règle ; ces informations peuvent ne pas être gênantes.

Par exemple, l'utilitaire `diff` examine deux fichiers, dont les noms lui sont fournis en arguments, et affiche un résumé des différences trouvées sur la sortie standard. Si les fichiers sont identiques, `diff` n'affichera rien du tout ; mais en général on s'attend à ce que quelques lignes soient différentes.

Tout comme `sort` et `compress`, `diff` peut prendre un certain temps pour s'exécuter si les fichiers à comparer sont très grands. Supposons que vous disposez de deux fichiers dans ce cas, qui se nomment par exemple *guerretpet.txt* et *guerretpet.txt.old*. La commande `diff guerretpet.txt guerretpet.txt.old`[12] révélera que l'auteur a décidé de changer le nom

12. Vous pourriez faire `diff guerretpet.*` pour taper moins de caractères, à condition qu'il n'existe aucun autre fichier dont le nom ait la même racine. Souvenez-vous que `diff` ne voit les arguments que lorsque le shell les a créés en expansant la ligne de commandes en fonction des caractères génériques. Beaucoup de personnes oublient cela.

« Ivan » en « Marcel » dans la totalité du fichier, ce qui résulte en un affichage volumineux.

Si vous tapez `diff guerretpet.txt guerretpet.txt.old &`, le système vous écrira tant de choses à l'écran que vous aurez toutes les peines du monde à faire autre chose, et même à arrêter l'opération (avec les techniques expliquées dans le chapitre 7). Mais si vous faites :

```
$ diff guerretpet.txt guerretpet.txt.old & > txtdiffs &
```

les différences seront alors sauvées dans le fichier *txtdiffs*, que vous pourrez examiner à loisir plus tard.

Arrière-plan et priorités

Lancer des programmes en arrière-plan peut vous faire gagner un temps précieux. Vous devez cependant avoir à l'esprit que cela utilise des ressources, à commencer par de la mémoire et du temps CPU (le processeur). Ce n'est pas parce que vous exécutez plusieurs travaux simultanément que les opérations iront plus vite que si vous les lanciez séquentiellement ; en fait, les performances sont généralement légèrement inférieures.

Chaque processus du système se voit attribuer une *priorité*, un nombre qui indique au système d'exploitation quelle est l'importance à lui donner lorsqu'il demande des ressources (plus ce nombre est élevé, plus la priorité est faible). Les commandes que vous lancez depuis le shell, qu'elles s'exécutent en avant ou arrière-plan, ont généralement la même priorité. L'administrateur système a le pouvoir d'exécuter des programmes avec une priorité supérieure à celle des utilisateurs ordinaires.

Notez que si vous êtes sur un système multi-utilisateurs, lancer de grandes quantités de processus en tâche de fond peut consommer bien plus de ressources que ce que l'on considère raisonnable pour une seule personne. C'est à vous de décider si l'exécution de votre travail le plus rapidement possible est plus important que de se comporter en bon citoyen envers les autres.

À ce propos, il existe une commande UNIX permettant de diminuer la priorité de tout processus : `nice`. En anglais, « nice » veut dire « gentil ». Relisez-donc la dernière phrase du précédent paragraphe... Si vous tapez `nice commande`, où « commande » peut être une ligne de commandes complexe avec des tubes et des redirections, celle-ci sera exécutée avec une priorité moindre que la normale.[13] Vous pouvez contrôler cette priorité en

13. Les commandes complexes, lancées avec `nice`, doivent être mises entre les deux caractères `" "`.

donnant un argument à `nice`; consultez sa page de manuel pour avoir des détails.[14]

Les caractères spéciaux

Les caractères <, >, | et & sont quatre exemples de caractères spéciaux, qui ont une signification particulière pour le shell. Les caractères génériques que nous avons abordé un peu plus haut (*, ? et [ ]) en sont aussi. Le tableau 1.6 donne la signification de tous les caractères spéciaux, dans les lignes de commandes shell uniquement. D'autres ont des significations particulières dans certaines situations, comme les expressions rationnelles et les opérateurs de manipulation de chaînes que nous verrons dans les chapitres 3 et 4.

<table>
<tr><th>Caractère</th><th>Signification</th><th>Voir chapitre</th></tr>
<tr><td>~</td><td>répertoire personnel</td><td>1</td></tr>
<tr><td>`</td><td>substitution commande (archaïque)</td><td>4</td></tr>
<tr><td>#</td><td>commentaire</td><td>4</td></tr>
<tr><td>$</td><td>dénote les variables</td><td>3</td></tr>
<tr><td>&</td><td>lancement en arrière-plan</td><td>1</td></tr>
<tr><td>*</td><td>caractère générique, chaînes</td><td>1</td></tr>
<tr><td>(</td><td>début de sous-shell</td><td>8</td></tr>
<tr><td>)</td><td>fin de sous-shell</td><td>8</td></tr>
<tr><td>\</td><td>protège le caractère suivant</td><td>1</td></tr>
<tr><td>|</td><td>tube</td><td>1</td></tr>
<tr><td>[</td><td>début d'ensemble, car. générique</td><td>1</td></tr>
<tr><td>]</td><td>fin d'ensemble, car. générique</td><td>1</td></tr>
<tr><td>;</td><td>séparateur de commandes</td><td>3</td></tr>
<tr><td>'</td><td>protection forte</td><td>1</td></tr>
<tr><td>"</td><td>protection faible</td><td>1</td></tr>
<tr><td><</td><td>redirection d'entrée</td><td>1</td></tr>
<tr><td>></td><td>redirection de sortie</td><td>1</td></tr>
<tr><td>/</td><td>séparateur de répertoire</td><td>1</td></tr>
<tr><td>?</td><td>caractère générique, un car.</td><td>1</td></tr>
<tr><td>!</td><td>NON logique</td><td>5</td></tr>
</table>

TAB. 1.6 - *Caractères spéciaux sur la ligne de commande du shell.*

14. Si vous êtes l'administrateur système, connecté sous le compte **root**, vous pouvez aussi employer `nice` pour augmenter la priorité d'un processus.

Protection de caractères

Il est parfois nécessaire d'utiliser ces caractères spéciaux littéralement, c'est-à-dire sans qu'ils prennent leur signification particulière. Cela s'appelle la *protection* (certains disent *littéralisation*, créant un néologisme). Si vous encadrez une chaîne de caractères par une protection simple, vous ôtez toute signification particulière aux caractères spéciaux que le shell interpréterait autrement.

La situation la plus évidente où cette méthode est nécessaire, c'est lors de l'utilisation de la commande `echo`, qui ne fait que prendre ses arguments et les afficher à l'écran. Pourquoi parlons-nous de cette commande? Parce que comme vous le verrez dans les prochains chapitres, le shell traite des lignes de commandes qui contiennent presque toujours l'un ou l'autre des caractères indiqués dans le tableau 1.6. La commande `echo` permet de visualiser le résultat du traitement, sur la sortie standard.

Mais si nous voulions imprimer le message «*2 * 3 > 5 est une inégalité valide* »? Supposons que vous tapiez ceci :

```
$ echo 2 * 3 > 5 est une inégalité valide.
```

Vous retrouveriez l'invite du shell, comme si rien ne s'était passé ! Mais en fait, il y aurait un nouveau fichier, dont le nom serait *5*, qui contiendrait : « 2 », suivi du nom de tous les fichiers présents dans le répertoire courant, et se terminant par « 3 est une inégalité valide ». Réfléchissez et assurez-vous d'avoir bien compris pourquoi[15]. Toutefois, si vous tapez :

```
$ echo '2 * 3 > 5 est une inégalité valide.'
```

le résultat sera bien le message voulu, affiché littéralement. Il n'est pas nécessaire de protéger la ligne entière, mais seulement la portion contenant des caractères spéciaux. Vérifiez :

```
$ echo '2 * 3 > 5' est une inégalité valide.
```

Le résultat est le même.
Notez que le tableau 1.6 classe les caractères « `"` `"` »[16] comme des protections faibles. Une chaîne protégée ainsi est sujette à certaines des étapes de traitement de la ligne par le shell, mais pas toutes (en d'autres termes,

15. Cela devrait également vous apprendre la souplesse de positionnement des opérateurs de redirection des E/S, qui peuvent être mis à n'importe quel endroit de la ligne de commandes, même là où ils ne paraissent pas avoir de signification.

16. Notez bien que ce ne sont pas des guillemets, contrairement à ce que l'on peut lire parfois. Les guillemets sont des signes typographiques bien définis, différents selon la langue écrite. La langue française les définit « comme ceci », alors qu'en anglais ils s'écrivent “comme cela” ; ce qui est très différent de ces "doubles apostrophes".

seuls certains caractères spéciaux conservent leur signification). Vous verrez dans les chapitres suivants pourquoi cette protection est parfois préférable ; le chapitre 7 contient la meilleure explication possible des règles mises en jeu par le shell pour le traitement de la ligne de commandes. Pour l'instant, toutefois, vous devez utiliser des protections fortes.

Échappement par « \ »

Une autre façon de changer la signification d'un caractère consiste à le faire précéder d'une contre-oblique (\). Cela équivaut, en règle générale, à le protéger. Par exemple :

```
$ echo 2 \* 3 \>5 est une inégalité valide.
```

produira les mêmes résultats que si vous aviez protégé la chaîne comme dans les exemples précédents. Pour utiliser ce caractère littéralement, protégez-le ainsi : `'\'` ou mieux encore, par lui-même : \\.

Voici un exemple plus pratique de protection des caractères spéciaux. Quelques commandes UNIX prennent des arguments qui comprennent souvent des caractères génériques, qui doivent alors être protégés pour que ce ne soit pas le shell qui les traite en premier. La commande de ce type la plus courante est `find`, qui effectue une recherche de fichiers dans des arborescences complètes.

Pour utiliser `find`, il faut lui fournir la racine de l'arbre dans lequel vous voulez faire la recherche, et décrire les caractéristiques du ou des fichiers que vous désirez localiser. Par exemple, la commande `find . -name tralala` recherche dans le répertoire courant (le point) les fichiers qui se nomment *tralala* (d'autres arguments permettent une recherche selon de nombreux critères, comme la taille du fichier, son propriétaire, ses permissions d'accès, sa date, etc.).

Il est possible (et très courant) d'utiliser des caractères génériques dans la chaîne de recherche, mais il faut les protéger pour que le shell les transmette à la commande au lieu de les traiter lui-même. La commande `find . -name '*.c'` recherchera tous les fichiers dont les noms se terminent par « *.c* », dans votre répertoire courant, ses sous répertoires, etc.

Protéger les caractères de protection

Vous pouvez aussi utiliser une contre-oblique pour inclure les caractères de protection dans une chaîne protégée. Par exemple :

```
$ echo \"2 \* 3 \> 5\" est une inégalité valide.
```

produira la sortie suivante :

```
"2 * 3 > 5" est une inégalité valide.
```

Toutefois, cela ne fonctionnera pas avec la protection par simples apostrophes a l'intérieur d'une expression protégée. Par exemple, `echo 'Vive l\'amour'` ne vous donnera pas le résultat escompté. Il y a plusieurs façons de contourner cette limitation. Tout d'abord, essayons d'éliminer la protection de la chaîne :

```
$ echo Vive l\'amour
```

Si la chaîne ne contient aucun autre caractère spécial (comme ici), cela fonctionne. Sinon, vous pouvez utiliser la commande suivante :

```
$ echo 'Vive' l\''amour'
```

Ici, nous protégeons deux chaînes : `'Vive'` et `'amour'`. Au milieu, notre apostrophe est protégée par une contre-oblique, simplement. Si vous saisissez bien le principe, vous arriverez facilement à résoudre les divers problèmes qui pourront se poser à vous lors de lignes de commandes souvent complexes, que la syntaxe du shell a tendance à imposer.

Continuation de longues lignes

Il arrive fréquemment que l'on ait à taper des lignes plus longues que la taille de la fenêtre de travail de la station ou du terminal utilisé. Comment faire ? La réponse est, conceptuellement, simple : il suffit de protéger le retour-chariot. Après tout, RETOUR n'est jamais qu'un autre caractère.

Il y a deux façons de procéder : la première consiste à terminer chaque ligne par une contre-oblique, la seconde à ne pas clore la protection (c'est-à-dire en incluant un RETOUR dans une chaîne protégée). Si vous utilisez la première solution, il ne doit rien y avoir entre la contre-oblique et la fin de la ligne (même pas d'espace ou de tabulation).

Quelle que soit la solution adoptée, vous indiquez au shell d'ignorer la signification particulière du caractère retour-chariot, généré par la touche ENTRÉE. Après avoir pressé cette touche, il comprend que vous n'avez pas fini de taper votre ligne de commandes (puisque vous n'avez pas entré un « vrai » RETOUR), aussi il vous propose une *invite secondaire*, qui s'affiche par défaut sous la forme du caractère >, et il attend que vous terminiez votre saisie. Vous pouvez continuer ainsi autant de fois que nécessaire.

Par exemple, si vous voulez que le shell affiche la première phrase du chapitre 10 des *Mémoires d'un habitué*, de *Serge D.*, vous pouvez taper ceci :

```
$ echo Le percolateur et Serge se regardèrent un instant sans rien \
> dire. Puis le premier se mit à siffler doucement, et avec une \
> voix suave mais ferme, lui dit : rentre te coucher. Pour un peu,\
> tu entendrais même parler un percolateur...
```

Ou bien, vous pouvez y arriver de cette manière :

```
$ echo 'Le percolateur et Serge se regardèrent un instant sans rien
> dire. Puis le premier se mit à siffler doucement, et avec une
> voix suave mais ferme, lui dit : rentre te coucher. Pour un peu,
> tu entendrais même parler un percolateur...'
```

Caractères de contrôle

Les caractères de contrôle — ceux que vous entrez en maintenant la touche CTRL enfoncée pendant que vous tapez une autre touche — sont un autre genre de caractères spéciaux. Ils n'affichent généralement rien à l'écran, mais le système d'exploitation en interprète quelques-uns en tant que commandes spéciales. Vous en connaissez déjà un : ENTRÉE, le retour-chariot, a la même valeur que CTRL-M (essayez, vous verrez). Vous avez sans doute aussi déjà utilisé les touches de correction ou d'effacement, pour corriger vos fautes de frappe.

En fait, beaucoup de touches de contrôle ont des fonctions qui ne vous concernent pas directement ; mais vous devez les connaître, au cas où vous les taperiez par erreur.

Le plus gros problème, c'est que leur affectation peut différer selon le système dont vous disposez. Le tableau 1.7 indique leur disposition la plus courante, il contient ce que toutes les versions modernes d'UNIX supportent. Notez que DEL et CTRL-? ont la même valeur.

Vous pouvez employer la commande `stty` pour déterminer quelle est votre configuration à ce sujet, et la modifier si besoin est ; consultez le chapitre 8 pour plus de détails. Si votre version d'UNIX est un dérivé de BSD (comme SunOS et Ultrix), tapez `stty all` pour visualiser l'affectation des caractères de contrôle ; vous obtiendrez quelque chose comme ceci :

```
erase kill werase rprnt flush lnext susp  intr quit stop  eof
^?    ^U   ^W     ^R    ^O    ^V    ^Z/^Y ^C   ^\   ^S/^Q ^D
```

La notation `^X` signifie CTRL-X. Si votre version d'UNIX est un dérivé de System III ou System V (ce qui comprend AIX, HP/UX, SCO, Linux et Xenix), tapez `stty -a` ; l'affichage incluera alors des informations comme celles-ci :

```
intr = ^c; quit = ^|; erase = DEL; kill = ^u; eof = ^d; eol = ^`;
swtch = ^`; susp = ^z; dsusp <undef>;
```

Caractère	Nom `stty`	Description de la fonction
CTRL-C	intr	Arrête la commande en cours.
CTRL-D	eof	Fin d'entrée (fin de fichier).
CTRL-\	quit	Arrête la commande en cours, si CTRL-C est inopérant.
CTRL-S	stop	Stoppe l'affichage à l'écran.
CTRL-Q	start	Relance l'affichage à l'écran.
DEL ou CTRL-?	erase	Efface le dernier caractère.
CTRL-Z	susp	Suspend la commande en cours (voir le chapitre 8).

TAB. 1.7 - *Principaux caractères et touches de contrôle.*

C'est CTRL-C que vous utiliserez sans doute le plus fréquemment, on l'appelle parfois la touche d'interruption. Son action est d'arrêter (ou d'essayer d'arrêter) la commande qui est en cours d'exécution. Vous vous en servirez lorsque vous lancerez une commande qui vous paraîtra finalement trop longue à exécuter, ou à laquelle vous aviez donné par erreur de mauvais arguments, ou si pour quelque raison que ce soit, vous changez d'avis.

Parfois, CTRL-C ne marche pas. Dans ce cas, si vous voulez vraiment arrêter un programme, essayez CTRL-\. Mais commencez toujours par essayer CTRL-C ! Vous comprendrez pourquoi à la lecture du chapitre 8. Pour l'instant, disons simplement que CTRL-C donne une chance au programme de se terminer plus proprement, de manière à ne pas laisser de fichiers ou d'autres ressources dans un état bizarre et incertain.

Nous avons déjà rencontré un exemple d'utilisation de CTRL-D. Lorsque vous exécutez une commande qui nécessite l'entrée de données à partir du clavier, CTRL-D lui indique que vous avez terminé la saisie ; exactement comme si elle lisait un fichier et qu'elle en avait atteint la fin. L'utilitaire `mail` est parmi ceux qui emploient cette méthode : lorsque vous tapez un message, vous le terminez par CTRL-D, ce qui indique que votre texte est complet et prêt à être expédié. La plupart des utilitaires qui demandent une entrée au clavier acceptent CTRL-D comme caractère d'indication de fin de saisie, bien qu'une grande partie soit plus conviviale et comprenne aussi des commandes comme `q`, `quit`, `exit`, etc.

CTRL-S et CTRL-Q sont appelés caractères de *contrôle de flux*. Il constituent une méthode antique pour stopper et relancer l'arrivée de caractères entre deux périphériques (par exemple, de l'ordinateur vers votre terminal), qui était très utile à l'époque où ce type d'affichage était particulièrement lent. Ils sont plutôt obsolètes de nos jours, où nous travaillons avec des réseaux locaux à haute vitesse et des liaisons effectuées avec des modems rapides. En fait, dans ce dernier cas, CTRL-S et CTRL-Q sont très gênants. La seule chose que vous devez connaître à leur propos, c'est que si l'affichage sur votre écran paraît tout-à-coup figé, bloqué, c'est que vous avez sans doute tapé un CTRL-S par erreur. Tapez simplement CTRL-Q pour remettre les choses en ordre ; toutes les touches que vous aurez pressées entre temps prendront immédiatement effet.

Le dernier groupe de caractères de contrôle vous offre une méthode rudimentaire d'édition de votre ligne de commandes. DEL agit comme une touche de correction (en fait, certains systèmes utilisent la vraie touche de correction, CTRL-H, pour l'effacement à la place de DEL ; CTRL-U supprime toute la ligne et vous permet de la retaper. Là encore, elles peuvent avoir été réaffectées autrement sur votre installation[17]. Le chapitre suivant présentera les modes d'édition de **bash**, qui comptent parmi ses caractéristiques les plus utiles, et qui sont bien plus puissants et plus pratiques que les possibilités limitées que nous venons de décrire ici.

Aide en ligne

L'aide en ligne est une facilité qu'aucun autre shell ne possède encore à l'heure actuelle. La commande `help` offre des informations sur les diverses commandes internes à **bash**. Si vous tapez seulement ce mot, vous obtiendrez une liste de toutes ces commandes, avec leurs options.

Si vous faites suivre `help` du nom d'une commande interne, **bash** vous proposera alors une description détaillée de la commande en question :

```
$ help cd
cd: cd [dir]
    Change the current directory to DIR.  The variable $HOME is the
    default DIR.  The variable $CDPATH defines the search path for
    the directory containing DIR.  Alternative directory names are
    separated by a colon (:).  A null directory name is the same as
    the current directory, i.e. '.'. If DIR begins with a slash (/),
    then $CDPATH is not used.  If the directory is not found, and
    the shell variable 'cdable_vars' exists, then try the word as
    a variable name.  If that variable has a value, then cd to the
    value of that variable.
```

Vous pouvez aussi demander de l'aide sur un nom partiel, auquel cas vous obiendrez des renseignements sur toutes les commandes dans lesquelles cette chaîne apparaît. Par exemple, `help re` fournira l'aide de `read`,

17. Pourquoi y a-t-il encore autant de touches de contrôle démodées en usage ? Elles n'ont rien à voir avec le shell, mais sont en réalité traitées par le pilote de périphérique gérant les `ttys`, une vieille et sombre partie des entrailles du système d'exploitation, qui contrôle les entrées et sorties depuis/vers votre terminal.

`readonly` et `return`. Le nom partiel peut contenir des caractères génériques. Vous aurez alors besoin de protéger cette chaîne, afin que le shell n'expanse pas l'expression en fonction des fichiers du répertoire courant. Par conséquent, le dernier exemple est équivalent à `help 're*'`, et `help 're??'` ne renseignera que `read`.

Quelquefois, `help` produira plus d'un écran d'informations, et le texte défilera dans votre fenêtre. Vous pouvez alors utiliser la commande `more` pour obtenir un affichage paginé, en faisant `help commande   more`.

Dans ce chapitre :

- *Le fichier d'historique*
- *Les modes d'édition :*
  - *Emacs*
  - *vi*
- *La commande fc*
- *Expansion d'historique*
- *Readline*
- *Habitudes de frappe*

2

Edition de la ligne de commandes

IL EST TOUJOURS POSSIBLE DE FAIRE DES ERREURS lorsque l'on tape sur un clavier d'ordinateur, et c'est encore plus vrai lors de l'utilisation d'un shell UNIX. Sa syntaxe est puissante, mais stricte, pleine de caractères compliqués, et pas toujours très évidente ; elle amène parfois à des lignes de commandes aussi illisibles que complexes. Les shells C et Bourne exacerbent cette situation en ne vous offrant que des possibilités d'édition très limitées.

En particulier, il n'y a aucun moyen de rappeler une ligne de commandes précédemment saisie afin de corriger une toute petite erreur. Si vous êtes un utilisateur de shell Bourne expérimenté, il ne fait aucun doute que vous avez maintes fois connu la pénible situation qui consiste à être obligé de retaper de longues commandes. Certes, vous pouvez utiliser la touche de correction, mais une fois la touche ENTRÉE pressée, votre ligne de commandes est partie pour toujours !

Le C shell offre une petite amélioration grâce à son mécanisme d'historique, qui permet quelques manipulations d'édition des précédentes commandes, assez peu pratiques. Mais bien des utilisateurs se sont déjà dit : « — pourquoi ne puis-je pas éditer les lignes de commandes UNIX de la même façon que je peux manipuler du texte avec un éditeur ? »

Eh bien, c'est exactement ce que **bash** permet de faire. Il possède des modes d'édition qui vous autorisent à travailler ce que vous tapez avec des commandes similaires à celles des deux plus célèbres éditeurs de texte sous UNIX, `vi` et Emacs. Il fournit également un mécanisme d'historique analogue à celui du C shell, mais bien plus étendu, appelé *fc* (pour « *fix command* », correction de commande). Celui-ci, parmi bien d'autres choses, vous permet d'employer directement votre éditeur favori pour l'édition de vos lignes de commandes. Et pour faire bonne mesure, il offre aussi le mécanisme original d'historique du C shell.

Dans ce chapitre, nous allons parler des caractéristiques communes à tous les modes d'édition de la ligne de commande proposés par **bash** ; puis nous traiterons en détails de chacun d'eux. Si votre éditeur préféré est `vi` ou Emacs, vous pourrez ne lire que la section concernant l'émulation qui vous concerne [1]. Si vous ne connaissez ni l'un ni l'autre, mais que l'un de ces modes d'édition vous intéresse malgré tout, nous vous suggérons de choisir le mode Emacs : c'est une extension naturelle du mode minimal obtenu par défaut sous **bash**.

Nous devons toutefois signaler que ces deux modes d'édition peuvent entrer en conflit avec les touches de fonction définies par l'interface du terminal UNIX. Souvenez-vous des valeurs indiquées dans le tableau 1.7 du chapitre 1, et de l'exemple d'utilisation de la commande `stty`. Les valeurs indiquées ont priorité sur les touches de fonction affectées dans les modes d'édition.

Tout au long de ce chapitre, nous vous avertirons lorsqu'une commande d'édition risque d'entrer en conflit avec la configuration par défaut des touches de contrôle du terminal.

Mise en route de l'édition

Par défaut, en mode interactif, **bash** démarre en mode Emacs (sauf si vous l'avez lancé avec l'option `-nolineediting` ; voir le chapitre 10, « Administration et Bash »). Il y a deux façons d'entrer en mode édition, une fois que vous êtes sous shell. La première fait appel à la commande `set` :

```
$ set -o emacs
```

ou bien

```
$ set -o vi
```

La seconde consiste à positionner une variable `readline` dans le fichier *.inputrc*. Nous verrons cette méthode un peu plus loin.

Vous vous rendrez compte que les modes `vi` et Emacs sont très bons lorsqu'ils émulent les commandes de base de ces éditeurs, mais pas dans leurs fonctions avancées ; leur but essentiel est de vous placer dans un environnement familier, où vous retrouverez vos habitudes de frappe. Par ailleurs, `fc` est assez puissant ; il est destiné à supplanter l'historique du C

1. Ces sections vous apporteront d'autant plus de choses que vous connaissez bien l'un ou l'autre des éditeurs de texte concernés. Si vous avez besoin de vous familiariser davantage avec eux, les livres *Learning the vi Editor* par Linda Lamb, et *Learning GNU Emacs* par Debra Cameron et Bill Rosenblatt, tous deux aux éditions *O'Reilly & Associates*, vous apporteront de précieux renseignements.

shell et comme une « ouverture » pour les utilisateurs d'éditeurs autres que `vi` ou Emacs. Par conséquent, la section concernant `fc` est surtout recommandée aux habitués du C shell et à ceux qui n'utilisent aucun de ces deux éditeurs standard.

le fichier d'historique

Toutes les possibilités de gestion d'un historique des commandes sous **bash** dépendent d'un fichier, dans lequel sont enregistrées toutes les commandes au fur et à mesure que vous les tapez. Chaque fois que vous vous connectez, ou que vous lancez un autre shell interactif, le shell charge un historique initial en lisant ce fichier, qui se trouve dans votre répertoire personnel sous le nom de *.bash_history*. À partir de ce moment, chaque session interactive de **bash** maintient sa propre liste de commandes. Lorsque vous sortez d'un shell, il enregistre cette liste dans *.bash_history*. Vous pouvez, si vous le désirez, changer le nom de ce fichier en positionnant la variable d'environnement `HISTFILE`. Nous reviendrons plus en détail sur cette variable, et nous aborderons d'autres commandes relatives à l'historique dans le prochain chapitre.

Mode d'édition Emacs

Si vous êtes un fervent utilisateur d'Emacs, il sera plus simple de considérer que ce mode d'édition est un éditeur simplifié ne comportant qu'une unique fenêtre d'une seule ligne. Toutes les fonctions de déplacement du curseur, de couper/coller et de recherche y sont disponibles.

Commandes de base

Le mode Emacs fait appel à des caractères de contrôle pour la plupart des fonctions d'édition de base. Si vous n'êtes pas familier avec cet éditeur, vous pouvez les considérer comme des extensions au rudimentaire caractère d'effacement que UNIX propose via son interface avec les terminaux des utilisateurs. À partir de maintenant, nous allons considérer que ce caractère d'effacement est DEL ; si chez vous, il s'agit de CTRL-H ou d'un autre, vous devrez effectuer mentalement la substitution. Les touches de fonction les plus élémentaires sont résumées dans le tableau 2.1. Attention : souvenez-vous que taper CTRL-D lorsque votre ligne de commandes est vide peut terminer votre session !

Les habitudes de frappe sous Emacs sont faciles à prendre, mais elles nécessitent d'avoir assimilé deux principes liés à cet éditeur.

Le premier, c'est l'utilisation de CTRL-F et CTRL-B pour le déplacement avant et arrière du curseur. Ces touches ont l'avantage de se retenir facilement (pour un anglophone... F = *forward* = en avant, et B = *backward*, en arrière). Mais vous pouvez tout aussi bien employer les touches fléchées gauche et droite du clavier, ce qui est encore plus pratique. Néanmoins, pour cette présentation, nous ne citerons que les premières, car elles fonctionnent sur tous les claviers, y compris ceux ne disposant pas de touches dédiées au déplacement du curseur. En mode Emacs, le *point* est un emplacement imaginaire situé juste à la gauche du caractère sur lequel se trouve le curseur. Dans les descriptions du tableau 2.1, certains diraient « avance » là ou d'autres diraient « recule ». Pensez « avance » comme « vers la droite du point », et « recul » comme « vers la gauche du point ».

Commande	Description
CTRL-B	En arrière d'un caractère (sans effacer)
CTRL-F	En avant d'un caractère
DEL	Supprime le caractère et recule
CTRL-D	Supprime le caractère et avance

TAB. 2.1 - *Commandes de base du mode Emacs.*

Par exemple, imaginons que vous saisissiez une ligne et qu'au lieu de taper ENTRÉE, vous fassiez CTRL-B et conserviez cette touche enfoncée de manière à répéter l'action. Le curseur se déplacera vers la gauche jusqu'à ce qu'il soit sur le premier caractère de la ligne, comme ceci :

```
$ fgrep -l Pastis < ~rene/livre/memoires
```

Maintenant, le curseur se trouve sur le `f`, et le point est au début de la ligne, juste avant cette lettre. Si vous tapez DEL, il ne se passera rien puisqu'il n'y a pas de caractères à la gauche du point. Mais si vous tapez CTRL-D, qui « supprime le caractère et avance », vous effacerez la première lettre :

```
$ grep -l Pastis < ~rene/livre/memoires
```

Le point est toujours en début de ligne. Si vous avez obtenu la commande désirée, vous pouvez taper ENTRÉE pour l'exécuter ; il n'est pas nécessaire de ramener le curseur en bout de ligne. Si toutefois vous vouliez le faire, il suffirait de taper une succession de CTRL-F :

```
$ grep -l Pastis < ~rene/livre/memoires_
```

À ce moment, taper CTRL-D n'aurait aucun effet, mais DEL supprimerait le dernier `s`.

Commandes orientées mots

Les commandes de base sont largement suffisantes pour l'édition, mais il existe un autre jeu qui vous permet de le faire en tapant moins de touches. Ces commandes opèrent sur des mots, plutôt que sur des caractères ; le mode Emacs définit un mot comme étant une séquence d'un ou plusieurs caractères alphanumériques.

Ces commandes orientées mots sont indiquées dans le tableau 2.2. Alors que les commandes de base sont constituées d'un seul caractère, celles-ci en comportent deux : ESC suivi d'une lettre. Vous noterez que ESC-X, où X peut être n'importe quelle lettre, fait souvent sur un mot ce que CTRL-X fait sur un seul caractère.

Commande	Description
ESC-b	En arrière d'un mot
ESC-f	En avant d'un mot
ESC-DEL	Supprime un mot en arrière
ESC-CTRL-H	Supprime un mot en avant
ESC-d	Supprime un mot en avant
CTRL-Y	Récupère (« recolle ») le dernier mot supprimé

TAB. 2.2 - *Commandes orientées mots du mode Emacs.*

Pour revenir à notre exemple, si nous tapons ESC-B, le point se déplacera d'un mot vers la gauche. Comme `/` n'est pas un caractère alphanumérique, le mode Emacs s'arrêtera ici :

```
$ grep -l Pastis < ~rene/livre/memoires
```

Le curseur est positionné sur le `m` de *memoire*, et le point se trouve entre le `/` et cette lettre. Maintenant, supposons que nous voulions changer l'option de cette commande, pour mettre *Janot* au lieu de *Pastis*. Nous devons revenir en arrière, et nous tapons ESC-B deux fois de plus. Cette opération nous amène ici :

```
$ grep -l Pastis < ~rene/livre/memoires
```

Si nous faisons encore une fois ESC-B, nous nous retrouvons au début du mot que nous voulons changer :

```
$ grep -l Pastis < ~rene/livre/memoires
```

Pourquoi ? Souvenez-vous qu'un mot est défini comme étant une séquence de caractères strictement alphanumériques ; par conséquent le signe < n'en est pas un, et le mot suivant, dans la direction où nous nous déplaçons, est bien *Pastis*. Nous sommes donc parfaitement positionnés pour pouvoir le supprimer, aussi nous tapons sans rechigner ESC-D. Ce qui nous donne :

```
$ grep -l _< ~rene/livre/memoires
```

Et nous pouvons donc maintenant entrer l'argument désiré :

```
$ grep -l Janot_ < ~rene/livre/memoires
```

Si vous voulez plutôt récupérer l'ancien mot (que ce soit pour le remettre en place ou le copier ailleurs), il vous suffit de taper CTRL-Y. Il sera inséré à l'endroit du point.

Commandes orientées ligne

Il existe des fonctions encore plus efficaces pour se déplacer dans une ligne de commandes en mode Emacs : elles travaillent sur la totalité de la ligne ; vous les trouverez résumées dans le tableau 2.3. L'utilisation de ces CTRL-A, CTRL-E et CTRL-K devrait vous paraître évidente. Rappelez-vous que CTRL-Y permet toujours de récupérer le dernier objet supprimé ; s'il s'agissait d'une suppression par CTRL-K, cela peut faire une bonne longueur de caractères.

Commande	Description
CTRL-A	Positionnement en début de ligne
CTRL-E	Positionnement en fin de ligne
CTRL-K	Suppression de la fin de la ligne

TAB. 2.3 - *Commandes orientées ligne du mode Emacs.*

Se déplacer dans l'historique des commandes

Nous savons maintenant comment nous déplacer dans la ligne de commandes et y faire des modifications. Mais cela ne nous dit pas comment rappeler les anciennes commandes, en accédant au fichier d'historique. Le

Commande	Description
CTRL-P	Ligne précédente
CTRL-N	Ligne suivante
CTRL-R	Recherche en arrière
ESC-<	Première ligne
ESC->	Dernière ligne

TAB. 2.4 - *Commandes de déplacement dans l'historique, en mode Emacs.*

mode Emacs offre différentes touches pour cela, résumées dans le tableau 2.4. Nous y voyons que CTRL-P et CTRL-N permettent de se déplacer dans l'historique. Si vous disposez de touches fléchées sur votre clavier, vous pourrez les utiliser. La flèche haute correspond à CTRL-P et la flèche basse à CTRL-N. Néanmoins, pour cette explication, nous ne parlerons que des caractères de contrôle, car ils fonctionnent sur toutes les machines, y compris celles ne possédant pas de touches spéciales.

CTRL-P est de loin la touche que vous utiliserez le plus souvent : c'est celle du « zut, je me suis trompé, reprenons ». Vous pouvez l'utiliser autant de fois que vous en ayez besoin pour remonter dans l'historique. Pour retrouver la dernière commande tapée, vous pouvez presser CTRL-N jusqu'à entendre le signal sonore indiquant la limite atteinte, ou bien taper simplement ESC->. Par exemple, imaginons que vous avez tapé ENTRÉE pour exécuter la commande précédente, mais que vous avez obtenu un message d'erreur vous indiquant que l'option choisie est incorrecte. Vous voulez, bien entendu, la modifier sans avoir à retaper toute la ligne.

Tout d'abord, rappelez cette commande par CTRL-P. Elle s'affiche à nouveau, le point étant positionné à la fin :

```
$ grep -l Janot < ~rene/livre/memoires_
```

Après avoir pressé CTRL-A, ESC-F, deux CTRL-F et un CTRL-D, vous obtenez :

```
$ grep -_ Janot < ~rene/livre/memoires
```

Vous décidez de mettre l'option `s` au lieu de `l`, par conséquent vous tapez `s` puis la touche ENTRÉE. Mais vous obtenez le même message d'erreur, aussi vous abandonnez et vous lisez le manuel. Et vous réalisez que la commande désirée est `fgrep`, et non pas `grep`. Alors, en soupirant, vous recherchez cette commande `fgrep` que vous avez employée il y a une heure. Pour cela, vous utilisez la fonction CTRL-R ; tout ce qui était sur la ligne disparaîtra pour faire place à l'invite « `(reverse-i-search)`':` ».

Vous tapez alors `fgrep`, et vous voyez ceci :

```
$ (reverse-i-search) ‘fgrep’: fgrep -l Pastis < ~rene/livre/memoires
```

Le shell recherche dynamiquement dans l'historique à chaque lettre que vous tapez, en affichant chaque ligne trouvée correspondant à la sous-chaîne de recherche en cours. Dans cet exemple, lorsque vous avez tapé « `f` », il a affiché la commande la plus récente de l'historique contenant cette lettre. Plus vous tapez de caractères, plus la précision de la recherche augmente, jusqu'à aboutir à la ligne ci-dessus. Bien sûr, ce n'est pas forcément la commande que vous recherchiez. Taper CTRL-R encore une fois permettra de rechercher encore plus avant dans l'historique une ligne contenant « fgrep ». Si le shell ne trouve rien, il émettra un signal sonore.

Si vous essayez cette commande `fgrep` en tapant ENTRÉE, deux choses vont se passer. Tout d'abord, elle sera exécutée, bien entendu. Ensuite, cette ligne sera mise à la fin de l'historique, et votre « ligne courante » sera aussi positionnée à cet endroit. En d'autres termes, vous ne serez plus au beau milieu de l'historique des commandes.

Il se peut que CTRL-R ne fonctionne pas correctement sous certaines versions d'UNIX, où elle correspond à la commande de rafraîchissement de l'affichage du terminal (mais nous n'avons rencontré ce problème sur aucune des versions que nous avons essayées). Si vous tapez cette touche et que vous voyez que la ligne de commandes est réaffichée, essayez d'affecter le rafraîchissement à un autre caractère à l'aide de la commande `stty`. Vous trouverez comment faire en consultant la page de manuel de cette commande, dans la documentation fournie avec votre système d'exploitation.

CTRL-P, CTRL-N et CTRL-R sont clairement les commandes les plus importantes dans la gestion de l'historique dans le mode Emacs. Les autres sont moins utiles, mais sont implémentées pour assurer la compatibilité avec cet éditeur réputé.

Complètement de texte

L'une des possibilités les plus fantastiques du mode Emacs, et pourtant largement sous-employée, c'est le complètement de texte[2], inspiré de ce que savent faire le véritable éditeur Emacs, le C shell, et (à l'origine) le vieux système d'exploitation DEC TOPS-20.

Ce qui se cache derrière ce terme est simple : on ne doit avoir à taper que le minimum de lettres d'un nom de fichier, d'un utilisateur, d'une fonction,

2. Certains parlent de « complétion », mauvaise francisation de l'anglais *completion*. Ce mot n'existe pas en français, où l'action de compléter s'est toujours appelée le *complètement* ; même si le terme est assez peu usité.

etc., pour l'identifier sans ambiguïté. L'ordinateur est un outil, faisons-le travailler à notre place. Le complètement est vraiment très pratique (une possibilité analogue existe dans le mode `vi`) ; nous vous recommandons vraiment de prendre le temps de vous y initier, car il vous aidera énormément, en vous épargnant beaucoup de frappes inutiles.

En mode Emacs, il existe plusieurs commandes relatives au complètement. La plus importante est TAB. Lorsque vous tapez un mot suivi de la touche de tabulation, **bash** tente de compléter le texte. Il se passe alors l'une des quatre choses suivantes :

1. Si rien ne commence par ce mot, le shell émet un signal sonore, et c'est tout.
2. S'il y a une commande dans le chemin de recherche, ou une fonction, ou un fichier que ce mot désigne sans ambiguïté, le shell tapera le reste du nom à votre place, en ajoutant un espace à la fin au cas où vous voudriez entrer d'autres arguments. Les commandes et fonctions ont priorité sur les noms de fichiers.
3. S'il existe un répertoire que ce mot désigne sans ambiguïté, le shell complètera son nom, suivi d'une oblique.
4. S'il y a plusieurs possibilités pour compléter le mot, le shell ajoutera le préfixe commun le plus long possible, parmi tous les choix qui s'offrent. Les commandes et fonctions ont priorité sur les noms de fichiers.

Par exemple, considérons que vous disposez de deux fichiers, *moulinette.c* et *moulinage.c*. Vous désirez compiler le premier, en tapant `cc moulinette.c`. Vous faites donc `cc moul` suivi de TAB. Ce préfixe n'est pas ambigu, puisqu'il est commun aux deux fichiers ; par conséquent le shell complète tout ce qu'il peut, pour aboutir à `cc moulin`. Il vous faut fournir plus de précision pour différencier le fichier désiré, vous tapez donc un `e` suivi de TAB. Le shell complète alors la ligne, pour donner « `cc moulinette.c` », en laissant un espace au bout, pour vous éviter d'avoir à le faire au cas où vous voudriez ajouter des options ou d'autres arguments.

Si vous ne saviez pas quoi taper après le premier complètement ayant abouti à `cc moulin`, vous auriez pu utiliser la touche TAB une fois de plus. Dans ce cas, **bash** vous aurait indiqué tous les complètements possibles à partir de ce préfixe, puis vous aurait présenté à nouveau la ligne de commandes, en l'état :

```
$ cc moulin
moulinette.c moulinage.c
$ cc moulin
```

Vous disposez également de la commande ESC?, qui réalise l'expansion du préfixe en tous les choix possibles, puis affiche le résultat sur la sortie standard d'erreurs. Faites attention au fait que le mécanisme de complètement ne donne pas forcément un nom de fichier. Comme nous l'avons signalé ci-dessus, s'il existe des fonctions et des commandes qui correspondent à la chaîne proposée, le shell commence l'expansion par là et ignore tout fichier du répertoire courant. Mais nous verrons qu'il est possible de forcer le complètement à un type particulier d'objet.

Il est aussi possible de compléter d'autres entités de l'environnement. Si le texte à traiter est précédé d'un dollar (`$`), le shell tentera de trouver une variable d'environnement correspondante (voir le chapitre 3 au sujet de ces variables). Si le texte est précédé d'un tilde (`~`), il tentera le complètement d'un nom d'utilisateur ; et s'il est précédé du signe `@`, il recherchera un nom de machine.

Par exemple, supposons qu'il existe un utilisateur du système nommé **dugenou**. Si vous vouliez vous déplacer dans son répertoire personnel, il vous suffirait d'utiliser la notation par le tilde, en ne tapant que les premières lettres de son nom, suivies de la touche TAB :

```
$ cd ~du
```

ce qui se compléterait en :

```
$ cd ~dugenou/
```

Vous pouvez forcer le shell à compléter des choses spécifiques ; le tableau 2.5 indique les touches standard à utiliser pour chaque cas. Si vous n'êtes intéressé que par le complètement de grands noms de fichiers, vous aurez sans doute intérêt à utiliser ESC / plutôt que TAB. Vous serez alors assuré que le résultat sera bien un fichier et non pas une fonction ou une commande.

Commandes diverses

Pour en finir avec ce mode Emacs, voici résumées dans le tableau 2.6 les diverses commandes dont nous n'avons pas encore parlé. Attention, l'interface des terminaux dans les systèmes dérivés de BSD utilise par défaut CTRL-V et CTRL-W pour, respectivement, la protection du prochain caractère et la suppression d'un mot.

Certaines de ces commandes sont intéressantes à approfondir, bien qu'elles ne soient pas parmi les plus indispensables.

CTRL-O est pratique pour répéter une séquence de commandes que vous avez déjà entrée. Revenez simplement sur la première commande de cette

Commande	Description
TAB	Tente un complètement général du texte
ESC ?	Liste toutes les possibilités de complètement
ESC /	Tente un complètement de nom de fichier
CTRL-X /	Liste toutes les possibilités de noms de fichiers
ESC ~	Tente un complètement de nom d'utilisateur
CTRL-X ~	Liste toutes les possibilités de noms d'utilisateurs
ESC $	Tente un complètement de variable d'environnement
CTRL-X $	Liste toutes les possibilités de variables
ESC @	Tente un complètement de nom de machine
CTRL-X @	Liste toutes les possibilités de noms de machine
ESC !	Tente un complètement de commande
CTRL-X !	Liste toutes les possibilités de commandes
ESC TAB	Tente le complètement de commandes dans l'historique

TAB. 2.5 - *Touches forçant le complètement à un type particulier.*

Commande	Description
CTRL-J	Identique à ENTRÉE
CTRL-L	Efface l'écran et place le curseur en haut à gauche
CTRL-M	Identique à ENTRÉE
CTRL-O	Comme ENTRÉE, puis affiche la ligne d'historique suivante
CTRL-T	Inverse les deux caractères suivants et avance d'un cran
CTRL-U	Efface du début de la ligne jusqu'au point
CTRL-V	Insertion protégée
CTRL-[	Identique à ESC (sur la plupart des claviers)
ESC C	Met une majuscule au mot situé après le point
ESC U	Met en majuscules tout le mot situé après le point
ESC L	Met en minuscules tout le mot situé après le point
ESC .	Insère le dernier mot de la commande précédente, après le point
ESC _	Identique à ESC .

TAB. 2.6 - *Commandes diverses en mode Emacs.*

séquence, et tapez CTRL-O au lieu d'ENTRÉE. Cette action exécutera la commande, et affichera la suivante dans le fichier d'historique. Refaites CTRL-O encore une fois pour valider cette dernière commande, et amener la suivante. Continuez ainsi jusqu'à la fin de la séquence, où vous pourrez alors taper simplement ENTRÉE.

Parmi les touches de basculement majuscules/minuscules, CTRL-L rend de fiers services lorsque vous avez par erreur appuyé sur la touche de verrouillage des majuscules, sans vous en rendre compte immédiatement (certaines personnes regardent le clavier pendant la frappe, au lieu de l'écran). Par contre, comme il existe rarement de termes tout en majuscules dans le monde UNIX, la combinaison ESC U ne vous servira pas souvent.

CTRL-V provoquera l'insertion du prochain caractère sous sa valeur exacte dans la ligne de commandes ; c'est-à-dire qu'il perdra sa signification particulière s'il s'agissait d'un caractère de contrôle entraînant une action quelconque.

S'il vous semble que la touche ENTRÉE a vraiment trop de synonymes, gardez à l'esprit que CTRL-M est en fait le caractère (ASCII) qui est généré par cette touche, et que CTRL-J correspond au saut de ligne (LINEFEED ou LF), que les systèmes UNIX acceptent généralement aussi pour cette fonction.

ESC . et ESC _ sont pratiques lorsque l'on désire exécuter différentes commandes sur le même fichier. Les conventions usuelles sous UNIX font que le nom de fichier est le dernier argument à une commande. Par conséquent, il est possible d'économiser beaucoup de temps de frappe en entrant chaque commande suivie de ESPACE, puis les combinaisons ESC . et ESC _. Par exemple, supposons que vous désiriez examiner un fichier à l'aide de l'utilitaire `more` ; vous tapez donc :

```
$ more monfichierqui_a_ungrandnom_complexe_cong
```

Puis, vous décidez finalement de l'imprimer, et par conséquent vous tapez la commande d'impression `lpr`. Vous pouvez éviter d'avoir à retaper le nom du fichier, en entrant simplement `lpr` suivi d'ESPACE, puis ESC . ou ESC _ ; **bash** insérera *monfichierqui_a_ungrandnom_complexe_cong* pour vous.

Mode d'édition vi

Tout comme le mode Emacs, le mode `vi` crée une fenêtre d'édition d'une seule ligne dans le fichier d'historique. Ce mode `vi` est populaire car `vi` est l'éditeur de texte le plus standard sous UNIX. Mais la fonction pour laquelle il a été particulièrement étudié, l'écriture de programmes en langage C, est bien différente de ce qui est nécessaire à l'édition de la ligne de commandes d'un interpréteur. En conséquence, bien qu'il soit possible de réaliser des actions très complexes avec très peu de touches lors d'une édition normale, la gestion de la ligne de commandes en mode `vi` nécessite souvent trop de combinaisons de touches de fonction.

Comme l'éditeur, le mode `vi` possède deux états : le mode saisie, et le mode commande. Le premier est destiné à l'entrée des données (comme en utilisation normale de **bash**) ; le second sert à se déplacer dans la ligne et dans l'historique. Lorsque vous êtes en mode saisie, vous pouvez taper des commandes suivies de la touche ENTRÉE pour les exécuter. Vous disposez aussi de possibilités minimales d'édition à l'aide de caractères de contrôle, qui sont résumées dans le tableau 2.7. Notez que certaines, selon la version

Commande	Description
DEL	Supprime le caractère précédent
CTRL-W	Efface le mot précédent
CTRL-V	Protège le prochain caractère
ESC	Passe en mode commande (voir plus loin)

TAB. 2.7 - *Commandes d'édition en mode saisie.*

d'UNIX dont vous disposez, sont les mêmes que celles proposées directement par le système[3]. Le mode `vi` utilise votre caractère d'« effacement » en tant que touche de « suppression du précédent caractère » ; généralement il est affecté à DEL ou CTRL-H (CORRECTION). CTRL-V fonctionne comme dans le mode Emacs ; il supprime toute éventuelle interprétation du prochain caractère, qui apparaîtra avec sa véritable valeur dans la ligne de commandes.

La plupart du temps, vous resterez en mode saisie. Mais si vous désirez revenir en arrière dans l'historique ou effectuer des modifications à votre ligne de commandes, il vous faudra passer en mode commande. Pour cela, tapez ESC.

Le mode commande

Le mode commande propose toute la série des fonctions de `vi`. Les plus simples permettent de se déplacer dans la ligne de commandes et sont résumées dans le tableau 2.8. Le mode `vi` possède deux notions de « mot ». La première consiste en toute séquence de caractères non « blancs », que nous

3. En particulier, les versions d'UNIX dérivées de 4.x BSD possèdent toutes ces commandes en standard.

appellerons « mot non blanc ». La seconde consiste en toute séquence de caractères uniquement alphanumériques (lettres et chiffres) plus le souligné (_), ou toute séquence de caractères non alphanumériques ; nous l'appellerons cela simplement « mot »[4]. Toutes ces commandes, à l'exception des

Commande	Déplacement
h	à gauche d'un caractère
l	à droite d'un caractère
w	à droite d'un mot
b	à gauche d'un mot
W	au début du prochain mot non blanc
B	au début du précédent mot non blanc
e	à la fin du mot courant
E	à la fin du mot non blanc courant
0	au début de la ligne
^	au premier caractère non blanc de la ligne
$	à la fin de la ligne

TAB. 2.8 - *Commandes simples en mode commande du mode* `vi`.

trois dernières, peuvent être précédées d'un nombre qui agit en compteur de répétition ; la commande sera exécutée autant de fois. Lorsque vous entrez ce nombre, il remplace l'invite de la commande pendant le temps de l'exécution.

Si votre clavier possède des touches de déplacement du curseur, vous pouvez bien entendu utiliser les flèches droite et gauche pour le déplacement dans la ligne, au lieu de `h` et `l`, ce qui est en général bien plus pratique. Les répétitions fonctionneront de manière identique avec ces touches fléchées.

Les deux dernières paraîtront familières aux habitués des utilitaires UNIX qui font appel aux expressions rationnelles[5] (comme `grep`) , aussi bien qu'aux utilisateurs de `vi`.

Il est temps de passer aux exemples pratiques. Supposons que vous ayez tapé la ligne qui suit, et que vous décidiez de la modifier, avant d'avoir fait ENTRÉE :

```
$ fgrep -l Pastis < ~rene/livre/mes_memoires_
```

Comme on peut le voir, le curseur se trouve en bout de ligne. Tout d'abord, tapez ESC pour passer en mode commande ; le curseur se déplacera

4. Aucune de ces définitions ne correspond à celle d'un mot du mode Emacs.

5. Ce sont les « *regular expressions* » que la plupart des gens appellent improprement « expressions régulières ».

d'un cran pour se trouver sur le dernier caractère. À ce moment, si vous tapez `h`, il reculera pour se placer sur la lettre `e`. Si vous tapez `3h` depuis cet endroit, il reculera de trois caractères pour se placer sur le `o`.

Voyons maintenant les différences entre les deux concepts de « mots ». Replacez-vous en bout de ligne en tapant un `$`. Si vous tapez `b`, le mot en question étant *mes_memoires*, le curseur se positionnera sur le premier `m` :

```
$ fgrep -l Pastis < ~rene/livre/mes_memoires
```

Si vous refaites un `b`, le prochain mot sera l'oblique (c'est une « séquence » de caractères non alphanumériques), aussi le curseur aboutira dessus :

```
$ fgrep -l Pastis < ~rene/livre/mes_memoires
```

Mais si vous aviez tapé `B` au lieu de `b`, le mot non blanc aurait été le chemin d'accès en entier, et le curseur aurait été positionné à son début ; c'est-à-dire sur le tilde :

```
$ fgrep -l Pastis < ~rene/livre/mes_memoires
```

Pour obtenir le même effet, il faudrait taper `b` quatre fois (ou bien faire `4b`), puisqu'il y a quatre « mots » dans la partie du chemin d'accès à la gauche de *mes_memoires* : *livre*, /, *rene* et le tilde.

À ce point, `w` et `W` agissent dans l'autre sens : taper `w` vous amène sur le premier `r` puisque le tilde est un « mot », et `W` vous positionne sur la fin de la ligne. Mais là où ces deux commandes amènent au début du prochain mot, `e` et `E` positionnent le curseur sur la fin de ce prochain mot. Par conséquent, lorsque vous êtes sur le tilde et que vous tapez `w`, vous arrivez à :

```
$ fgrep -l Pastis < ~rene/livre/mes_memoires
```

Si, alors, vous tapez `e`, vous aboutissez à la fin du mot :

```
$ fgrep -l Pastis < ~rene/livre/mes_memoires
```

Et avec un `w` de plus, cela donne :

```
$ fgrep -l Pastis < ~rene/livre/mes_memoires
```

La commande `E` vous amenant à la fin du mot non blanc courant, ce sera ici la fin de la ligne. Vous trouvez sans doute ces commandes difficiles à mémoriser ; vous avez raison. La seule façon de les assimiler est de les pratiquer souvent.

Insertion et modification de texte

Maintenant que vous savez comment passer en mode commande et vous déplacer dans la ligne, il vous faut apprendre à revenir en mode saisie afin de pouvoir modifier et ajouter du texte. Plusieurs touches permettent de repasser dans ce mode, elles sont indiquées dans le tableau 2.9 ; elles présentent certaines différences. Ce sont `i` ou `a` que vous utiliserez le plus

Commande	Insertion du texte
i	avant le caractère courant (insertion)
a	après le caractère courant (ajout)
I	au début de la ligne
A	a la fin de la ligne
R	par-dessus le texte existant

TAB. 2.9 - *Commandes d'insertion de texte en mode **vi***

souvent, et parfois `R`. En fait, `I` et `A` sont des abréviations de `0i` et `$a`, respectivement. Afin d'illustrer la différence entre `i`, `a` et `R`, reprenons notre ligne d'exemple :

```
$ fgrep -l Pastis < ~rene/livre/mes_memoires
```

Si nous tapons `i` suivi du mot « deux », cela nous donne :

```
$ fgrep -l Pastis < ~rene/livredeux/mes_memoires
```

C'est-à-dire que le curseur restera toujours sur l'oblique précédant l'élément *mes_memoires*. Mais si vous tapez un `a` au lieu d'un `i`, vous verrez que ce curseur se déplacera d'un caractère vers la droite. Si, alors, vous tapez « voici_ », vous obtiendrez :

```
$ fgrep -l Pastis < ~rene/livredeux/voici_mes_memoires
```

Le curseur sera toujours situé juste après le dernier caractère que vous avez tapé, jusqu'à ce que vous fassiez ESC pour sortir du mode saisie. Enfin, si vous revenez sur le `v` de *voici_mes_memoires*, puis que vous tapez `R`, suivi de la chaîne « recettes_de_cuisine », vous verrez ceci :

```
$ fgrep -l Pastis < ~rene/livredeux/recettes_de_cuisine_
```

En d'autres termes, vous aurez remplacé (d'où le `R`) des caractères au lieu d'en insérer.

Pourquoi un `R` majuscule et pas la minuscule ? La dernière a un comportement assez différent : un seul caractère est remplacé, et on n'entre pas en mode saisie. Avec `r`, le prochain caractère saisi remplacera celui qui se trouve sous le curseur, et c'est tout. Aussi, si nous reprenons notre ligne de commandes originale où le curseur se trouve sur l'oblique, et que nous tapons `r` suivi d'un point-virgule, nous obtenons :

```
$ fgrep -l Pastis < ~rene/livre;mes_memoires_
```

Si vous faites précéder `r` d'un nombre, cela vous autorisera à remplacer autant de caractères de la ligne, sans toutefois vous passer en mode saisie ensuite. Ce `r` minuscule est pratique pour corriger des fautes de frappe minimes comme des options erronées, des caractères de redirection, de la ponctuation, etc.

Commandes de suppression

Vous savez vous déplacer dans la ligne de commandes et y insérer du texte. Il est bon de savoir également comment en supprimer ! Dans le mode `vi`, la commande de base prévue à cet effet est `d`, suivie d'une autre lettre. Cette seconde lettre détermine quelle unité et dans quelle direction effectuer la suppression ; elle correspond à l'une des commandes de déplacement indiquées dans le tableau 2.8. Quelques exemples sont donnés dans le tableau 2.10. Ces commandes possèdent quelques variantes et abréviations.

Commande	Supprime
dh	le caractère précédant le curseur
dl	le caractère sous le curseur
db	le mot précédent le curseur
dw	le mot sous le curseur
dB	le mot non blanc précédant le curseur
dW	le mot non blanc suivant le curseur
d$	jusqu'à la fin de la ligne
d0	du début de la ligne au curseur

TAB. 2.10 - *Commandes de suppression de texte en mode* **vi**

Si vous tapez `c` au lieu de `d`, vous entrerez en mode saisie après l'opération de suppression. Vous pouvez fournir une valeur numérique avant ou après la lettre, pour que l'opération soit répétée autant de fois. Le tableau 2.11 indique les raccourcis disponibles.

Beaucoup de personnes ont tendance à employer `D` pour supprimer la fin de la ligne, `dd` pour effacer une ligne entière, et `x` comme touche de « correction » n'effaçant qu'un seul caractère. Si vous n'êtes pas rompu à l'utilisation de l'éditeur vi, vous trouverez sans doute difficile de vous habituer à taper certaines des commandes de suppression les plus ésotériques.

Commande	Équivalent
D	d$ (effacement de la fin de la ligne)
dd	0d$ (suppression de toute la ligne)
C	c$ (effacement fin de ligne et entrée en mode saisie)
cc	0c$ (suppression de la ligne et entrée en mode saisie)
X	dl (suppression du caractère sous le curseur)
x	dh (suppression du caractère précédant le curseur)

TAB. 2.11 - *Raccourcis des commandes de suppression en mode vi*

Tout bon éditeur possède une commande permettant d'annuler une suppression de texte, et vi ne fait pas exception à la règle. Le mode vi entretient un tampon de suppression, qui enregistre toutes les modifications faites sur la ligne courante (uniquement, notez la différence avec le véritable éditeur). La commande u annule la dernière modification. Si vous la tapez une seconde fois, elle annulera la modification précédente, et ainsi de suite jusqu'à ce qu'un signal sonore se fasse entendre, indiquant qu'il n'y a plus rien à récupérer. La commande « . » (un point), quant à elle, permet de répéter la dernière modification effectuée.

Il existe aussi une méthode pour sauver du texte dans le tampon de sauvegarde de suppression sans avoir à l'effacer au préalable : il suffit de taper une des commandes d'effacement, mais en utilisant y au lieu de d. Cela ne modifie rien dans la ligne, mais enregistre le texte concerné dans le tampon, et il sera possible ensuite de le rappeler autant de fois que nécessaire. La commande à utiliser pour « coller » ce texte est p ; elle fera l'insertion dans la ligne courante à la droite du curseur. Son équivalent majuscule, P, positionnera le texte à gauche. Ces commandes y, p et P sont extrêmement puissantes, mais bien plus adaptées aux travaux réalisés avec le véritable éditeur vi, qu'à l'édition d'une simple ligne de commande shell ; vous ne les utiliserez sans doute pas très souvent, par conséquent.

Se déplacer dans l'historique des commandes

Le prochain groupe de commandes que nous allons décrire permet de se déplacer et d'effectuer des recherches dans l'historique. C'est une fonctionnalité importante, car elle autorise la correction de commandes erronées sans avoir à retaper la ligne entière. Le tableau 2.12 résume cet ensemble de touches de fonction, à utiliser dans le mode commande de l'émulation `vi`. Les deux premières commandes peuvent tout aussi bien être réalisées

Commande	Description
k ou -	Remonte d'une ligne
j ou +	Avance d'une ligne
numéro G	Va à la ligne numéro
/ chaîne	Recherche en arrière de la chaîne
? chaîne	Recherche en avant de la chaîne
n	Répète la dernière recherche dans la même direction
N	Répète la dernière recherche dans la direction inverse

TAB. 2.12 - *Commandes de gestion de l'historique en mode `vi`.*

par les touches fléchées haut et bas, si votre clavier en dispose. Les trois premières peuvent être précédées d'un nombre (par exemple, `3k` remonte de trois lignes dans l'historique).

Si vous n'êtes pas familier avec l'éditeur `vi`, sa culture et son histoire, vous vous étonnerez sûrement du choix apparemment sans fondement de commandes aussi peu mémorisables que `h`, `j`, `k` et `l` pour, respectivement, aller à gauche, descendre d'une ligne, remonter d'une ligne et aller à droite. Eh bien en réalité, il y a une excellente raison à cela, outre le fait que ces touches existent sur tous les claviers. Bill Joy, à l'origine, a développé `vi` pour l'utilisation sur des terminaux *Lear-Siegler ADM-3a*, qui étaient les premiers modèles répandus de terminaux sachant adresser le curseur (c'est-à-dire que tout programme pouvait envoyer une commande à l'ADM-3a pour amener le curseur à une position précise sur l'écran). Or, sur les touches `h`, `j`, `k` et `l` de l'ADM-3a, étaient gravées de petites flèches ; aussi Joy décida-t-il de les utiliser pour qu'elles aient les actions correspondantes dans `vi`. Ces affectations se justifient aussi un peu car CTRL-H est la touche traditionnelle de correction (retour arrière destructif), et CTRL-J dénote le saut de ligne.

Il est possible que `+` et `-` soient plus faciles à retenir que `j` et `k`, mais ces dernières sont beaucoup plus faciles à atteindre, même pour celui qui a beaucoup de doigts aux mains. Quoi qu'il en soit, ces commandes sont les plus indispensables pour se déplacer dans l'historique, et nous devons aborder leur fonctionnement. Pour ce faire, reprenons l'exemple que nous avons utilisé lorsque nous décrivions le mode Emacs.

Vous entrez donc la commande (ENTRÉE fonctionne aussi bien en mode saisie qu'en mode commande, comme CTRL-J, le saut de ligne) :

```
$ fgrep -l Pastis < ~rene/livre/memoires
```

Tapez `w` pour aller sur le tiret, puis l pour vous positionner sur le caractère suivant, `l`. Vous pouvez maintenant le remplacer par un `s` en tapant `rs` ; et taper ENTRÉE pour exécuter la commande.

Supposons maintenant que vous obteniez encore un message d'erreur, et que vous décidiez de lire la page de manuel de **`fgrep`**. Vous vous souvenez avoir fait cela un peu plus tôt, aussi au lieu de retaper l'appel à la commande `man`, vous allez rechercher votre ancienne commande dans l'historique. Pour cela, tapez `ESC` pour entrer en mode commande (si vous y êtes déjà, cette touche n'aura aucun effet), puis tapez `/` suivi de `man` ou `ma`. Pour être vraiment sûr, vous pouvez faire `^ma` ; le caractère ^ signifie « ne considérer que les lignes qui commencent par `ma` ».[6] Mais, `/^ma` ne vous donne pas ce que vous cherchez ; le shell trouve :

```
$ make programme
```

Pour effectuer une autre recherche de `man`, vous pouvez taper `n`, qui relancera l'opération en remontant plus avant dans l'historique, toujours avec la dernière chaîne de recherche. Vous auriez le même résultat en tapant `/` suivi d'ENTRÉE.

La commande `G` rappelle celle dont le numéro correspond à l'argument numérique que vous lui fournissez. Elle dépend de la méthode de numérotation exposée dans la section « *Modifier l'invite du shell* » du chapitre 3. Sans argument, elle positionnera toujours la commande 1. Elle peut rendre service aux habitués du C shell, qui préfèrent souvent utiliser des numéros de commandes.

Recherche de caractères

Dans le mode `vi`, il existe quelques autres commandes de déplacement, moins utiles que celles que nous venons de voir. Elles permettent de se positionner sur un caractère particulier de la ligne, et sont résumées dans le tableau 2.13, dans lequel « x » dénote n'importe quel caractère. Reprenons notre exemple précédent. Admettons que vous désirez changer *livre* en `litre`. Assurez-vous d'être positionné en fin de ligne (ou, en tout cas, à gauche du `v` de *livre*) ; si vous tapez alors `fv`, votre curseur se positionnera sur le `v` :

```
$ fgrep -l Pastis < ~rene/livre/memoires
```

Vous pourriez donc employer la commande `r` pour remplacer cette lettre par un `t`. Mais disons qu'en fait, vous voulez changer *livre* en *laivre*. Il

6. Les habitués de `vi` et des utilitaires de recherche doivent noter que l'accent circonflexe (^) est le seul opérateur que le mode `vi` de **bash** propose pour la recherche de chaînes.

Commande	Description
fx	Recherche vers la droite la prochaine occurence de x
Fx	Recherche vers la gauche la prochaine occurence de x
tx	Recherche vers la droite, puis recule d'un caractère
Tx	Recherche vers la gauche, puis recule d'un caractère
;	Relance la dernière recherche de caractère
,	Relance la dernière recherche dans la direction opposée

TAB. 2.13 - *Commandes de recherche de caractère en mode* **vi**.

faudrait vous déplacer vers la la gauche. Ici, c'est facile, mais si vous étiez encore plus à droite, il serait sans doute plus simple de faire `Tl` pour arriver directement à l'endroit de l'insertion.

Comme exemple d'utilisation de l'argument numérique avec ces commandes, supposons que vous voulez changer le nom du fichier *memoires* en *mimoires*. Dans ce cas, en considérant que le curseur est toujours sur le `v`, vous devez vous positionner sur le second `e` en allant vers la droite. Pour cela, vous pouvez taper `2fe`.

À ces commandes de recherche de caractères, sont aussi associées des commandes de suppression. Lisez les définitions du tableau 2.13 et ajoutez mentalement « suppression » lorsque le curseur est positionné : vous aurez une idée de ce qui se passe lorsque vous faites précéder la commande de recherche par un `d`. La suppression inclut le caractère donné en argument. Par exemple, supposons que nous sommes positionnés sur le `m` de *memoires* :

```
$ fgrep -l Pastis < ~rene/livre/memoires
```

Si vous voulez changer *memoires* en *cuisines*, vous avez la possibilité de taper `d2fe`. Cela signifie « supprimer tout ce qui est à droite jusqu'à la seconde occurence de la lettre `e` incluse », en d'autres termes, « supprimer *memoire* » (il ne reste alors que le `s`). Puis vous faites `i` pour entrer en mode saisie, et tapez `cuisine` pour terminer la modification

Il nous reste une dernière commande à examiner avant de clore cette partie : vous pouvez utiliser le caractère | pour vous positionner à une colonne particulière, dont le numéro est donné par un préfixe numérique. Les colonnes sont comptées à partir du numéro 1 ; ne comptez bien sûr pas l'invite du shell dans le nombre, ni l'espace qui suit. L'argument numérique par défaut vaut 1, bien entendu, ce qui signifie que taper | seul revient à se positionner sur la première lettre de la ligne de commandes ; c'est équivalent à la commande `0` (voir le tableau 2.8).

Complètement de texte

Bien que les commandes de recherche de caractère et | ne soient pas particulièrement utiles, le mode `vi` offre une possibilité supplémentaire que vous apprécierez sûrement, et que vous utiliserez sans doute souvent : le complètement de texte[7]. Cette possibilité ne fait pas partie de l'éditeur `vi` standard, et elle est inspirée de ce qu'offre Emacs et, à l'origine, le système d'exploitation TOPS-20 de DEC.

Ce qui se cache derrière ce terme est simple : on ne doit avoir à taper que le minimum de lettres d'un nom de fichier, d'un utilisateur, d'une fonction, etc., pour l'identifier sans ambiguïté. L'ordinateur est un outil, faisons-le travailler à notre place. La commande \ (contre-oblique) est celle qui indique à **bash** en mode `vi` de réaliser le complètement. Si vous tapez un mot, faites ESC pour passer en mode commande, puis tapez \ ; il se passera à ce moment-là l'une des quatre choses suivantes, qui sont les mêmes que pour la commande TAB du mode Emacs :

1. Si rien ne commence par ce mot, le shell émet un signal sonore, et c'est tout.

2. S'il y a une commande dans le chemin de recherche, ou une fonction, ou un fichier que ce mot désigne sans ambiguïté, le shell tapera le reste du nom à votre place, en ajoutant un espace à la fin au cas où vous voudriez entrer d'autres arguments. Les commandes et fonctions ont priorité sur les noms de fichiers.

3. S'il existe un répertoire que ce mot désigne sans ambiguïté, le shell complètera son nom, suivi d'une oblique.

4. S'il y a plusieurs possibilités pour compléter le mot, le shell ajoutera le préfixe commun le plus long possible, parmi tous les choix qui s'offrent. Les commandes et fonctions ont priorité sur les noms de fichiers.

La commande *, quant à elle, se comporte comme ESC ; mais s'il y a plus d'une possibilité de complètement (cas 4 dans la liste ci-dessus), elle les affiche toutes et vous autorise à continuer la saisie. Elle ressemble, en quelque sorte, au caractère générique *.

La commande = est moins utile ; elle fait la même chose que l'astérisque (*) mais un peu différemment. Au lieu de réaliser l'expansion sur la ligne de commandes, elle affiche le résultat, puis vous rend l'invite du shell et tout ce que vous aviez tapé auparavant. Par exemple, si vous disposez dans

7. Voir la note au bas de la page 40.

votre répertoire des fichiers *moulinette.c* et *moulinage.c*, et que vous faites ESC suivi de =, vous verrez ceci :

```
$ cc moulin
moulinette.c moulinage.c
$ cc moulin
```

Il est aussi possible de compléter d'autres entités de l'environnement, comme nous l'avons vu dans le mode Emacs. Si le texte à traiter est précédé d'un dollar ($), le shell tentera de trouver une variable d'environnement correspondante ; s'il est précédé d'un tilde (~), ce sera le complètement d'un nom d'utilisateur ; et s'il est précédé du signe @, le shell recherchera un nom de machine.

Commandes diverses

Plusieurs autres commandes plus ou moins ésotériques sont disponibles en mode `vi` ; elles sont listées dans le tableau 2.14. La première de ces

Commande	Description
~	Inverse (bascule) le caractère courant majuscule/minuscule.
_ (souligné)	Ajoute le dernier mot de la commande précédente, puis passe en mode commande.
CTRL-L	Efface l'écran et réaffiche la ligne de commandes ; pratique lorsque l'écran devient brouillé.
#	Préfixe la ligne de commandes d'un dièse (caractère de commentaire[a]) et l'inscrit dans le fichier d'historique ; très pratique pour enregistrer une commande à exécuter plus tard, sans avoir à la retaper.

TAB. 2.14 - *Commandes diverses en mode* `vi`*.*

[a] La ligne est aussi « exécutée » par le shell. Toutefois, comme # est le caractère définissant un commentaire, elle sera ignorée.

commandes peut être précédée d'un argument numérique, qui indiquera qu'il faut modifier autant des prochains caractères. Le curseur avancera en conséquence.

Un argument numérique devant la commande _ provoquera l'insertion d'autant des derniers mots de la commande précédente. Ne pas mettre d'argument rend service, car en général le dernier nom est souvent un nom de fichier, et il est fréquent d'avoir à exécuter plusieurs commandes traitant le même fichier. Il est donc possible de taper toutes les commandes (sauf la première) suivies de ESC et _, et le shell placera lui-même le nom du fichier.

La commande `fc`

Il s'agit d'une commande interne au shell, qui offre un surensemble du mécanisme d'historique du C shell. Vous pouvez l'utiliser pour examiner les commandes les plus récentes que vous avez tapées, pour éditer l'une ou l'autre à l'aide de votre éditeur de texte favori, et pour exécuter d'anciennes commandes en les modifiant sans avoir à retaper une fois de plus la ligne entière. Nous allons décrire chacun de ces emplois.

L'option `-l` de `fc` liste les précédentes commandes. Elle prend un argument qui référence les commandes présentes dans le fichier d'historique. Les arguments peuvent être des valeurs numériques ou des chaînes alphanumériques ; les numéros spécifient une commande dans l'historique alors qu'une chaîne désigne la commande la plus récente commençant par ces caractères. Les arguments sont traités selon une méthode quelque peu complexe :

- si vous donnez deux arguments, ils désigneront la première et la dernière commande à afficher ;
- si vous indiquez un argument numérique, seule la commande portant ce numéro sera affichée ;
- si vous ne mettez pas d'argument, vous verrez les 16 dernières commandes. **Bash** possède aussi une commande interne pour l'affichage de l'historique : `history`.

Quelques exemples devraient clarifier les choses. Admettons que vous ayez tapé les commandes suivantes :

```
ls -l
more monfichier
vi monfichier
wc -l monfichier
pr monfichier | lpr -h
```

Si vous tapez `fc -l` sans argument, vous verrez alors la liste ci-dessus, chaque commande étant numérotée comme ceci :

```
1       ls -l
2       more monfichier
3       vi monfichier
4       wc -l monfichier
5       pr monfichier | lpr -h
```

L'option `n` supprime l'affichage des numéros. Si vous ne voulez voir que les commandes 2 à 4, tapez `fc -l 2 4`. Si c'est juste la commande `vi` qui vous intéresse, faites `fc -l 3`. Pour voir toutes les commandes depuis cette dernière jusqu'à la plus récente, tapez `cf -l v`. Enfin, si vous désirez voir celles qui se trouvent entre `more` et `wc`, vous pouvez faire `fc -l m w`, `fc -l m 4`, `fc -l 2 4`, etc.

Une autre option importante de `fc`, c'est `e`, pour « éditeur ». C'est une « bouée de sauvetage » pour ceux qui ne se font pas aux modes d'édition `vi` ou `Emacs` : vous pouvez indiquer le chemin d'accès à votre éditeur favori, et éditer les commandes de votre fichier d'historique ; lorsque vous aurez terminé vos modifications, le shell exécutera automatiquement les nouvelles lignes. Voyons cela.

Supposons que votre éditeur de texte préféré soit un petit bijou que vous avez développé vous-même, et baptisé `zed`. Vous pouvez alors éditer vos lignes de commandes en tapant :

```
$  fc -e /usr/local/bin/zed
```

S'il ne s'agit que de corriger une faute de frappe dans la dernière commande, cela peut être un peu lourd ; heureusement, il existe une meilleure méthode. Vous pouvez affecter le chemin d'accès à votre éditeur à la variable d'environnement `FCEDIT`. Si vous mettez une ligne dans votre fichier d'environnement ou votre *.bash_profile*[8] stipulant :

```
FCEDIT=/usr/local/bin/zed
```

vous aurez automatiquement `zed` lorsque vous invoquerez `fc`. Si cette variable `FCEDIT` n'est pas déclarée, **bash** utilisera celle qui se nomme `EDITOR`. Si cette dernière n'est pas non plus déclarée, le shell appellera par défaut l'éditeur `vi`.

Généralement, `fc` sert à corriger une commande récente. Par conséquent, lorsqu'il est appelé sans option, il gère les arguments selon une méthode légèrement différente de celle que nous venons de voir :

- sans argument, `fc` charge la commande la plus récente dans l'éditeur ;

- avec un argument numérique, `fc` charge la commande portant ce numéro dans l'éditeur ;

- avec une chaîne en argument, `fc` charge dans l'éditeur la commande la plus récente commençant par ces caractères ;

8. Consultez le chapitre 3 pour plus d'informations sur le fichier de démarrage *.bash_profile*.

– avec deux arguments, ceux-ci désignent le début et la fin d'une gamme de commandes, comme nous l'avons vu plus haut.

N'oubliez pas que `fc` exécute les commandes après leur édition. Par conséquent, la dernière option peut être dangereuse. **Bash** tentera d'exécuter toutes les commandes dans l'intervalle spécifié, lorsque vous sortirez de votre éditeur. Si vous avez tapé quelque construction multi-lignes que ce soit (comme celles que nous verrons dans le chapitre 5, « Structures de contrôle »), cela peut être encore plus dangereux. Bien que cette méthode puisse sembler pratique pour réaliser des sortes de programmes shell « instantanés », il y a une bien meilleure stratégie : redirigez la sortie de `fc -l` dans un fichier ; puis éditez ce fichier, et n'exécutez les commandes que lorsque vous serez sûr que tout est au point :

```
$  fc -l cp > commandes
$  vi commandes
$  source commandes
```

Ainsi, le shell ne tentera pas d'exécuter le fichier directement lorsque vous quitterez l'éditeur !

La dernière option de `fc` que nous allons décrire permet d'exécuter une nouvelle fois une commande : `fc -s`. Avec un argument, il s'agira de la dernière commande commençant par cette chaîne de caractères. Sans argument, ce sera la toute dernière commande. L'option `-s` permet aussi de fournir un modèle et d'effectuer un remplacement. Par exemple, si vous avez tapé :

```
$ cs prog.c
```

vous pourriez corriger la faute par `fc -s cs=cc`. On peut combiner cela avec la recherche de chaîne : `fc -s cs=cc cs`. La dernière occurrence de `cs` sera recherchée, et remplacée par `cc`.

Expansion d'historique

Si vous êtes un utilisateur du C shell, vous avez l'habitude du mécanisme d'expansion d'historique qu'il propose. **Bash** offre des possibilités semblables. L'expansion d'historique est une méthode primitive pour rappeler et éditer les commandes présentes dans l'historique. Elle utilise des *indicateurs d'événements*, dont vous trouverez la liste et les fonctions dans le tableau 2.15. La plus utile de ces commande est, de loin, « !! ». Il suffit de taper !! pour exécuter une nouvelle fois la dernière commande. Si vous

Commande	Description
!	Commence une substitution
!!	Référence la dernière commande
!n	Référence la commande n
!-n	Référence la commande courante -n
!*chaîne*	référence la plus récente commande commençant par les caractères *chaîne*.
!?*chaîne*?	référence la plus récente commande contenant les caractères *chaîne*. Le point d'interrogation final est facultatif.
^*chaîne1*^*chaîne2*	répète la dernière commande, en remplaçant *chaîne1* par *chaîne2*.

TAB. 2.15 - *Expansion d'historique à la C-shell.*

connaissez le numéro d'une commande particulière, vous pouvez employer la forme `!n`, où `n` sera cette valeur. Ces numéros peuvent être obtenus à l'aide de la commande `history` dont nous avons parlé plus haut. Sinon, vous pouvez aussi exécuter la commande la plus récente commençant par une chaîne particulière en employant la forme `!`*`chaîne`*.

Vous trouverez peut-être pratique la dernière forme présentée dans le tableau, lorsque vous avez fait une faute de frappe. Par exemple, si vous avez saisi :

```
$   cat liste_des_meilleurs_cus | grep Bordeaux > liste.txt
```

Au lieu de revenir en arrière pour modifier *cus* en *crus*, vous pouvez taper simplement `^cus^crus`. Ainsi, la commande sera corrigée, puis directement exécutée.

Il est également possible de référencer des mots particuliers dans une précédente commande, par le biais d'*indicateur de mots*, dont vous trouverez la liste dans le tableau 2.16. Notez que **bash** (comme la plupart des programmes UNIX), comptent à partir de zéro et non pas de un. L'indicateur de mots suit l'indicateur d'événements, séparé par un point-virgule. Vous pouvez, par exemple, répéter les commandes précédentes avec différents arguments en tapant `!!;0`, puis les nouveaux arguments.

Les indicateurs d'événements peuvent aussi être suivis de modificateurs. Ces modificateurs suivent l'indicateur de mots, s'il y en a un. Leur liste se trouve dans le tableau 2.17. On peut utiliser plus d'un modificateur avec un indicateur d'événements ; chacun sera alors séparé par un point-virgule.

L'expansion d'historique est très bien pour relancer rapidement une commande, mais elle est de nos jours bien dépassée par l'édition de la ligne

Commande	Description
0	Le mot numéro zéro (le premier) d'une ligne.
n	Le n^e mot d'une ligne.
^	Le premier argument (le second mot).
$	Le dernier argument dans une ligne.
%	Le mot correspondant à la dernière recherche de chaîne par la méthode `?`*chaîne*.
x-y	Un intervalle de mots, de x à y. `0-y` et `-y` sont synonymes.
*	Tous les mots, sauf le premier (numéro zéro). Synonyme de `1-$`. S'il n'y a qu'un seul mot dans la ligne, retourne une chaîne vide.
x*	Synonyme de `x-$`.
x-	Les mots compris entre x et l'avant dernier mot.

TAB. 2.16 - *Indicateurs de mots.*

Commande	Description
h	Supprime une composante finale de chemin d'accès, ne laissant que le début.
r	Supprime un suffixe de la forme `.xxx`.
e	Supprime tout, sauf le suffixe.
t	Supprime toutes les composantes du début d'un chemin d'accès, ne laissant que la fin.
p	Affiche la commande résultante, sans l'exécuter.
q	Protège les mots substitués (guillemets), pour prévenir d'autres substitutions.
x	Protège les mots substitués, en les découpant en parties délimitées par les espaces et sauts de ligne.
s/*ancien*/*nouveau*	Change *ancien* en *nouveau*.

TAB. 2.17 - *Les modificateurs.*

de commandes que nous avons présentée plus haut dans ce chapitre. Nous l'avons décrite pour que ce manuel soit complet, mais ne perdez pas trop de temps dessus ; il vaut mieux que vous appreniez à maîtriser les possibilités offertes par les modes d'édition `vi` et `Emacs`.

Readline

En fait, l'interface d'édition de la ligne de commandes dans **bash** est *Readline*[9]. Il s'agit d'une bibliothèque développée dans le cadre du projet GNU, destinée aux applications nécessitant une interface en mode texte. Elle offre des fonctions d'édition et de manimulation de texte, qui facilite la vie des utilisateurs pour toutes les opérations de saisie.

Readline permet de choisir entre deux modes d'édition : `vi` ou `Emacs`. Tous deux offrent un sous-ensemble des fonctions d'édition présentes dans les vraies versions de ces éditeurs ; nous avons décrit tout cela dans les précédentes sections de ce chapitre. Nous allons voir maintenant comment vous pouvez créer vos propres jeux de commandes.

Readline apporte à **bash** une souplesse inégalée par les autres shells, car elle peut être personnalisée par l'affectation de combinaisons de touches, depuis la ligne de commandes ou un fichier d'initialisation spécial. Il existe aussi des variables d'environnement spécifiques à cette bibliothèque. Nous commencerons par voir la configuration par fichier d'initialisation, puis nous examinerons les possibilités d'affectation de touches.

Le fichier d'initialisation de Readline

Par défaut, il s'appelle *.inputrc* et doit se trouver dans votre répertoire personnel afin qu'il soit pris en compte. Vous pouvez changer ce nom par défaut, en positionnant la variable d'environnement `INPUTRC` (voir le chapitre 3 au sujet de ces variables).

Lorsque **bash** démarre, il lit ce fichier d'initialisation (s'il existe) et toute la configuration qui s'y trouve est prise en compte. Ce fichier n'est pas autre chose qu'une série de lignes qui affectent un nom de touche à une macro-instruction ou une fonction de **Readline**. Vous pouvez y placer des commentaires, en faisant commencer la ligne par un `#` (dièse).

On peut utiliser soit un nom, soit une séquence d'échappement pour le nom de touche. Par exemple, pour affecter CTRL-T à la commande de déplacement en fin de la ligne courante, vous mettriez dans votre fichier *.in-*

9. Prononcez « ridlaïne » et non pas « raidline » comme nous l'avons déjà entendu dire !

putrc une ligne contenant `Control-t: end-of-line`[10]. Si vous aviez voulu employer une séquence d'échappement, vous auriez pu mettre `"\C-t": end-of-line`. Le `\C-` est le préfixe désignant CONTROL dans une telle séquence. L'avantage d'une séquence de touches, c'est que vous pouvez spécifier une série de touches pour une action. Par exemple, une fois que **Readline** aura lu cette ligne, taper CTRL-T provoquera le déplacement du curseur en fin de ligne.

Le `end-of-line` de l'exemple précédent est une fonction de **Readline**. La bibliothèque supporte plus de 60 fonctions permettant de contrôler pratiquement tout, depuis le déplacement du curseur jusqu'à la modification de texte et le complètement de commandes (l'annexe B en donne la liste complète). Toutes les actions possibles dans les modes d'édition Emacs et `vi` que nous avons vus dans ce chapitre, ont des fonctions associées. Cela permet de personnaliser les modes par défaut ou d'en créer de totalement nouveaux, supportant les touches de fonction que l'on préfère.

En plus des fonctions de **Readline**, il est aussi possible d'affecter une *macro* à une séquence de touches. Une macro n'est pas autre chose qu'une série de touches, protégée par de simples ou doubles apostrophes. Taper cette séquence provoque l'entrée des touches correspondantes, comme si vous les aviez tapées vous-même. Par exemple, nous pouvons affecter du texte à CTRL-T ; `"\C-t": "De plus en plus judicieux !"`. Ensuite, taper CTRL-T provoquera l'apparition de l'expression « De plus en plus judicieux ! » sur la ligne de commandes.

Si vous avez besoin des caractères de protection (simple ou double apostrophe) dans vos macros ou séquence de touches, vous pouvez les protéger par une contre-oblique (\). Les séquences d'échappement les plus courantes sont résumées dans le tableau 2.18. **Readline** permet aussi des tests conditionnels simples dans son fichier *.inputrc*. Il y a trois directives : `$if` (si), `$else` (sinon) et `$endif` (fin de condition). La condition liée à `$if` peut être un mode d'édition, un type de terminal, ou encore spécifique à une application.

Pour tester un mode d'édition, on peut employer la forme `mode=` et vérifier soit `vi`, soit `emacs`. Par exemple, pour configurer **Readline** de manière à ce que l'affectation de CTRL-T ne soit prise en compte qu'en mode Emacs, vous pourriez mettre ceci dans votre fichier *.inputrc* :

```
$if mode=emacs
"\C-t": "De plus en plus judicieux !"
$endif
```

10. Il faudra vous y faire : les programmes informatiques parlent anglais. Ici, *end-of-line* signifie « fin de ligne ». Autant il est possible d'internationaliser une interface utilisateur, autant il est irréaliste de vouloir le faire pour des fonctions et variables internes à un programme ; ce serait un sac de nœuds proche de l'usine à gaz (imaginez l'image...).

Séquence	Description
\C-	préfixe de touche de contrôle
\M-	préfixe la touche META (ESC)
\e	le caractère ESCAPE
\\	le caractère contre-oblique (\)
\"	le caractère double apostrophe (")
\'	le caractère apostrophe

TAB. 2.18 - *Séquences d'échappement Readline courantes.*

De même, pour tester un type de terminal, nous disposons de l'expression `term=`. Il faut indiquer le nom complet du terminal à la droite de l'expression. Ce genre de test est très utile lorsque l'on désire affecter une touche de fonction à un terminal particulier. Vous pouvez, par exemple, affecter les fonctions spécifiques à un certain terminal à des séquences de touches.

Si vous avez d'autres applications qui utilisent **Readline**, vous aurez peut-être intérêt à conserver la configuration spécifique à **bash** à part. C'est possible à l'aide d'un test conditionnel: chaque application faisant appel à cette bibliothèque positionne sa propre variable, que vous pouvez alors tester. Dans le cas de **bash**, il suffit de mettre un `$if bash` dans le fichier *.inputrc.*

Les variables de Readline

La bibliothèque **Readline** possède son propre jeu de variables, que vous pouvez modifier depuis le fichier *.inputrc.* Leur liste se trouve dans le tableau 2.19. Pour positionner ces variables, il suffit d'employer la commande `set` dans le fichier *.inputrc.* Par exemple, pour avoir le mode `vi` au démarrage, il suffit d'y placer la ligne `set editing-mode vi`. Chaque fois que **bash** sera lancé, il passera en mode d'édition `vi`.

Vous êtes francophone, par conséquent vous avez souvent besoin de caractères accentués. Vous pouvez les utiliser sur toute ligne de commandes gérée par **Readline** (comme le shell **bash**) en validant le support des caractères sur 8 bits dans *.inputrc*, comme ceci :

```
set convert-meta off
set output-meta on
set meta-flag on
```

Attention, cela ne concerne que la gestion de ces caractères par **Readline**. Il faudra bien entendu que votre terminal sache les afficher, et que

Variable	Description
editing-mode	Positionne le mode d'édition sur `vi` ou `emacs`.
horizontal-scroll-mode	Mise sur `On`, cela signifie que les lignes défileront horizontalement lorsque vous dépasserez le bord droit de l'écran. Par défaut, cette variable est sur `Off`, ce qui a pour effet de faire continuer sur la ligne suivante lorsque le bord est atteint.
mark-modified-lines	Mise sur `On`, affiche un astérisque au début des lignes d'historique qui ont été modifiées. Elle est à `Off` par défaut.
bell-style	Positionnée sur `none`, **Readline** ne produira jamais de signal sonore (bip). Si sa valeur est `visible`, la bibliothèque tentera d'utiliser un signal visuel. Positionnée sur `audible`, qui est la valeur par défaut, c'est un bip sonore qui sera généré.
meta-flag	Si sa valeur est `On`, il sera possible d'entrer des caractères sur 8 bits (nos caractères accentués français par exemple). La valeur par défaut est `Off`.
convert-meta	La valeur `On`, qui est celle par défaut, convertit les caractères dont le huitième bit est positionné en une séquence ASCII en mettant ce bit à zéro et en préfixant le caractère par ESC.
output-meta	Si sa valeur est `On`, les caractères sur 8 bits (comme nos lettres accentuées) seront directement affichés. La valeur par défaut est `Off`.
completion-query-items	Détermine s'il faut demander à l'utilisateur de voir les complètements possibles (au lieu de les afficher directement) si leur nombre est supérieur à cette valeur. Par défaut, elle vaut 100.
keymap	Positionne l'affectation des touches de fonction ; peut prendre les valeurs : `emacs`, `emacs-standard`, `emacs-meta`, `emacs-ctlx`, `vi`, `vi-move`, `vi-command` et `vi-insert`. La valeur par défaut est `emacs`. Notez que la valeur de la variable `editing-mode` peut aussi affecter ces jeux de touches.
show-all-if-ambiguous	Si cette variable est sur `On`, les mots qui ont plus d'un complètement possible sont affichés, au lieu d'obtenir un signal sonore. La valeur par défaut est `Off`.
expand-tilde	Sur `On`, l'expansion du tilde sera tentée même lors des complètements de mots. Positionnée sur `Off` par défaut.

TAB. 2.19 - *Les variables de la bibliothèque Readline.*

votre clavier soit capable de les générer, avec une norme commune (sous UNIX et la plupart des systèmes modernes, ISO-8859-1) ; ce qui sort du cadre de cet ouvrage.

Affectation de touches par l'instruction `bind`

Si vous désirez essayer des combinaisons de touches ou simplement visualiser la configuration courante, vous pouvez le faire directement depuis la ligne de commande de **bash** à l'aide de l'instruction `bind`. Sa syntaxe est la même que celle du fichier *.inputrc*, mais vous devez encadrer chaque affectation par des caractères de protection afin qu'elle soit considérée comme un seul argument.

Pour affecter une chaîne à CTRL-T, nous pouvons taper `bind '"\C-t": "De plus en plus judicieux !"'`. Cela assignerait la chaîne donnée à CTRL-T tout comme par le fichier *.inputrc*, sauf que cette configuration ne s'appliquerait qu'au shell courant et cesserait d'exister avec lui.

La commande `bind` permet également d'afficher la configuration courante, par `bind -v`. Si vous essayez, vous verrez quelque chose comme ceci :

```
abort can be found on "\C-g", "\C-x\C-g", "\e\C-g".
accept-line can be found on "\C-j", "\C-m".
arrow-key-prefix is not bound to any keys
backward-char can be found on "\C-b", "\eOD", "\e[D".
backward-delete-char can be found on "\C-h", "\C-?".
...
```

Pour n'afficher simplement que les noms des fonctions de **Readline**, faites `bind -l`.

Une autre option bien pratique, `-d`, affiche la configuration sur la sortie standard dans un format qui peut être relu par `bind`, ou intégré directement dans un fichier *.inputrc*. Aussi, pour créer un fichier de configuration complet, prêt à être édité, vous pouvez taper `bind -d > .inputrc`.

Pour relire ce fichier, vous disposez de l'option `-f` ; celle-ci prend un fichier en argument et charge la configuration qu'il contient. Vous pouvez l'employer pour prendre en compte les modifications que vous avez faites dans votre *.inputrc*.

Habitudes de frappe

Nous venons de voir dans ce chapitre que **bash** offre deux modes d'édition de la ligne de commandes : `vi` et Emacs. La raison principale de ce choix, qui peut vous surprendre, est que `vi` et Emacs sont les deux éditeurs de texte les plus répandus dans le monde UNIX. Les nombreuses personnes qui ont déjà utilisé ces outils trouveront donc les commandes d'édition de **bash** très familières.

Si vous ne connaissez aucun de ces éditeurs, vous devez absolument adopter le mode Emacs (pour ce qui concerne **bash**). Vous le trouverez bien plus souple et plus facile à assimiler, car il est basé sur des touches de fonction et ne nécessite pas de penser en termes de « mode commande » et « mode saisie ». Bien que le véritable éditeur Emacs soit extrêmement puissant, la structure de ses commandes s'adapte parfaitement à la réalisation de petits sous-ensembles : il existe plusieurs éditeurs « mini-emacs » pour UNIX, MS-DOS et bien d'autres systèmes.

On ne peut pas dire la même chose de `vi`, car l'organisation de ses commandes est vraiment faite pour un éditeur plein-écran. C'est un programme très puissant aussi, mais cette puissance ne devient évidente que lorsqu'il est utilisé dans son but initial : éditer du texte, des programmes C, LISP, etc. L'utilisateur de `vi` a le pouvoir de déplacer des montagnes en seulement quelques touches ; mais le prix à payer est que toute action se fait avec de telles commandes. Malheureusement, ce n'est pas ce qui est le plus adapté pour un usage dans un interpréteur de commandes, particulièrement de nos jours, où les utilisateurs passent de plus en plus de temps dans les applications et font de moins en moins appel aux possibilités du shell. En résumé, si vous n'êtes pas programmeur, ou si vous ne connaissez pas déjà `vi`, vous trouverez probablement le mode d'édition `vi` de **bash** obscur et confus.[11]

Quoi qu'il en soit, ces deux modes d'édition comportent un bon nombre de commandes ; il ne fait aucun doute que vous développerez des habitudes de frappe ne faisant appel qu'à quelques unes d'entre elles. Si vous avez choisi le mode Emacs, mais que cet éditeur ne vous est pas familier, voici un sous-ensemble de commandes faciles à apprendre, et qui vous permettront de faire pratiquement tout ce que vous voulez :

- Pour le déplacement du curseur, faites CTRL-A et CTRL-E pour aller respectivement en début ou en fin de ligne, ainsi que CTRL-F et CTRL-B pour tout autre mouvement. Si votre clavier possède des touches de fonction fléchées, n'hésitez pas à les utiliser.

- Corrigez à l'aide de la touche DEL (ou tout autre touche qui correspond à l'« effacement » chez vous) et CTRL-D ; et conservez les touches appuyées pour répéter l'opération autant qu'il est nécessaire. Pour supprimer la totalité de la ligne, faites CTRL-C.

11. Même les personnes rompues à l'éditeur `vi`, comme le traducteur (cet ouvrage est entièrement saisi sous `vi`), n'utiliseraient pour rien au monde ce mode d'édition pour la ligne de commandes de **bash**. Le mode Emacs, associé aux claviers modernes, est bien plus efficace et parfaitement adapté à cette utilisation.

– Déplacez-vous dans l'historique à l'aide des touches CTRL-P et CTRL-N, ou les touches fléchées haut et bas si votre clavier en est pourvu.

– Utilisez CTRL-R pour rechercher une commande à exécuter une nouvelle fois.

– Faites TAB pour le complètement des noms de fichiers.

Après quelques heures d'entraînement, vous vous demanderez comment vous avez pu vous passer si longtemps de l'édition de la ligne de commandes.

Dans ce chapitre :

- *Les fichiers .bash.profile, .bash_logout et .bashrc*
- *Les alias*
- *Les options*
- *Variables shell*
- *Personnalisation et sous-processus*
- *Trucs et astuces*

3 Personnalisation de l'environnement

LE MOT *environnement* est couramment employé comme synonyme de shell sous UNIX, ou pour désigner l'interface offerte par n'importe quel ordinateur à ses utilisateurs. Un environnement est, typiquement, un ensemble de concepts qui expriment ce que fait la machine en termes compréhensibles et cohérents, avec une apparence agréable et une ergonomie confortable.

Par exemple, un bureau est un environnement. Les concepts mis en œuvre dans le travail bureaucratique comprennent généralement des blocs-notes, des appels téléphoniques, des lettres, des imprimés, formulaires et circulaires. Les outils qui se trouvent sur ou dans ce bureau, destinés à exploiter tout cela, comprennent généralement du papier, des agrafes, des enveloppes, des crayons, un téléphone, une calculatrice, etc. Chacun de ces objets possède un ensemble de caractéristiques qui définissent la manière dont il est utilisé ; cela va de l'emplacement sur le bureau ou dans un tiroir, à des choses plus complexes comme les numéros de téléphone attribués aux boutons programmables du poste téléphonique ; en passant par la couleur de l'agrafeuse ou le type de mine des crayons. Prises ensembles, toutes ces caractéristiques définissent l'apparence et l'ergonomie du bureau, c'est-à-dire l'environnement du bureaucrate qui y travaille.

Ce bureaucrate personnalise son environnement de travail en rangeant les crayons là où il peut les atteindre le plus facilement, en programmant son poste téléphonique pour les appels les plus fréquents, etc. En général, plus un environnement est personnalisé et adapté à une personne, plus cette personne est productive.

De même, les shells UNIX vous présentent les concepts de fichiers, répertoires, entrée et sortie standard, alors qu'UNIX lui-même offre les outils nécessaires pour travailler avec ; ce sont les commandes de manipulation de fichiers, les éditeurs de texte, les files d'impression, etc. L'ergonomie de votre environnement UNIX est déterminée par le clavier et l'écran, bien sûr, mais aussi par la manière dont vous organisez vos répertoires, l'emplacement de chaque type de fichier, et les noms que vous donnez à ces fichiers, répertoires et commandes. Il existe encore d'autres façons plus complexes de personnaliser son environnement.

Ce chapitre décrit les quatres possibilités les plus importantes que **bash** propose pour la configuration de l'environnement :

- **les fichiers spéciaux :** ce sont les fichiers *.bash_profile*, *.bash_logout* et *.bashrc* qui sont lus par **bash** lorsque vous commencez ou terminez votre session ou un nouveau shell ;
- **les alias :** synonymes de commandes ou chaînes de commandes que vous pouvez définir à votre convenance ;
- **les options :** elles contrôlent différents aspects de votre environnement, vous pouvez les activer ou les désactiver ;
- **les variables :** ce sont des valeurs modifiables qui sont référencées par un nom. Le shell et d'autres programmes peuvent modifier leur comportement en fonction des valeurs stockées dans ces variables.

Bien que ces possibilités ne soient qu'une partie de ce qui est disponible, elles constituent la base de toute configuration plus avancée. Ce sont aussi celles qui sont communes à différents shells UNIX. Les chapitres suivants traiteront de possibilités encore plus étendues, comme la programmation du shell.

.bash_profile, .bash_logout et .bashrc

Ces trois fichiers de votre répertoire personnel ont chacun une signification particulière pour **bash** ; ils permettent de configurer automatiquement votre environnement lorsque vous entamez une session sur le système ou lorsque vous lancez un autre shell **bash**, et d'invoquer des commandes lorsque vous terminez la session. Ils peuvent être déjà présents dans votre répertoire personnel, selon la manière dont votre administrateur système a créé votre compte. S'ils n'existent pas, votre shell ne prend en compte que le fichier d'initialisation global par défaut, */etc/profile*. Vous pouvez très facilement créer vos propres fichiers d'initialisation à l'aide de votre éditeur de texte favori. Si vous n'êtes familier avec aucun des nombreux éditeurs disponibles sous UNIX, nous vous conseillons de commencer par vous initier à l'un des meilleurs et des plus connus, comme `vi` ou Emacs. L'édition de texte est incontournable, et vous n'irez pas bien loin dans ce chapitre si vous n'êtes pas capable de la maîtriser un peu.

Le fichier le plus important pour **bash**, *.bash_profile*, est lu chaque fois que vous entrez sur le système, et les commandes qu'il contient sont exécutées. Si vous examinez le vôtre, vous y trouverez probablement des lignes semblables à celles-ci :

```
PATH=/sbin:/usr/sbin:/bin:/usr/bin:/usr/local/bin
SHELL=/bin/bash
MANPATH=/usr/man:/usr/X11/man
EDITOR=/usr/bin/vi
PS1='\h:\w\$ '
PS2='> '
export EDITOR
```

Ces lignes décrivent l'environnement de base de votre compte utilisateur. Pour le moment, il vaut mieux ne pas y toucher tant que vous ne comprenez pas ce qu'elles font. Lorsque vous éditerez ce fichier, ajoutez vos nouvelles lignes à la suite ; ne supprimez rien pour l'instant.

Notez que tout ce que vous ajoutez dans votre *.bash_profile* ne prendra effet que lorsque ce dernier sera relu, c'est-à-dire en vous déconnectant, puis en recommançant une session. Il existe une autre solution : la commande `source`[1]. Par exemple :

```
source .bash_profile
```

exécutera les commandes du fichier indiqué, ici *.bash_profile*, y compris toutes celles que vous y avez ajoutées.

Bash autorise deux synonymes de *.bash_profile* : *.bash_login*, dérivé du fichier du C shell *.login*, et *.profile*, dérivé de celui des shells Bourne et Korn, portant le même nom. Un seul d'entre eux est lu lors du début de session **bash** : si *.bash_profile* n'existe pas dans votre répertoire personnel, ce sera *.bash_login* qui sera pris en compte. Si ce dernier n'existe pas non plus, **bash** lira le fichier *.profile*.

L'un des avantages de ces synonymes est que vous pouvez conserver votre fichier *.profile* si vous utilisiez le shell Bourne auparavant. Si vous devez ajouter des commandes spécifiques à **bash**, il vous suffit de les mettre dans *.bash_profile*, suivies de la commmande `source .profile`. À chaque début de session, tout ce qui est spécifique à **bash** sera exécuté, ainsi que le contenu du *.profile*. Si vous décidez pour une raison quelconque de repasser au shell Bourne standard, vous n'aurez rien à modifier. C'est une approche similaire qui a amené au fichier *.bash_login*, équivalent du *.login* du C shell. Mais en raison des grandes différences de syntaxe entre ces deux shells, ce n'était pas une très bonne idée.

1. Vous pouvez aussi utiliser son synonyme, la commande « `.` » (un simple point).

Le fichier *.bash_profile* n'est lu et exécuté qu'en début de session (*login shell*). Si vous lancez un autre shell (sous-shell) en tapant `bash` sur la ligne de commandes, c'est alors *.bashrc* qui sera lu. Cette méthode permet de séparer les commandes destinées au début de session de celles dont pous pouvez avoir besoin dans un sous-shell. Si cette différence est inutile dans votre cas, il vous suffit de placer la commande `source .bashrc` dans votre fichier *.bash_profile*. Si *.bashrc* n'existe pas, aucune commande ne sera exécutée lors du démarrage d'un sous-shell.

Le fichier *.bash_logout* est lu et exécuté chaque fois qu'une session (login shell) se termine. Il est là pour augmenter encore les possibilités de personnalisation de votre environnement. Vous pouvez, grâce à lui, exécuter lorsque vous quittez le système des commandes qui suppriment des fichiers temporaires, enregistrent le temps que vous avez passé à travailler, etc. Ce fichier n'est pas indispensable ; s'il n'existe pas dans votre répertoire personnel, aucune commande supplémentaire ne sera exécutée lorsque vous terminerez votre session, simplement.

Les alias

Quel que soit le temps que vous ayez passé sous UNIX, vous avez sans doute noté qu'il existe un très grand nombre de commandes, certaines portant des noms peu évocateurs. Quelquefois, celles dont vous avez fréquemment besoin nécessitent une série d'options et d'arguments. Ne serait-ce pas agréable d'avoir la possibilité de renommer les commandes, ou de pouvoir taper quelque chose de simple au lieu d'une demi-douzaine d'options? Heureusement, **bash** offre cette possibilité : les *alias*[2].

Les alias peuvent être définis depuis la ligne de commande, dans votre *.bash_profile* ou dans votre *.bashrc*, comme ceci :

```
alias nom=commande
```

Cette syntaxe spécifie que *nom* sera un alias de *commande*. Chaque fois que vous taperez `nom` en tant que commande à exécuter, **bash** le remplacera par `commande` avant d'exécuter la ligne. Notez qu'il ne doit pas y avoir d'espace de chaque côté du signe d'égalité (`=`) ; la syntaxe est comme cela et il faut s'y conformer.

Il existe plusieurs façons d'utiliser les alias. La première, la plus simple, consiste à attribuer un nom plus mémorisable à une commande existante. Beaucoup d'utilitaires UNIX portent des noms peu parlants, difficiles à

2. Les utilisateurs de C shell devront noter que **bash** ne supporte pas d'argument dans l'expansion des alias. Cette fonctionnalité est obtenue par les *fonctions*, que nous aborderons dans le chapitre 4, « Programmation du shell — les bases ».

retenir, et sont par conséquent d'excellents candidats à l'emploi d'alias. L'exemple classique est celui-ci :

```
alias cherche=grep
```

Cette commande **grep**, utilitaire UNIX de recherche dans des fichiers, est l'acronyme de « *Generalized Regular Expression Parser* ».[3] Cela peut signifier quelque chose pour l'informaticien confirmé, mais sûrement pas pour le chef du personnel qui doit rechercher **Fred** dans une liste de numéros de téléphone. Si vous avez défini l'alias ci-dessus, et que votre liste de numéros se trouve dans le fichier *annuaire*, vous pouvez alors rechercher **Fred** en faisant :

```
$ cherche Fred annuaire
```

Certaines personnes, peu douées en dactylographie, aiment bien définir des alias correspondant aux fautes de frappe qu'elles font souvent. Par exemple :

```
alias emcas=emacs
alias mali=mail
alias gerp=grep
```

Certes, c'est peut-être pratique, mais nous préférerions que vous supportiez les messages d'erreur et appreniez à taper correctement. Une autre manière d'utiliser les alias consiste à créer des raccourcis pour de longues commandes. Par exemple, si vous devez souvent aller dans un répertoire particulier, qui se trouve tout au fond d'une longue arborescence, il est pratique de créer un alias qui vous amènera à cet endroit en ne tapant que quelques touches, au lieu du chemin d'accès complet :

```
alias cdlivre='cd /work/BOOKS/traductions/bash/french/chapitres'
```

Notez la protection autour de la commande ; elle est nécessaire lorsque la chaîne fait plus d'un mot[4].

Voici encore un exemple. Une option très utile de la commande `ls` est `-F` : elle affiche une oblique après chaque répertoire et un astérisque pour repérer les fichiers exécutables. Comme taper un tiret suivi d'un F majuscule est assez peu pratique, beaucoup définissent cet alias :

```
alias lf='ls -F'
```

3. Il existe une autre théorie, qui veut que `grep` corresponde aux commandes « `g/re/p` » de l'ancien éditeur de texte `ed` ; dans lequel elles réalisent pratiquement la même chose que `grep`.

4. Alors que dans le C shell, la protection n'est pas nécessaire.

Il faut toujours se souvenir de quelques choses importantes à propos des alias. Tout d'abord, **bash** effectue une substitution de texte lors de l'expansion d'un alias ; vous pouvez vous représenter cela comme la fonction « recherche et remplacement » d'un traitement de texte, qui serait appelée avant d'interpréter et d'exécuter la commande. Tout caractère spécial (comme les caractères génériques * et ?) existant après l'expansion de l'alias sont interprétés correctement par le shell[5]. Par exemple, pour faciliter l'impression de tous les fichiers présents dans votre répertoire courant, vous pouvez définir l'alias suivant :

```
alias printall='pr * | lpr'
```

Ensuite, gardez présent à l'esprit que les alias sont récursifs, ce qui signifie qu'il est possible d'avoir des alias d'alias. Le nom choisi dans l'exemple précédent est certes parlant, mais on pourrait objecter qu'il est long à taper. Aussi, nous pouvons conserver cet alias tout en lui donnant une abréviation, en faisant :

```
alias pa=printall
```

On pourrait penser que la récursivité peut entraîner la création de boucles, volontaires ou non, comme ceci :

```
alias ls='ls -l'
```

Heureusement, **bash** empêchera ce type de bouclage, car il teste le premier mot du texte de remplacement ; s'il est identique à l'alias à traiter, il ne sera pas expansé une seconde fois. La commande ci-dessus fonctionnera donc comme prévu (taper `ls` produira un affichage long), et dans des situations plus stupides telles que :

```
alias listfile=ls
alias ls=listfile
```

l'alias *listfile* sera ignoré.

Les alias ne peuvent être employés que pour le début d'une chaîne de commande ; bien qu'il y ait certaines exceptions. Dans l'exemple de la commande `cd` cité plus haut, on aurait pu tenter de définir un alias pour le nom du répertoire, plutôt que pour la commande entière. Mais si l'on fait :

```
alias livre=/work/BOOKS/traductions/bash/french/chapitres
```

5. Corollaire important : les caractères génériques ou autres caractères spéciaux ne peuvent pas être employés dans les noms des alias, c'est-à-dire sur le côté gauche du signe d'égalité.

et que l'on tape `livre`, **bash** affichera probablement un message d'erreur indiquant que le répertoire n'existe pas.

Il existe une ruse pour contourner ce problème ; alors que c'est impossible sous le C shell. Si la valeur de l'alias (la partie droite du signe d'égalité) se termine par un blanc, alors **bash** tentera de faire une substitution sur le mot suivant de la ligne de commandes. Pour faire que cette valeur se termine par un blanc, il suffit de l'encadrer par des caractères de protection.

Voici comment mettre en œuvre cette possibilité d'expansion d'alias de noms de fichiers, du moins pour la commande `cd`. Il suffit de définir :

```
alias cd='cd '
```

Notez bien l'espace après `cd`. Il fera que **bash** cherchera un alias pour l'argument répertoire passé à `cd`, ce qui dans notre exemple précédent l'aurait autorisé à expanser correctement le chemin d'accès désiré.

Il existe une autre méthode, faisant appel à la variable `cdable_vars`, dont nous parlerons un peu plus loin dans ce chapitre.

Enfin, il nous faut citer quelques ajouts utiles à la commande `alias` de base. Si vous tapez `alias nom` sans mettre de signe d'égalité, **bash** affichera tous les alias correspondant à ce nom. Si vous tapez juste `alias` sans autre précision, vous obtiendrez la liste de tous les alias définis dans votre environnement. Et pour supprimer un alias, vous disposez de la commande `unalias`.

Les alias sont extrêmement pratiques pour se concocter un environnement de travail agréable, mais les possibilités offertes par les shell scripts et les fonctions, que nous aborderons dans le prochain chapitre, les rendent presque obsolètes. En effet, avec ces derniers, vous pourrez réaliser pratiquement tout ce que font les alias, et bien plus encore ; à tel point qu'avec un peu d'apprentissage vous pourrez vous passer complètement des alias. Toutefois, ceux-ci sont idéaux pour les novices qui trouvent qu'UNIX est un milieu hostile, plein de pièges et dénué de toute convivialité.

Options

Bien que les alias permettent de donner des noms pratiques aux commandes, ils ne permettent pas de vraiment changer le comportement du shell. Les options sont une façon de le faire. Une option est une valeur de configuration qui peut prendre l'un des deux états `on` ou `off` (en service, ou hors service). Même si plusieurs d'entre elles sont relatives aux entrailles du shell n'ayant d'intérêt que pour les programmeurs, celles dont nous allons parler ici seront utiles à tout le monde.

Les commandes de base relatives aux options sont `set -o option` et `set +o option`. On peut en changer plus d'une à la fois en une seule instruction `set`, en faisant précéder chacune d'un `-o` ou d'un `+o`. L'usage de plus (`+`) et moins (`-`) ici est déroutant, au premier abord : le moins valide l'option, alors que le plus la supprime. La raison de cette incongruité est que le tiret (`-`) constitue la méthode traditionnelle sous UNIX de spécification des options d'une commande, alors que l'usage du signe plus est beaucoup moins courant.

La plupart des options possèdent une abréviation en une lettre qui peut être utilisée en lieu et place de `set -o nom` ; par exemple, `set -o noglob` peut s'écrire `set -f`. Ces abréviations arrivent en droite ligne du shell Bourne. Comme plusieurs autres « extra » possibilités de **bash**, elles sont là pour assurer une compatibilité ascendante, mais leur emploi n'est pas encouragé.

Le tableau 3.1 indique les options utiles aux utilisateurs moyens d'UNIX. Toutes sont hors service par défaut, sauf indication contraire. Il en existe

Option	Description
emacs	Passe en mode Emacs pour l'édition de la ligne de commandes. C'est le mode par défaut.
ignoreeof	Interdit l'utilisation d'un unique CTRL-D pour terminer la session ; utiliser la commande `exit` pour cela. Cette option a le même effet que positionner la variable `IGNOREEOF=10`.
noclobber	Interdit à une commande de redirection (>) d'écraser un fichier existant.
noglob	N'expanse pas les caractères génériques comme * et ? (l'expansion est parfois appelée *globbing*).
nounset	Affiche une erreur lors d'une tentative d'utilisation d'une variable non définie.
vi	Passe en mode `vi` pour l'édition de la ligne de commandes.

TAB. 3.1 - *Options courantes de **bash**.*

d'autres, il y en a 21 en tout ; elles sont décrites dans l'annexe « *Listes de référence* ». Pour vérifier le statut d'une option, tapez simplement `set -o`. **Bash** affichera la liste complète, avec la valeur qui leur est affectée.

Les variables

Il existe des caractéristiques de votre environnement dont la configuration ne peut pas s'exprimer sous forme booléenne (oui/non on/off). Dans ce cas, on utilise des *variables* pour stocker leur valeur. Ces variables peuvent spécifier beaucoup de choses, depuis l'invite du shell jusqu'à la fréquence de test du nouveau courrier dans votre boîte aux lettres.

Tout comme un alias, une variable est un nom à laquelle est associée une valeur. **Bash** tient compte de plusieurs variables internes ; les programmeurs peuvent ajouter les leurs. Par convention, les variables devraient avoir des noms en lettres majuscules ; toutefois celles spécifiques à **bash** sont définies en minuscules. La syntaxe pour définir une variable est semblable à celle des alias :

```
variable=valeur
```

Il ne doit pas y avoir d'espace de part et d'autre du signe d'égalité, et si la valeur est composée de plusieurs mots, il faut encadrer la chaîne par des caractères de protection. Pour utiliser la valeur d'une variable dans une commande, faites-la précéder du signe dollar (`$`).

On peut supprimer une variable par la commande `unset`. Ce n'est pas très utile, puisqu'elles sont toutes considérées comme nulles si elles n'existent pas (c'est-à-dire qu'elles sont équivalentes à une chaîne vide). Mais si vous utilisez l'option `nounset` (voir le tableau 3.1), qui demande au shell d'indiquer une erreur en cas d'utilisation d'une variable non définie, `unset` pourra vous intéresser.

La meilleure façon de connaître la valeur affectée à une variable, c'est d'utiliser la commande interne `echo`. Cette dernière ne fait rien d'autre qu'afficher ses arguments, mais pas avant que le shell les ait évalués ; cela inclut entre autres choses l'expansion des caractères génériques dont nous avons déjà parlé, et les variables. Par conséquent, en admettant que la variable nommée `bouteille` ait pour valeur *eau*, il suffira de taper :

```
$ echo $bouteille
```

et le shell affichera simplement « `eau` ». Si la variable n'est pas définie, il n'affichera qu'une ligne vide. Une méthode plus verbeuse consisterait à faire :

```
$ echo "La valeur de \$bouteille est \"$bouteille\"."
```

Ici, le premier signe dollar dans la première chaîne protégée est lui-même protégé par une contre-oblique, afin que le shell ne tente pas de l'interpréter (voir chapitre 1) ; la sortie de cette commande difficile à taper serait donc :

```
La valeur de $bouteille est "eau".
```

Variables et protection

Notez que nous avons utilisé une protection simple (double apostrophe) autour des variables dans ce dernier exemple. Dans le chapitre 1, nous avons dit que certains caractères spéciaux étaient toujours interprétés à l'intérieur d'une protection de ce type, alors qu'avec une protection forte (simple apostrophe), ils ne le sont pas.

L'un de ces caractères spéciaux qui « survit » à cette protection simple est justement le dollar, ce qui signifie que les variables sont toujours évaluées par le shell. Il est possible de se passer de protection dans certains cas ; par exemple, nous aurions pu écrire la commande précédente de cette manière :

```
$ echo La valeur de \$bouteille est \"$bouteille\".
```

Cela fonctionne aussi, mais la protection simple est en général une solution plus correcte, et voici pourquoi : supposons que nous ayons écrit ceci :

```
$ fred='Quatre    espaces    entre    chaque    mot.'
```

Si nous faisions `echo $fred`, le résultat serait :

```
Quatre espaces entre chaque mot.
```

Mais que sont devenus les espaces ? Eh bien, sans la protection ad hoc, le shell découpe la chaîne en mots après avoir substitué la valeur de la variable, comme il le fait naturellement lorsqu'il traite toute ligne de commandes. La protection simple évite cette opération, en faisant croire au shell que toute la chaîne est un seul et unique mot.

Par conséquent, la commande `echo "$fred"` affichera bien :

```
quatre    espaces    entre    chaque    mot.
```

La distinction entre les deux types de protection devient très importante lorsque l'on aborde des variables contenant des entrées utilisateur ou de fichiers.

La protection simple (par double apostrophe) autorise le fonctionnement d'autres caractères spéciaux, comme nous le verrons dans les chapitres 6, 7 et 8. Mais pour l'instant, nous allons continuer avec la règle « en cas de doute, simple apostrophe » vue dans le chapitre 1 ; sauf si une chaîne contient des variables, auquel cas nous utiliserons la protection simple par double apostrophe.

Variables internes

Tout comme pour les options, certaines variables du shell sont utiles à tous les utilisateurs, alors que d'autres sont des arcanes réservées aux programmeurs géniaux. Ici, nous allons nous occuper des premières, les autres seront traitées dans les chapitres suivants. Là encore, l'annexe B contient leur liste au complet.

Variables concernant les modes d'édition

Plusieurs variables sont relatives aux modes d'édition de la ligne de commandes. Elles sont indiquées dans le tableau 3.2. La variable `history_control`

Variable	Signification
HISTCMD	Numéro de la commande courante dans l'historique.
HISTCONTROL	Positionnée sur la valeur `ignorespace`, les lignes qui commencent par une espace ne sont pas enregistrées dans le fichier d'historique. Positionnée sur `ignoredups`, les lignes identiques à la dernière commande de l'historique ne sont pas enregistrées. Les deux options peuvent être validées ensembles en positionnant cette variable sur la valeur `ignoreboth`.
HISTFILE	Nom du fichier d'historique.
HISTFILESIZE	Nombre de lignes maximal à enregistrer dans le fichier d'historique. La valeur par défaut est 500.
HISTSIZE	Nombre maximal de commandes à conserver dans l'historique présent en mémoire lors du fonctionnement du shell. La valeur par défaut est 500.
FCEDIT	Chemin d'accès à l'éditeur à utiliser avec la commande `fc`.

TAB. 3.2 - *Variables internes concernant l'édition de la ligne de commandes.*

est synonyme de `HISTCONTROL`. Les versions de **bash** antérieures à 1.14 ne connaissent que la première. Il faut également savoir que `ignoreboth` n'est pas disponible dans ces anciennes versions.

Dans le précédent chapitre, nous avons vu comment **bash** numérote les commandes. Pour trouver le numéro de la commande courante d'un shell interactif, il suffit d'afficher la valeur de la variable `HISTCMD`. Notez que si vous la supprimez par `unset`, elle perdra toute signification, même si vous la redéclarez plus tard.

Nous avons aussi appris comment **bash** conserve la liste d'historique en mémoire et l'enregistre dans un fichier lorsque la session se termine. Les variables `HISTFILESIZE` et `HISTSIZE` permettent d'ajuster respectivement le nombre de lignes maximal qui sera enregistré, et le nombre de lignes dont il doit se « souvenir », c'est-à-dire les lignes qui sont affichées par la commande `history`.

Supposons que vous désiriez maintenir un fichier d'historique relativement petit. En affectant la valeur 100 à `HISTFILESIZE`, ce fichier sera immédiatement limité à ce nombre de lignes. S'il était déjà plus grand, il sera tronqué.

`HISTSIZE` fonctionne de la même manière, mais uniquement sur l'historique que le shell conserve en mémoire. Lorsque vous sortez d'un shell interactif, `HISTSIZE` sera le nombre maximal de lignes qui seront enregistrées dans le fichier d'historique. Si vous avez positionné `HISTFILESIZE` à une valeur inférieure à `HISTSIZE`, la liste qui s'enregistrera sera tronquée.

Vous pouvez aussi réduire la taille de votre historique en employant la variable `HISTCONTROL`. Si on lui affecte la valeur `ignorespace`, toute ligne commençant par une espace n'apparaîtra pas dans la liste. Mais l'option `ignoredups` est encore plus utile : elle élimine les entrées consécutives identiques de la liste d'historique. Supposons que vous vouliez contrôler la taille d'un fichier par la commande `ls`, alors que celui-ci est en cours de création. Normalement, chaque fois que vous tapez `ls`, une ligne sera créée dans l'historique. En positionnant `HISTCONTROL` sur `ignoredups`, seule la première commande `ls` sera enregistrée.

Variables concernant le courrier électronique

Comme le programme `mail` ne fonctionne pas en permanence, il n'a aucun moyen de vous informer lorsque vous recevez de nouveaux messages ; par conséquent c'est le shell qui s'occupe de cette tâche[6]. En réalité, le shell ne peut pas tester le courrier entrant, mais il peut périodiquement scruter le fichier qui constitue votre boîte aux lettres afin de déterminer s'il a été modifié depuis son dernier test. Les variables indiquées dans le tableau 3.3 vous permettent de contrôler ces actions. Dans le scénario le plus simple, vous utilisez la commande standard UNIX `mail`, et votre fichier de boîte aux lettres est quelque chose comme */var/spool/mail/votre_nom*. Dans ce

6. Les utilisateurs d'UNIX BSD noteront que la commande `biff` de ces systèmes s'acquitte bien mieux que le shell de cette tâche ; alors que **bash** se contente d'écrire « *you have new mail* » (vous avez du courrier) juste avant d'afficher l'invite de la ligne de commandes, `biff` peut le faire à tout moment.

Variable	Signification
MAIL	Nom du fichier à tester (boîte aux lettres).
MAILCHECK	Intervalle, en secondes, entre deux tests. La valeur par défaut vaut 60 secondes.
MAILPATH	Liste de fichiers, séparés par des deux-points (:), à tester en tant que boîtes aux lettres.

TAB. 3.3 - *Variables internes concernant le courrier électronique.*

cas, il vous suffit d'affecter la bonne valeur à la simple variable `MAIL` et le test de courrier s'effectuera :

```
MAIL=/var/spool/mail/votre_nom
```

Si votre administrateur système ne l'a pas déjà fait pour vous, mettez une ligne comme celle-ci dans votre fichier *.bash_profile.*

Toutefois, certaines personnes emploient des programmes de courrier non standard et performants, capables de traiter plusieurs boîtes aux lettres. `MAILPATH` a été prévue pour cela. **Bash** utilisera la valeur de `MAIL`, sauf si `MAILPATH` est initialisée, et dans ce cas il testera tour à tour tous les fichiers indiqués dans cette liste. Vous pouvez même lui demander d'afficher un message différent pour chaque boîte aux lettres : après chaque nom de fichier, ajoutez un point d'interrogation suivi du message que vous désirez voir apparaître.

Par exemple, admettons que vous disposez d'un système de tri de courrier qui répartit automatiquement les messages en fonction de certains auteurs, dans des fichiers séparés. Vous avez donc (par exemple) */home/vous/mail/zoe*, */home/vous/mail/vous/serge*, */home/vous/mail/sam*, etc. Par conséquent, définissez votre `MAILPATH` comme ceci :

```
MAILPATH=/home/vous/mail/zoe:/home/vous/mail/serge:/home/vous/mail/sam
```

Ainsi, si **serge** vous écrit, le fichier */home/vous/mail/serge* changera. **Bash** se rendra compte de la modification dans la minute qui suit, et affichera le message :

```
You have new mail in /home/vous/mail/serge
```

Si vous êtes en cours d'exécution d'une commande, le shell attendra sa fin (ou sa suspension) pour afficher le message. Pour personnaliser encore plus tout cela, vous pouvez affecter à `MAILPATH` la valeur suivante :

```
MAILPATH='\
/home/vous/mail/zoe?Vous avez un message de Zoé.:\
/home/vous/mail/serge?Un message de Serge est arrivé.:\
/home/vous/mail/sam?Il y a encore un message de Sam.:'
```

Les contre-obliques placées à la fin de chaque ligne permettent de continuer la commande sur la ligne suivante. Mais faites attention : vous ne pouvez pas indenter les lignes. Maintenant, si vous recevez un message de **sam**, le shell affichera :

```
Il y a encore un message de Sam.
```

Il est également possible d'employer la variable `$_` dans le message à afficher, qui aura pour effet d'y placer le nom du fichier de boîte aux lettres. Par exemple :

```
MAILPATH='/home/vous/mail/divers?Vous avez du courrier dans $_'
```

Lorsqu'un message arrivera, le shell affichera alors :

```
Vous avez du courrier dans /home/vous/mail/divers
```

Modifier l'invite du shell

Si vous avez déjà rencontré des utilisateurs d'UNIX expérimentés au travail, vous aurez pu constater que l'invite du shell n'est pas gravée dans la pierre : ils y font afficher toutes sortes de choses ! En effet, il est possible de placer des informations utiles à cet endroit, y compris la date et le répertoire courant. Pour l'instant, nous allons vous donner juste quelques informations sommaires, qui vous permettront de personnaliser un peu l'invite de votre shell ; le reste viendra dans le chapitre suivant.

En fait, **bash** connaît quatre chaînes d'invite. Elles sont stockées dans les variables `PS1`, `PS2`, `PS3`[7] et `PS4`. La première s'appelle l'invite principale, ou primaire : c'est celle que vous voyez la plupart du temps, et sa valeur par défaut est `bash \$` (le signe dollar est précédé d'une contre-oblique). Beaucoup de personnes aiment voir leur nom d'utilisateur dans cette invite. Voici comment faire :

```
PS1="\u--> "
```

7. `PS3` n'était pas définie dans les versions de **bash** antérieures à 1.14.

Le `\u` demande à **bash** d'insérer le nom de l'utilisateur courant dans la chaîne d'invite ; les autres caractères sont là pour le côté esthétique de la chose. Si votre nom d'utilisateur est **alice**, vous verrez donc « `alice-->` ». Si vous êtes habitué au C shell, vous avez peut-être l'habitude d'avoir un numéro d'historique dans votre invite. **Bash** sait aussi faire cela : c'est la séquence `\!` qui symbolise cela. Par conséquent, si vous définissez votre chaîne d'invite ainsi :

```
PS1="\u  \!--> "
```

vous obtiendrez `alice 1->`, `alice 2->`, etc.

Mais le plus utile est sans nul doute de faire apparaître le répertoire courant : il devient alors inutile de taper `pwd` à tout bout de champ pour vérifier où l'on se trouve, puisque c'est affiché dans l'invite. Voici comment faire :

```
PS1="\w--> "
```

Le tableau 3.4 donne la liste des séquences possibles[8] pour personnaliser l'invite de **bash**. `PS2` s'appelle l'*invite secondaire*, sa valeur par défaut correspond au caractère >. Elle est affichée lorsque vous tapez une ligne incomplète suivie de la touche ENTRÉE, pour indiquer que vous devez finir votre commande. Par exemple, supposons que vous commencez à saisir une chaîne protégée, sans fermer la protection. Si vous tapez ENTRÉE, le shell affichera > et attendra que vous terminiez la saisie :

```
$ "Voici une ligne assez longue,      ← PS1 pour la commande
> Qui se termine à cet endroit.       ← PS2 pour continuer
$                                     ← PS1 pour la suivante.
```

`PS3` et `PS4` concernent la programmation du shell et le déboguage, elles seront décrites dans le chapitre 5 (« Structures de contrôle ») et 9 (« Déboguage des programmes shell »).

Chemin de recherche des commandes

La variable `PATH` est une autre variable très importante, puisqu'elle aide le shell à trouver les commandes que vous demandez.

Comme vous le savez certainement, chaque commande est en réalité un fichier qui contient du code exécutable par le système[9]. Ces fichiers sont

8. La séquence `\[ \]` n'est pas disponible dans les versions antérieures à 1.14.

9. Sauf s'il s'agit d'une commande interne (comme cd et echo), dont le code fait directement partie du shell.

Séquence	Correspondance
\d	Date, au format « nom-du-jour mois date-du-jour », c'est-à-dire par exemple : Wed Oct 18 (c'est en anglais bien entendu).
\h	Nom de la machine.
\n	Un couple retour-chariot/saut de ligne.
\s	Nom du shell.
\t	Heure courante au format HH:MM:SS, soit par exemple : 15:59:03.
\u	Nom d'utilisateur courant.
\w	Répertoire de travail.
\#	Numéro de la commande courante.
\	Numéro de la commande courante dans l'historique.
\$	Si le numéro d'identification de l'utilisateur effectif vaut 0 (**root**), affiche un dièse (#) ; sinon c'est un dollar ($) qui est affiché.
\nnn	Code ASCII du caractère voulu en base de numération octale.
\\	Affiche une contre-oblique.
\[	Commence une séquence de caractères non-imprimables, par exemple des commandes de de contrôle d'un terminal.
\]	Termine une séquence de caractères non-imprimables.

TAB. 3.4 - *Séquences de personnalisation de l'invite de* ***bash****.*

appelés *fichiers exécutables*, ou encore *binaires*. Ils sont stockés dans différents répertoires. Certains emplacements, comme */bin* ou */usr/bin*, sont standards sur tous les systèmes UNIX ; d'autres dépendent de la version que vous utilisez ; d'autres encore, sont uniques à votre machine. Si vous êtes programmeurs, certains peuvent même être particuliers à votre environnement. Quoi qu'il en soit, il n'y a aucune raison d'avoir à connaître l'emplacement exact d'une commande pour pouvoir l'exécuter.

C'est là que `PATH` entre en jeu. Sa valeur est une liste de répertoires, que le shell scrute à chaque commande[10]. Les noms de répertoire y sont séparés par des deux-points (`:`), tout comme pour la variable `MAILPATH`. Par exemple, si vous tapez `echo $PATH`, vous verrez s'afficher une ligne ressemblant à celle-ci :

```
/bin:/usr/bin:/usr/local/bin:/usr/X11R6/bin
```

Pourquoi devez-vous savoir cela? Pour deux raisons. La première, c'est qu'une fois que vous aurez pris connaissance des derniers chapitres de ce livre, et essayé d'écrire vos propres programmes shell, il vous faudra les tester et éventuellement les ranger dans un répertoire à part. La seconde, c'est qu'il se peut que votre système soit configuré de sorte que certaines commandes restreintes soient placées dans des répertoires ne faisant pas partie de votre `PATH`. Par exemple, il peut exister un répertoire */distraction/jeux* contenant des exécutables dont l'utilisation est interdite pendant les heures de travail légales.

Par conséquent, vous aurez parfois à ajouter des chemins d'accès à votre `path`. Admettons que vous avez créé un répertoire *bin* dans votre répertoire personnel, qui s'appelle par exemple */home/vous*, destiné à recevoir vos programmes personnels. Pour l'ajouter à votre `PATH` afin qu'il s'y trouve à chaque session, mettez ceci dans votre fichier *.bash_profile* :

```
PATH=$PATH":/home/vous/bin"
```

Cela positionne `PATH` à sa valeur précédente, immédiatement suivie d'un deux-points et de */home/vous/bin*.

C'est la méthode correcte et sûre de le faire : lorsque vous tapez une commande, le shell la recherche dans l'ordre où apparaissent les répertoires dans le `PATH`, jusqu'à ce qu'il trouve un fichier exécutable correspondant. Par conséquent, si par erreur vous avez donné à l'une de vos créations le même nom qu'une commande déjà existante, c'est cette dernière que le shell exécutera ; sauf si vous tapez le chemin d'accès complet à votre fichier personnel. Par exemple, si vous avez réalisé votre propre version de

10. Sauf si la commande commence par `/` ; dans ce cas le shell ne fait aucune recherche.

l'utilitaire `more`, placée dans le répertoire */home/vous/bin*, et que votre `PATH` est positionné comme dans le dernier exemple, vous devrez taper `/home/vous/bin/more` (ou juste `~/bin/more`) pour appeler votre version.

La méthode la plus naïve pour modifier votre `PATH` serait de mettre votre répertoire binaire personnel avant tous les autres :

```
PATH="/home/you/bin:"$PATH
```

Ce n'est pas sûr, car déjà vous sous-entendez que votre version de `more` fonctionne correctement. Mais c'est aussi risqué pour une raison bien plus importante : la sécurité du système. Si votre `PATH` est configuré ainsi, il ouvre une brêche très connue des pirates et autres personnes malveillantes : ils peuvent installer leurs « chevaux de Troie », réalisant toutes sortes d'actions depuis le vol de fichier jusqu'au vandalisme (voir le chapitre 10, « Administration et Bash » pour plus de détails). Par conséquent, à moins que vous n'ayez le contrôle de (et confiance en) toutes les personnes pouvant se connecter sur le système que vous utilisez, choisissez la première de ces deux méthodes pour ajouter des répertoires de recherche à votre `PATH`.

Si vous désirez connaître dans quel répertoire se trouve telle commande, il n'est pas nécessaire de regarder tous ceux indiqués dans le `PATH`. La commande interne `type` affiche le chemin d'accès complet de la commande que vous lui passez en argument, ou bien juste son nom s'il s'agit d'un alias, d'une fonction ou si elle est interne au shell (comme `cd`).

Chemin de recherche et variables

`CDPATH` est une variable qui, comme `PATH`, est constituée d'une liste de répertoires séparés par des deux-points. Son but est d'augmenter les fonctionnalités de la commande interne `cd`.

Par défaut, elle n'est pas initialisée (elle est donc nulle), et lorsque vous tapez `cd mondossier`, le shell cherchera un répertoire nommé `modossier` dans le répertoire courant [11]. Si vous donnez une valeur à `CDPATH`, vous offrez au shell une liste d'emplacement dans lesquels rechercher *mondossier*.

Voici un exemple pratique. Considérons un alias du même genre que celui de la longue commande `cd`, un peu plus tôt dans ce chapitre :

```
alias cdvoy='cd sipp/demo/animation/voyager'
```

Supposons maintenant que ce répertoire contienne quelques sous-répertoires dans lesquels vous devez souvent vous déplacer ; appelons-les *src*, *bin* et *doc*. Définissons alors `CDPATH` comme ceci :

```
CDPATH=:~/sipp/demo/animation/voyager
```

11. Cette recherche n'a pas lieu si le nom commence par une oblique, ou par l'un des deux préfixes ./ et ../.

En d'autres termes, CDPATH est défini comme une chaîne vide (qui signifie alors le répertoire courant), suivie de *~/sipp/demo/animation/voyager*.

Si vous tapez `cd doc` avec cette configuration, le shell cherchera dans le répertoire courant un sous-répertoire nommé *doc*. En supposant qu'il n'en trouve pas, il ira alors en chercher un dans *~/sipp/demo/animation/voyager*. Il le trouvera, puisque nous avons dit qu'il existait, et vous vous retrouverez donc directement dedans.

Si, selon les projets sur lesquels vous travaillez, vous avez souvent à vous déplacer dans un groupe particulier de répertoires, CDPATH vous permettra de le faire très rapidement. Notez bien que cette possibilité n'est utile que si vous mettez à jour cette variable chaque fois que vos habitudes de travail sont amenées à changer.

Bash propose un autre raccourci pour désigner des répertoires : si vous positionnez la variable `cdable_vars`, tout argument fourni à la commande `cd` qui n'est pas un répertoire sera considéré comme une variable.

Nous pouvons alors définir la variable `anim` comme étant `~/sipp/demo/animation/voyager`. Si nous positionnons `cdable_vars`, nous pouvons alors taper :

```
cd anim
```

Et le répertoire courant deviendra alors *~/sipp/demo/animation/voyager*.

Variables diverses

Jusqu'à présent, nous avons vu les variables connues du shell qui ont une importance au point de vue configuration. Il en existe aussi plusieurs autres, qui servent d'indicateurs d'états et à diverses autres choses ; elles sont indiquées dans le tableau 3.5.

Le shell affecte une valeur à ces variables, sauf en ce qui concerne HOME (qui est positionnée par la procédure d'établissement de session, via les programmes `login`, `rshd`, etc). Les quatre premières sont initialisées en début de session, les deux dernières le sont lorsque vous changez de répertoire. Bien qu'il soit possible de leur donner une valeur comme dans le cas de toute autre variable, il est difficile d'imaginer une situation où vous ayez réellement à le faire. Dans le cas de SECONDS, cela ferait bien compter à partir de la valeur que vous avez décidé (quel intérêt ?), mais si vous faites `unset SECONDS`, cette variable perdra sa signification spéciale, même si vous la repositionnez plus tard.

Variable	Signification
HOME	Nom de votre répertoire personnel
SECONDS	Nombre de secondes écoulées depuis le départ de ce shell
BASH	Chemin d'accès à cette instance du shell
BASH_VERSION	Numéro de version du shell en exécution
PWD	Répertoire courant
OLDPWD	Répertoire avant la dernière commande `cd`

TAB. 3.5 - *Diverses variables connues de **bash**.*

Personnalisation et sous-processus

Certaines des variables dont nous venons de parler sont exploitées par des commandes, par opposition à celles utilisées directement par le shell ; elles peuvent ainsi déterminer certains aspects de votre environnement. La majorité d'entre elles n'est cependant pas connue en dehors du shell.

Cette dichotomie amène une question importante : qu'est-ce qui est connu à l'extérieur du shell, et qu'est-ce qui lui est interne ? Cette question est cause de beaucoup de méprises et d'incompréhensions en ce qui concerne le shell, et sa programmation. Avant d'y répondre, nous allons la reposer d'une manière plus précise : « qu'est-ce qui est connu des sous-processus ? » Souvenez-vous que lorsque vous lancez une commande, vous demandez au shell d'exécuter ce programme dans un sous-processus ; de plus, certaines applications complexes peuvent elles-même créer leurs propres sous-processus.

La réponse n'est malheureusement pas aussi simple que vous l'aimeriez (comme beaucoup de concepts UNIX). Quelques « choses » sont connues des sous-processus, mais l'inverse n'est pas vrai : il leur est impossible de faire connaitre une variable au processus qui leur a donné naissance.

Ce qui est connu dépend de ce qu'est le sous-processus en question ; soit un programme **bash** (voir chapitre 4), soit un shell interactif. Dans le premier cas, il est possible de propager tout ce que nous avons vu dans ce présent chapitre — alias, options et variables — plus quelques autres choses que nous verrons plus tard.

Variables d'environnement

Par défaut, les sous-processus ne connaissent qu'un type de choses : une catégorie spéciale de variables appelées *variables d'environnement*. Certaines des variables internes que nous avons vues auparavant étaient en fait des variables d'environnement : BASH, BASH_VERSION, HOME, MAIL, PATH, PWD.

Il faut bien comprendre pourquoi ces variables, ainsi que d'autres, doivent absolument être connues des sous-processus. Par exemple, les éditeurs de texte comme vi et Emacs ont besoin de savoir quel est le type de votre terminal ; la variable d'environnement TERMest prévue à cet effet. Pour prendre un autre exemple, la plupart des programmes de gestion du courrier électronique autorisent la saisie des messages à l'aide de l'éditeur préféré de chaque utilisateur. Comment ces programmes savent-ils lequel choisir ? Par la valeur de la variable EDITOR (ou parfois, VISUAL).

Toute variable peut devenir une variable d'environnement. Elle doit tout d'abord être définie comme d'habitude ; puis il faut l'exporter par la commande :

```
export  liste de variables
```

Il s'agit d'une liste d'une ou plusieurs variables, séparées par des blancs. Vous pouvez aussi restreindre cette variable à l'environnement d'un processus particulier, en précédant la commande de l'affectation de la variable, comme ceci :

```
variable=valeur commande
```

Vous pouvez faire autant d'initialisations que nécessaire[12]. Par exemple, supposons que vous utilisiez l'éditeur Emacs. Vous avez des problèmes pour le faire fonctionner sur votre terminal, aussi vous expérimentez différentes valeurs de la variable TERM. Vous pouvez faire cela plus facilement en entrant des commandes de ce genre :

```
TERM=essaieceluila emacs monfichier
```

Emacs lira donc essaieceluila dans la variable TERM, alors que le shell et les autres programmes continueront à voir celle qui y est normalement affectée. Cette syntaxe est étonnamment utile, mais pas très employée ; nous ne la rencontrerons pas souvent dans le reste de ce livre.

Quoi qu'il en soit, les variables d'environnemnent sont très importantes. La plupart des fichiers *.bash_profile* contiennent des définitions de telles variables ; l'exemple que nous avons vu plus haut dans ce chapitre en comportait six :

```
PATH=/sbin:/usr/sbin:/bin:/usr/bin:/usr/local/bin
```

12. Il existe une option peu connue, set -k, qui autorise de mettre ce type de définition de variable à n'importe quel endroit de la ligne de commandes, et pas uniquement au début.

```
SHELL=/bin/bash
MANPATH=/usr/man:/usr/X11/man
EDITOR=/usr/bin/vi
PS1='\h:\w\$ '
PS2='> '
export EDITOR
```

Vous pouvez déterminer quelles sont les variables d'environnement et leurs valeurs en tapant `export` sans aucun argument.

Certains noms de variables sont utilisés par tellement d'applications qu'ils sont devenus standard. Bien que ces variables ne soient pas internes au shell **bash**, elles le sont dans certains (le Korn shell par exemple). Le tableau 3.6 contient la liste de celles que vous rencontrerez le plus souvent.

Variable	Signification
COLUMNS	Nombre de colonnes affichables par le terminal
EDITOR	Chemin d'accès à l'éditeur de texte par défaut
LINES	Nombre de lignes affichables par le terminal
SHELL	Chemin d'accès du shell
TERM	Type du terminal utilisé

TAB. 3.6 - *Variables standard.*

Vous vous rendrez sans doute compte que certaines d'entre elles existent dans votre propre environnement, probablement mises en place par le fichier général au système */etc/profile* (voir chapitre 10). Vous pouvez aussi les définir vous-même dans votre *bash_profile* et les exporter, comme nous l'avons fait plus haut.

Types de terminaux

La variable d'environnement `TERM` est vitale pour tout programme qui exploite votre écran ou votre fenêtre, comme les éditeurs de texte, `more`, et une quantité innombrable d'applications en tous genres.

Comme les utilisateurs passent de plus en plus de temps dans les programmes, et de moins en moins sous le shell, il est extrêmement important que la variable `TERM` soit correctement initialisée. C'est plutôt le rôle de l'administrateur système que de vous aider à le faire (ou de le faire pour vous), mais au cas où vous seriez obligé de vous en occuper vous-même, nous allons vous donner quelques conseils à ce sujet.

La valeur de `TERM` doit être constituée d'une courte chaîne de caractères en lettres minuscules, qui représente le nom d'un des fichiers se trouvant dans la base de données *terminfo*[13]. Cette base de données est organisée en arborescence à partir du répertoire */usr/lib/terminfo*, qui contient des sous-répertoires d'une seule lettre ; ces sous-répertoires contiennent des fichiers d'informations sur les terminaux dont les noms commencent par ce caractère. Chaque fichier décrit comment dire au terminal en question d'effectuer certaines actions, comme le positionnement du curseur, la mise en vidéo inversée, le défilement des lignes ou des colonnes, l'insertion de texte, et ainsi de suite. Ces descriptions sont sous forme binaire (elles ne sont pas lisible par les humains).

Le nom des fichiers de description correspond à celui de chaque terminal décrit ; quelquefois il est fait usage d'abréviations. Par exemple, les caractéristiques du terminal DEC VT100 se trouvent dans le fichier */usr/lib/terminfo/v/vt100*. Une fenêtre *xterm* du système graphique *X Window* voit sa description stockée dans le fichier */usr/lib/terminfo/x/xterm*.

Quelquefois, la variable `TERM` peut posséder une valeur incorrecte ; cela arrive généralement avec les terminaux X et les systèmes UNIX pour ordinateurs de type PC. Par conséquent, vous devez vérifier sa valeur en tapant `echo $TERM` avant d'aller plus loin. Si vous constatez qu'elle est incorrecte (ce qui a des chances de se produire si votre terminal n'est pas de la même marque que votre ordinateur), vous devrez déterminer vous-même la bonne valeur et la mettre en place.

La meilleure façon de trouver cette valeur (si vous ne pouvez faire appel à un spécialiste local qui le fera pour vous) consiste à trouver ou deviner le nom du terminal, et à chercher un fichier du même nom dans */usr/lib/terminfo* en utilisant `ls`. Par exemple, si vous êtes face à un terminal *Hewlett-Packard 70092*, vous pouvez essayer ceci :

```
$  cd /usr/lib/terminfo
$  ls 7/7*
```

Si vous avez de la chance, vous verrez alors quelque chose dans le genre :

```
70092   70092A  70092a
```

Dans ce cas, il y a des chances que ces trois noms soient des synonymes de (ou des liens vers) la même description de terminal. Aussi vous pouvez choisir n'importe lequel comme valeur de `TERM`. En d'autres termes, vous pouvez mettre l'une ou l'autre des trois lignes suivantes dans votre fichier *.bash_profile* :

```
TERM=70092
```

13. Les versions d'UNIX non dérivées de System V utilisent *termcap*, un type plus ancien de base de données de description de terminaux, composée d'un unique fichier nommé */etc/termcap*.

```
TERM=70092A
TERM=70092a
```

Si vous ne trouvez rien, `ls` affichera un message d'erreur, et il vous faudra essayer un autre nom. Si vraiment terminfo ne contient rien qui ressemble à votre terminal, tout n'est pas perdu : consultez le manuel de l'appareil pour voir s'il est capable d'émuler un modèle plus courant ; de nos jours cette solution fonctionne très bien.

Inversement, terminfo peut contenir plusieurs entrées relatives à votre terminal, pour des modèles dérivés, des modes spéciaux, etc. Si vous avez ce choix, nous vous suggérons d'essayer chaque entrée avec votre éditeur de texte ou tout autre programme utilisant les possibilités de l'écran, et de choisir celle qui produit les meilleurs résultats.

La procédure est bien plus simple si vous utilisez un système de fenêtrage, dans lequel vos « terminaux » sont des portions logiques de l'écran plutôt que des périphériques physiques. Dans ce cas, la partie logicielle du système s'occupant de cela ayant été écrite pour contrôler ces fenêtres, il y a de très grandes chances pour que, si elle sait gérer le dimensionnement des fenêtres et des déplacement complexes du curseur, elle soit capable de traiter des choses aussi simples que `TERM`. Le système *X Window*, par exemple, positionne automatiquement la valeur *xterm* dans la variable `TERM` pour toutes les fenêtres constituant les terminaux de type « xterm ».

Autres variables courantes

Certains programmes, comme `mail`, ont besoin de savoir quel type d'éditeur vous préférez utiliser. Dans la plupart des cas ils appelleront un éditeur par défaut comme `ed`, sauf si vous mettez le chemin d'accès à votre éditeur préféré dans la variable `EDITOR`, et que vous l'exportiez ; (tout cela dans votre *.bash_profile* par exemple).

Certaines applications exécutent des shells en tant que sous-processus (beaucoup de programmes de courrier électronique ou le mode shell de l'éditeur Emacs, par exemple) ; par convention ils utilisent la variable `SHELL` pour déterminer le shell à employer. Cette variable est généralement mise en place lors de l'établissement de la session, souvent par les programmes `login` ou `rshd` selon que vous vous connectez en local ou à distance. **Bash** ne l'initialise que si elle n'existe pas déjà.

Vous avez sûrement déjà remarqué que la valeur de `SHELL` est la même que celle de `BASH`. En fait, ces deux variables ont des buts distincts : `BASH` contient le chemin d'accès au shell courant, qu'il soit interactif ou non ; `SHELL` contient le nom de votre shell par défaut, celui que vous obtenez en début de session, et qui peut être totalement différent.

COLUMNS et LINES sont utilisées par les programmes plein-écran comme vi. Dans la plupart des cas, des valeurs par défaut sont choisies si elles ne sont pas initialisées, mais si d'aventure vous constatez des problèmes d'affichage avec des applications plein-écran, vous devez vérifier que ces variables contiennent des valeurs correctes.

Le fichier d'environnement

Bien que les variables d'environnement soient toujours connues des sous-processus, il est nécessaire d'indiquer au shell quelles autres variables, options, alias, etc., doivent leur être également communiquées. La façon de réaliser cela consiste à mettre leurs définition dans le *fichier d'environnement*. Sous **bash**, ce fichier s'appelle *.bashrc*, c'est celui dont nous avons parlé au début de ce chapitre.

Rappelez-vous que si vous ôtez des définitions de *.bash_profile* pour les mettre dans *.bashrc*, il ne faudra pas oublier d'ajouter la commande `source .bashrc` à la fin de *.bash_profile* de sorte que ces définitions soient prises en compte par le shell par défaut, en début de session.

L'idée d'employer un fichier d'environnement provient du C shell, avec son fichier *.cshrc*; c'est ce qui a conduit au nom *.bashrc*. Le suffixe « rc » est une convention pratiquement universelle dans le monde UNIX pour désigner des fichiers d'initialisation.[14]

En règle générale, il faut mettre le moins possible de définitions dans *.bash_profile*, et le maximum dans le fichier d'environnement. Les définitions s'ajoutant à l'environnement plutôt que d'en disparaître, il y a peu de chances qu'elles puissent perturber le fonctionnement d'un sous-processus (à moins qu'il n'y ait un conflit de noms si vous surchargez les alias).

Les seules choses qui doivent apparaître dans le fichier *.bash_profile* sont les variables d'environnement, leur commande d'export, et les commandes qui ne sont pas des définitions mais qui peuvent s'exécuter ou produire un affichage lorsque vous vous connectez. Les options et les définitions d'alias doivent être placées dans le fichier d'environnement. En fait, beaucoup d'utilisateurs de **bash** ont de très petits *.bash_profile*, comme celui-ci par exemple :

```
stty stop ^S intr ^C erase ^?
date
from
export ENV=~/.mybashrc
source .bashrc
```

14. Ces deux lettres remontent à l'époque des anciens systèmes d'exploitation DEC, elles signifient « *run commands* ».

(La commande `from`, dans certaines versions d'UNIX, teste si vous avez du courrier à lire et affiche une liste des en-têtes des messages si c'est le cas). Bien que ce *.bash_profile* soit très réduit, le fichier d'environnement de cet utilisateur peut être très grand.

Trucs et astuces de configuration

N'hésitez pas à essayer toutes les techniques présentées dans ce chapitre. La meilleure stratégie consiste à tester ce qui vous intéresse en le tapant sous shell pendant votre session ; si vous décidez de l'adopter, ajoutez-le dans votre fichier *.bash_profile.*

Il existe une méthode très simple et pratique pour ajouter des lignes dans ce fichier sans faire appel à un éditeur de texte : il suffit d'utiliser la commande `echo` et l'un des modes d'édition de **bash**. Si vous tapez une commande de configuration, et que plus tard vous décidiez de l'ajouter dans votre *.bash_profile*, vous pouvez la rappeler par CTRL-P ou CTRL-R (en mode Emacs), en encore par leur équivalent en mode `vi`. Supposons que cette ligne soit :

```
PS1="\u  !--> "
```

Après l'avoir rappelée, éditez-la afin qu'elle commence par la commande `echo`, qu'elle soit protégée par des apostrophes, et suivie d'une redirection d'E/S qui ajoutera (comme nous le verrons dans le chapitre 7 la sortie à *~/.bash_profile* :

```
$  echo 'PS1="\u  !--> "' >> ~/.bash_profile
```

Souvenez-vous que cette protection forte (simple apostrophe) est importante car elle évite que le shell tente d'interpréter des choses comme les signes dollar, les double apostrophes et les points d'exclamation. Vérifiez bien également que vous employez le symbole double >> pour la redirection. Un simple > aurait pour effet d'écraser le contenu du fichier, au lieu d'ajouter la ligne au bout.

Dans ce chapitre :
- Shell-scripts et fonctions
- Les variables
- Manipulation de chaînes de caractères
- Substitution de commande
- Exemples plus complexes : pushd et popd

4 Programmation du shell, les bases

SI VOUS VOUS ÊTES FAMILIARISÉ avec les techniques de configuration que nous avons présentées dans les chapitres précédents, vous avez probablement eu des idées de configuration de votre environnement que vous n'avez pas su réaliser... du moins, pas encore ! La programmation du shell va vous le permettre.

Bash offre des possibilités de programmation plus avancées que tous les interpréteurs de commandes de ce type. Bien que sa syntaxe ne soit pas aussi élégante que celle des langages de programmation plus conventionnels, sa puissance et sa souplesse sont comparables. En fait, **bash** peut être utilisé comme un environnement complet pour la réalisation de prototypes de logiciels.

Certains aspects de la programmation de **bash** sont des extensions des techniques de configuration que nous avons déjà étudiées, d'autres sont beaucoup plus proches des langages informatiques traditionnels. Nous avons organisé ce chapitre de telle sorte que si vous n'êtes pas programmeur, vous apprendrez malgré tout à faire bien plus de choses que ce que vous avez appris jusque là. L'expérience d'un véritable langage de programmation comme Pascal ou C est utile (mais pas indispensable) pour la compréhension des prochains chapitres. Tout au long de cet ouvrage, nous allons occasionnellement rencontrer des problèmes de programmation, que nous résoudrons comme des exercices ; leurs solutions feront appel aux notions que nous aborderons.

Shell scripts et fonctions

Un *script* est un fichier qui contient des commandes shell : c'est un programme en langage shell. Votre *.bash_profile* et vos fichiers d'environnement, présentés dans les précédents chapitres, sont des shell scripts.

Vous pouvez les créer à l'aide de l'éditeur de texte de votre choix. Ensuite, il y a deux façons de les exécuter : l'une, que nous avons déjà vue, consiste à taper `source nom-du-script` ; elle provoque la lecture du fichier et l'exécution des commandes qu'il contient, comme si vous les aviez tapées en direct.

La seconde méthode consiste simplement à taper son nom suivi de la touche ENTRÉE, exactement comme si vous invoquiez une commande quelconque ; il s'agit bien entendu de la meilleure méthode. En fait, plusieurs commandes « standard » d'UNIX sont réalisées par des shell scripts (c'est-à-dire que ce ne sont pas des programmes tratitionnels, écrits en langage C et compilés sous forme de code machine) ; on peut citer `spell`, `man` sur certains systèmes, et bon nombre de commandes destinées à l'administration. L'absence de distinction entre les « fichiers de commandes des utilisateurs » et les « commandes internes » est l'un des facteurs de la facilité d'extension d'UNIX, et c'est l'une des raisons qui le font apprécier des programmeurs.

On peut exécuter un script en tapant son nom si le répertoire dans lequel il se trouve est dans le chemin de recherche (`PATH`), ou dans le répertoire courant (`.`) si ce dernier est compris dans ce `PATH` (voir chapitre 3). S'il ne l'est pas, vous pouvez taper `./nom-du-script`, ce qui revient à donner son chemin d'accès complet (voir chapitre 1).

Mais avant de pouvoir l'exécuter ainsi, vous devez aussi lui donner la *permission d'exécution*. Si vous connaissez bien le système de fichiers UNIX, vous savez que chaque fichier possède trois types de permissions (lecture, écriture et exécution) ; qui s'appliquent chacune à trois catégories d'utilisateurs (le propriétaire, le groupe, et tous les autres). Normalement, lorsque l'on crée un fichier texte à l'aide d'un éditeur, le propriétaire a les droits d'écriture et de lecture, et tous les autres n'ont que l'autorisation de lecture.

Par conséquent, il faut explicitement donner la permission d'exécution aux scripts que vous serez amenés à réaliser ; cela se fait avec la commande `chmod`. Le plus simple est de taper :

```
$ chmod +x nom-du-script
```

Lors de toutes les modifications ultérieures que vous pourrez faire à ce fichier, l'éditeur de texte préservera ces droits. Si vous n'ajoutez pas cette permission d'exécution au script, et que vous tentez quand même de le lancer, le shell affichera ce message :

```
nom-du-script : Permission denied
```

Soit, avec un essai réel sur un système francisé :

```
bash: ./toto: Permission refusée
```

Mais il y a une différence bien plus importante entre les deux méthodes d'exécution de scripts. Alors que `source` provoque le lancement des commandes du fichier comme si elles faisaient partie de votre session, la méthode consistant à taper le nom du script déclenche toute une série d'actions. Tout d'abord, elle exécute une autre copie du shell en tant que sous-processus ; c'est ce que l'on appelle un *sous-shell*. Ce sous-shell lit alors le contenu du script, exécute les commandes qu'il y trouve, puis se termine en rendant le contrôle au shell parent.

La figure 4.1 illustre tout cela. Supposons que vous ayez un script simple, nommé `alice`, contenant les commandes `hatter` et `gryphon`. Dans la figure 4.1.a, taper `source alice` provoque l'exécution de ces deux commandes dans le même shell, tout comme si vous les aviez entrées manuellement. La figure 4.1.b montre ce qui se passe lorsque vous tapez simplement `alice` : les commandes sont exécutées dans le sous-shell, pendant que le shell parent attend que celui-ci ait terminé.

Il est intéressant de comparer cette situation avec celle illustrée dans la figure 4.1.c, où la commande est `alice &`. Souvenez-vous que dans le chapitre 1, nous avons dit que ce `&` provoquait l'exécution en arrière-plan, ce qui est un autre terme pour désigner un sous-processus. La seule différence significative entre les figures 4.1.b et 4.1.c est que dans la seconde, vous avez le contrôle du terminal ou de la station de travail pendant que la commande s'exécute ; vous n'avez pas besoin d'attendre qu'elle se termine pour taper d'autres ordres. L'emploi de sous-shells a de nombreuses conséquences. Parmi les plus importantes, il faut savoir que les variables d'environnement que nous avons vues dans le chapitre précédent (`TERM`, `EDITOR`, `PWD` etc.) sont connues des sous-shells, alors que les autres variables du shell (comme celles définies dans *.bash_profile* sans instruction `export`) ne le sont pas.

Les autres conséquences sont trop complexes pour être abordées maintenant ; consultez les chapitres 7, « *Entrées/sorties et traitement de la ligne de commandes* » et 8, « *Gestion des processus* » pour obtenir des détails sur les entrées/sorties et les processus, respectivement. Pour l'instant, gardez simplement à l'esprit qu'un script s'exécute normalement dans un sous-shell.

Fonctions

Dans **bash**, les fonctions sont une extension de ce qui existe dans le shell Bourne d'UNIX System V, ainsi que dans quelques autres shells. Une fonction est un genre de « script dans le script » ; c'est un ensemble de lignes de code auquel on donne un nom, il est stocké dans la mémoire du shell et peut être plus tard appelé par ce nom.

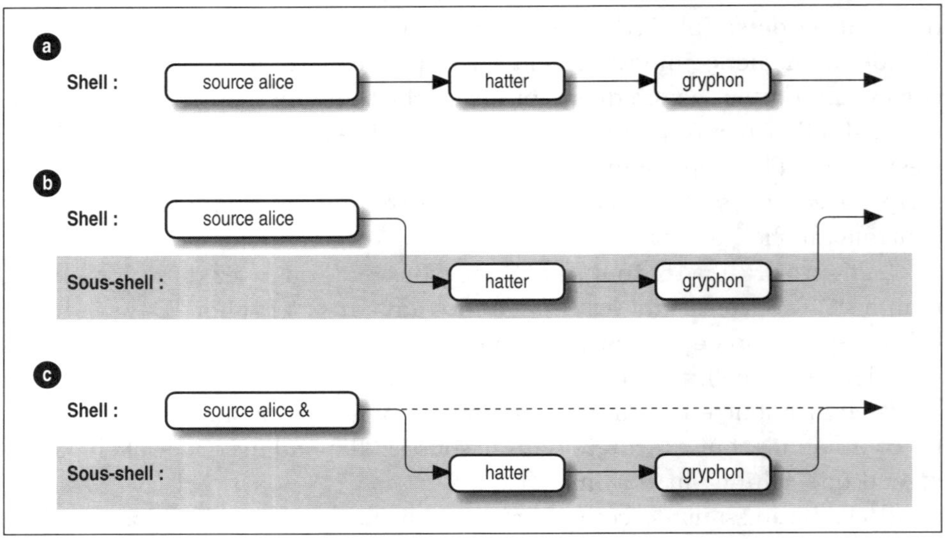

FIG. 4.1 - *Méthodes d'exécution d'un shell script.*

Les fonctions facilitent grandement la programmation du shell, pour deux raisons. En premier lieu, lorsque vous appelez une fonction, elle est déjà en mémoire : par conséquent elle est exécutée plus vite que s'il fallait lire le code dans un fichier. Les ordinateurs modernes regorgent de mémoire, il n'y a donc pas lieu de s'occuper de la place prise par ces fonctions. Pour cette raison, beaucoup définissent autant de fonctions courantes que possible plutôt que de stocker une grande quantité de scripts.

L'autre avantage des fonctions est qu'elles sont idéales pour la structuration de longs programmes en modules, petits « morceaux » de code plus faciles à développer et à maintenir. Si vous n'êtes pas programmeur, trouvez-en un et demandez-lui ce que serait sa vie sans ces fonctions (parfois appelées procédures ou sous-routines dans d'autres langages) ; vous serez rapidement édifié !

Pour définir une fonction, on peut utiliser l'une ou l'autre des deux formes suivantes :

```
function mafonction  {
    commandes shell
}

mafonction() {
    commandes shell
}
```

Il n'y a pas de différences fonctionnelles entre les deux ; nous emploierons d'ailleurs ces deux formes dans ce livre. Il est également possible de supprimer une définition par la commande `unset -f nom_de_la_fonction`.

Lorsque vous définissez une fonction, vous demandez en fait au shell de stocker en mémoire son nom et sa définition (les commandes qu'elle contient). Pour exécuter cette fonction plus tard, tapez juste son nom (suivi de tout argument), comme s'il s'agissait d'un simple script.

Vous pouvez déterminer quelles sont les fonctions définies dans votre session en tapant `declare -f`.[1] Le shell ne se contentera pas d'indiquer les noms par ordre alphabétique, mais affichera aussi tout le code correspondant aux fonctions définies. Comme cela peut donner une sortie assez longue, il sera sans doute nécessaire de faire appel à `more` par un tube, ou de rediriger la sortie vers un fichier que vous pourrez examiner à loisir ensuite. Nous reviendrons plus en détails sur `declare` dans le chapitre 6, « Options en ligne de commandes et variables typées ».

En dehors des avantages, il y a deux différences importantes entre les fonctions et les scripts. Tout d'abord, les fonctions ne sont pas exécutées dans des processus séparés, comme le sont les scripts lorsqu'ils sont invoqués par leur nom ; la « sémantique » d'exécution d'une fonction est plus proche de celle du fichier *.bash_profile* en début de session ou tout script appelé par la commande `source`. Ensuite, si une fonction porte le même nom qu'un programme exécutable ou un script, c'est elle qui sera exécutée.

C'est le moment de parler de l'ordre de précédence des différentes sources de commandes lorsque vous tapez le nom de l'une d'elles sous shell :

- alias ;
- mots-clés comme `function`, ou d'autres comme `if` et `for`, que nous verrons dans le chapitre 5 ;
- fonctions ;
- commandes internes comme `cd` et `type` ;
- scripts et les programmes exécutables, pour lesquels le shell effectue une recherche dans les répertoires définis dans la variable d'environnement `PATH`.

Par conséquent, un alias a précédence sur une fonction ou un script qui porterait le même nom. Toutefois, il est possible de modifier cet ordre à l'aide des commandes internes `buitin` et `enable`. Cela permet de donner

1. Cette instruction remplace `typeset -f`, qui est est obsolète.

le même nom à des fonctions, des alias et des scripts, et de choisir lesquels exécuter. Nous examinerons cette méthode en détails dans la section « *Analyse de la ligne de commandes* » du chapitre 7.

Si vous avez besoin de connaître l'origine exacte d'une commande, vous disposez des options de l'instruction `type` que nous avons vue dans le chapitre 3 : `type` indique comment **bash** interpréterait la commande, en fonction de sa recherche. Si vous avez un script, une fonction, et un alias tous nommés `toto`, `type` vous dirait que c'est l'alias `toto` qui serait employé si vous tapiez ce nom en tant que commande. Si vous donnez plus d'un argument à `type`, vous aurez des informations sur chaque nom, successivement.

Cette instruction `type` connaît trois options, qui permettent d'obtenir des détails spécifiques à une commande. Pour trouver toutes les définitions de `toto`, vous pouvez faire `type -all`. Vous obtiendrez alors une sortie semblable à celle-ci :

```
$  type -all toto
toto is aliased to 'echo "Il fait beau et chaud"'
toto is a function
toto ()
{
    echo "Il fait beau et chaud"
}
toto is ./toto
```

Il est possible de restreindre la recherche à des commandes qui sont sous forme de fichiers exécutables ou de shell scripts grâce à l'option `-path`. Si la commande, telle qu'elle est tapée sous **bash**, exécute un binaire ou un script, le chemin d'accès à ce fichier sera indiqué ; sinon `type -path` n'affichera rien.

Par défaut, la sortie de `type` est verbeuse ; elle vous donnera la définition complète d'un alias ou d'une fonction. l'option `-type` permet de réduire les informations à un simple mot : *alias*, *keyword* (mot-clé), *function*, *builtin* (commande interne) ou *file* (fichier). Par exemple :

```
$  type -type bash
file
$  type -type if
keyword
```

Cette option `-type` peut aussi être utilisée avec `-all`.

Nous allons surtout parler de scripts dans tout le reste de ce livre, mais sauf indication contraire, vous devrez considérer que tout ce que nous disons s'applique également aux fonctions.

Les variables

Bash doit beaucoup de ses fonctionnalités aux variables. Nous avons déjà abordé ces variables ; en résumé, ce sont des emplacements repérés par des noms destinés à stocker des données, qui sont la plupart du temps des chaînes de caractères, et leur valeur peut être obtenue en faisant précéder leurs noms du symbole dollar (`$`). Certaines d'entre elles, appelées variables d'environnement, se notent par convention en lettres majuscules, et leurs valeurs sont connues des sous-processus.

Si vous êtes programmeur, vous savez déjà tout cela puisque pratiquement tout langage de programmation utilise des variables d'une façon ou d'une autre ; en fait, une bonne méthode pour examiner les différences entre des langages consiste à comparer les facilités qu'ils offrent au niveau des variables.

La grande différence entre **bash** et les langages plus conventionnels est que ce shell utilise abondamment des variables chaînes de caractères (en cela, il a plus en commun avec des langages spécifiques comme SNOBOL qu'avec un plus général comme Pascal). C'est également vrai dans le shell Bourne et le C shell, mais **bash** les dépasse largement en proposant des mécanismes permettant la gestion des entiers explicitement.

Paramètres positionnels

Comme nous l'avons vu, nous pouvons affecter des valeurs aux variables par des instructions de la forme `nom=valeur`, par exemple :

```
$ romain=fou
$ echo "$romain"
fou
```

Certaines variables d'environnement sont prédéfinies par le shell en début de session. Il existe d'autres variables internes qui sont essentielles pour la programmation du shell ; nous allons en voir quelques unes maintenant, et nous garderons les autres pour plus tard.

Les variables spéciales les plus importantes sont appelées *paramètres positionnels*[2]. Ils contiennent les arguments de la ligne de commandes, qui sont passés aux scripts qui sont appelés. Ils ont pour nom 1, 2, 3, etc., ce qui signifie que leur valeur est récupérable par `$1`, `$2`, `$3`, etc. Il existe aussi un paramètre positionnel 0, dont la valeur correspond au nom du script (c'est-à-dire la commande tapée pour l'appeler).

2. Et allons-y pour un néologisme !

Deux variables spéciales contiennent tous les paramètres positionnels à la fois (sauf `$0`) : ce sont « `*` » et « `@` ». La différence entre les deux est subtile, mais importante ; elle n'est mise en évidence que lorsqu'elles sont encadrées par les caractères de protection « `" "` ».

`"$*"` est une unique chaîne composée de tous les paramètres positionnels, séparés par le premier caractère de la variable d'environnement `IFS` (*Internal Field Separator*), qui est par défaut un espace, une tabulation et un saut de ligne. D'un autre côté, `"$@"` est égale à `"$1" "$2" ... "$N"`, où `N` est le nombre de paramètres positionnels. En clair, elle est égale à N chaînes de caractères protégées, séparées par des espaces. Nous verrons l'intérêt de cette différence un peu plus loin.

La variable « `#` » contient le nombre de paramètres positionnels (sous forme de chaîne de caractères). Toutes ces variables sont en « lecture seule », ce qui signifie que vous ne pouvez pas leur affecter de nouvelles valeurs à l'intérieur des scripts.

Par exemple, considérons ce script très simple :

```
echo "alice: $@"
echo "$0: $1 $2 $3 $4 $5 $6"
echo "$# arguments"
```

Admettons qu'il s'appelle *alice*. Si, alors, vous tapez `alice au pays des merveilles`, vous obtiendrez ceci :

```
alice: au pays des merveilles
./alice: au pays des merveilles
4 arguments
```

Dans ce cas, `$5` et `$6` ne sont pas initialisés, ce qui signifie que le shell leur substituera une chaîne nulle[3].

Paramètres positionnels dans les fonctions

Les fonctions shell utilisent des paramètres positionnels et des variables spéciales comme `*` et `#` exactement comme le font les scripts. Si vous vouliez définir *alice* sous forme de fonction, il suffirait de mettre ce qui suit dans votre *.bash_profile* ou votre fichier d'environnement :

```
function alice {
    echo "alice: $*"
    echo "$0: $1 $2 $3 $4 $5 $6"
    echo "$# arguments"
}
```

3. Sauf si l'option `nounset` est en service, dans ce cas le shell renverra un message d'erreur.

Vous obtiendriez le même résultat en tapant `alice au pays des merveilles`.

En pratique, on définit plusieurs fonctions dans un seul script. Par conséquent, chacune d'elles doit gérer ses propres arguments, ce qui signifie que chaque fonction doit conserver une trace séparée des paramètres positionnels. Il apparaît donc que chaque fonction possède ses propres copies de ces variables (bien qu'elles ne s'exécutent pas dans leurs propres sous-shells comme le font les scripts) ; on dit alors que ces variables sont *locales* à la fonction.

Toutefois, d'autres variables, définies dans les fonctions, ne sont pas locales (elles sont *globales*) ; ce qui signifie que leurs valeurs sont connues tout au long du script. Par exemple, considérons le shell script suivant, que nous appellerons `monscript` :

```
function la_fonction {
  echo dans la fonction: $0 $1 $2
  var1="dans la fonction"
  echo var1: $var1
}
var1="hors de la fonction"
echo var1: $var1
echo $0: $1 $2
la_fonction fctarg1 fctarg2
echo var1: $var1
echo $0: $1 $2
```

Si vous l'appelez en tapant `monscript arg1 arg2`, vous obtiendrez la sortie suivante :

```
var1: hors de la fonction
monscript: arg1 arg2
dans la fonction: monscript fctarg1 fctarg2
var1: dans la fonction
var1: dans la fonction
monscript: arg1 arg2
```

En clair, la fonction *la_fonction* change la valeur de la variable `var1` de `"hors de la fonction"` en `"dans la fonction"`, et ce changement est connu à l'extérieur de cette fonction ; alors que `$1` et `$2` ont des valeurs différentes dans la fonction et dans le script. Notez que `$0` ne change pas, puisque la fonction s'exécute dans l'environnement du script, et que `$0` prend le nom de ce script. La figure 4.2 illustre sous forme graphique la visibilité de chaque variable.

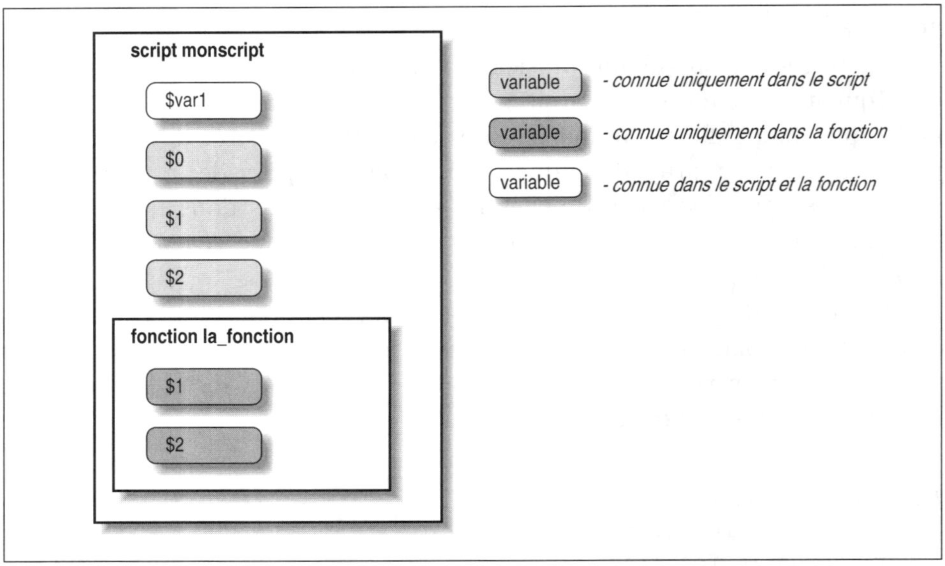

FIG. 4.2 - *Les fonctions possèdent leurs propres paramètres positionnels.*

Variables locales dans les fonctions

L'instruction `local`, mise à l'intérieur d'une définition de fonction, rend les variables mises en jeu locales à cette fonction. La possiblité de définir des variables locales à une unité « sous-programme » (procédures, fonctions, sous-routines, etc.) est nécessaire pour l'écriture de grands scripts, car elle permet de rendre ces sous-programmes indépendants les uns des autres, ainsi que du programme principal.

Voici la fonction de notre dernier exemple, réécrite pour que la variable `var1` soit locale :

```
function la_fonction {
  local var1
  echo dans la fonction: $0 $1 $2
  var1="dans la fonction"
  echo var1: $var1
}
```

Le résultat de l'exécution de `monscript arg1 arg2` est maintenant :

```
var1: hors de la fonction
monscript: arg1 arg2
dans la fonction: monscript fctarg1 fctarg2
```

```
var1: dans la fonction
var1: hors de la fonction
monscript: arg1 arg2
```

La figure 4.3 illustre la visibilité des variables dans notre nouveau script. Notez que *la_fonction* possède maintenant sa propre copie de `var1`, locale, bien que la variable originale `var1` puisse toujours être employée par toute autre fonction que `monscript` serait susceptible d'appeler.

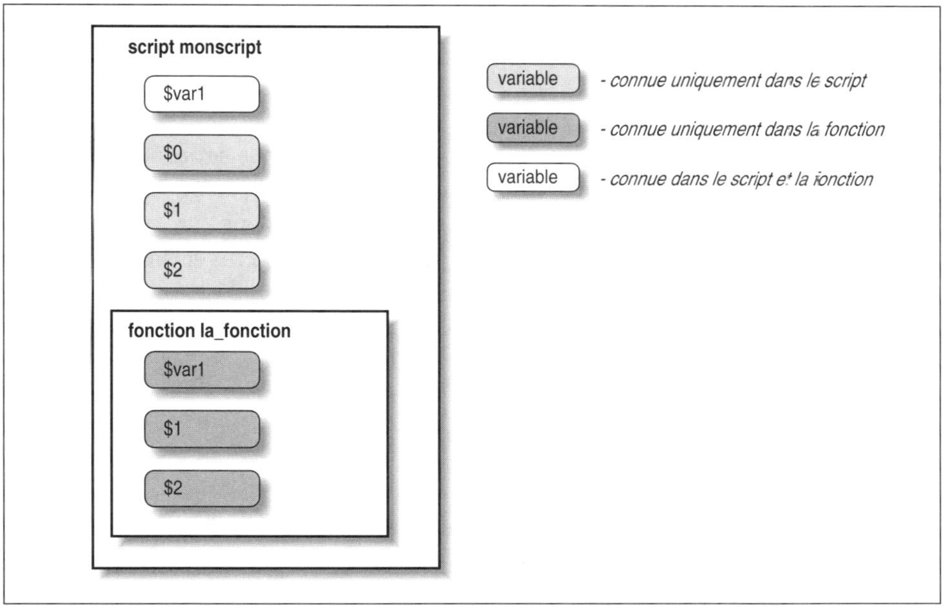

FIG. 4.3 - *Les fonctions peuvent avoir des variables locales.*

*Les variables $@ et $**

Il est temps de regarder de plus près les variables spéciales « `$@` » et « `$*` ». Elles constituent deux des plus grandes idiosyncrasies du shell, aussi allons-nous présenter quelques unes des principales sources de confusion.

- Pourquoi les éléments de « `$*` » sont-ils séparés par le premier caractère de `IFS` plutôt que de simples espaces ? Pour des raisons de facilité d'exploitation du résultat en sortie. Pour prendre un exemple simple, supposons que vous désiriez afficher une liste des paramètres positionnels, en les séparant par des virgules. Le script suivant ferait l'affaire :

```
IFS=,
echo "$*"
```

Changer `IFS` à l'intérieur d'un script est assez risqué, mais c'est sans doute faisable tant que rien d'autre, dans ce script, n'en dépend. Si nous appelons ce script **`listarg`**, la commande **`listarg ils sont fous ces romains`** produirait en sortie « *ils,sont,fous,ces,romains* ». Les chapitres 5 et 10 contiennent d'autres exemples de modification de la variable `IFS`.

– Pourquoi « **`$@`** » fonctionne-t-elle comme N chaînes séparées protégées par des « `" "` » ? Pour vous permettre de les réutiliser encore en tant que valeurs séparées. Par exemple, admettons que vous vouliez appeler une fonction à l'intérieur de votre script, avec la même liste de paramètres positionnel, comme ceci :

```
function compteargs {
    echo "$# arguments."
}
```

Considérons que le script est appelé avec les mêmes arguments que dans l'exemple précédent. Si, alors, il contient la commande `compteargs "$*"`, la fonction affichera « *1 arguments* ». Mais si la commande est « `compteargs "$@"`, » elle affichera bien « *5 arguments* ».

Retour sur la syntaxe des variables

Avant de présenter tout ce qu'il est possible de faire avec les variables, nous devons dire que jusqu'a présent nous avions utilisé une simplification d'écriture : la syntaxe **`$nom`**, permettant d'obtenir la valeur d'une variable, est la forme simplifiée de la syntaxe plus générale **`${nom}`**.

Pourquoi deux syntaxes ? D'une part, la forme générale est nécessaire lorsque le code nécessite plus de neuf paramètres positionnels : il faut écrire **`${10}`** et non pas **`$10`**. D'autre part, considérons le cas où nous voulons placer un caractère souligné après l'identification utilisateur :

```
echo $UID_
```

Le shell va prendre « `UID_` » comme nom de variable. À moins que par hasard cette variable existe vraiment, cela n'affichera rien du tout (la valeur sera nulle, ou la chaîne vide `""`). Pour obtenir le résultat désiré, il nous faut mettre la variable shell entre accolades :

```
echo ${UID}_
```

On peut malgré tout omettre les accolades si le caractère qui suit le nom de la variable n'est ni une lettre, ni un chiffre, ni le souligné.

Manipulation de chaînes de caractères

Les accolades permettent l'emploi des opérateurs de chaînes de caractères. Ceux-ci autorisent toutes sortes de manipulations des valeurs des variables, sans qu'il soit nécessaire d'écrire des programmes spécifiques ou de faire appel à des utilitaires UNIX externes. Même si vous n'avez pas assimilé les notions de programmation abordées dans les derniers chapitres, vous pourrez faire beaucoup de choses avec les opérateurs de chaînes. Entre autres choses, ils permettent :

- de s'assurer que les variables existent (c'est-à-dire qu'elles sont définies et que leur valeur n'est pas nulle) ;
- l'affectation de valeurs par défaut aux variables ;
- gérer les erreurs résultant de variables non initialisées ;
- supprimer des portions de valeurs de variables en fonction d'un modèle.

Syntaxe des opérateurs sur les chaînes

Le principe de base de ces opérateurs consiste à insérer des caractères spéciaux, dénotant certaines opérations, entre le nom de la variable et l'accolade ouvrante. Tout argument que l'opérateur peut nécessiter sera placé à la droite de celui-ci.

Le premier groupe d'opérateurs sur les chaines teste l'existence des variables et permet l'affectation de valeurs par défaut dans certaines conditions. Ils sont résumés dans le tableau 4.1. Le premier de ces opérateurs est idéal pour attribuer des valeurs par défaut aux arguments de la ligne de commande, au cas où l'utilisateur les omettrait. Nous utiliserons cette technique dans notre premier exercice de programmation.

Opérateur	Substitution
`${variable:-mot}`	Si `variable` existe et n'est pas nulle, retourne sa valeur, sinon retourne `mot`.
Emploi :	Retourner une valeur par défaut si la variable n'est pas définie.
Exemple :	`${compte:-0}` est évalué à 0 si `compte` n'est pas définie.
`${variable:=mot}`	Si `variable` existe et n'est pas nulle, retourne sa valeur, sinon lui attribuer celle de `mot`, et retourner cette valeur. Les paramètres positionnels et les paramètres spéciaux ne peuvent pas être assignés ainsi.
Emploi :	Attribuer une valeur par défaut à une variable si elle est indéfinie.
Exemple :	`${compte:=0}` met `compte` à zéro si elle n'était pas définie.
`${variable:?message}`	Si `variable` existe et n'est pas nulle, retourne sa valeur, sinon affiche « `variable:` » suivi de `message`, et abandonne la commande ou le script en cours (dans les shells non-interactifs uniquement). Si l'on omet `message` il s'affichera par défaut le texte : « *parameter null or not set* ».
Emploi :	Traiter les erreurs résultant de variables non définies.
Exemple :	`${compte:?"non définie !"}` affiche « `compte : non définie !` » et sort, si la variable `compte` n'est pas définie.
`${variable:+mot}`	Si `variable` existe et n'est pas nulle, retourne `mot`, sinon retourne `null`.
Emploi :	Tester l'existence d'une variable.
Exemple :	`${compte:+1}` retourne 1 (qui peut signifier « vrai ») si `compte` est définie.

TAB. 4.1 - *Opérateurs de substitution de chaînes.*

Problème 4-1

> Vous possédez une grande collection de disques, et vous voulez écrire un programme pour la gérer. Supposons que vous ayez un fichier de données contenant le nombre d'albums par artiste en votre possession. Il serait composé de lignes comme celles-ci :
>
> ```
> 5         Bernard Dimey
> 6         Serge Gainsgourg
> 3         Léo Ferré
> 1         Jean Yanne
> ```
>
> Écrire un programme qui affiche les `N` artistes dont vous possédez le plus d'enregistrements ; c'est-à-dire les `N` lignes contenant les plus grands nombres. La valeur par défaut de `N` doit être 10. Le programme doit prendre un argument pour le nom du fichier d'entrée, et un second argument, facultatif, contenant le nombre de lignes à afficher.

La meilleure approche pour ce type de script est, de loin, celle qui fait appel aux utilitaires UNIX standard, en les combinant à l'aide de tubes et de redirections des entrées/sorties. C'est cette classique philosophie de « briques élémentaires» qui a rendu UNIX très apprécié des programmeurs. Cette technique nous permet d'écrire une première version du script, en une seule ligne :

```
sort -nr $1 | head -${2:-10}
```

Voici comment elle marche : le programme `sort` trie les lignes du fichier dont le nom lui est donné en premier argument (`$1`). L'option `-n` lui demande de ne prendre en compte que le premier mot de chaque ligne pour ce tri (au lieu de considérer toute la chaîne de caractères) ; et l'option `r` lui indique d'inverser les comparaisons, c'est-à-dire que le tri se fera par ordre décroissant[4].

La sortie de `sort` est connectée par un tube à l'utilitaire `head`, qui, lorsqu'on lui passe l'argument `N`, affiche les `N` premières lignes de son entrée sur la sortie standard. L'expression `-${2:-10}` est évaluée à un tiret (-) suivi du second argument s'il est fourni, ou à `-10` dans le cas contraire ; notez que la variable dans cette expression est 2, ce qui correspond au second paramètre positionnel.

Considérons que ce script s'appelle `montruc`. Si l'utilisateur tape `montruc monfichier`, la ligne qui s'exécute est en fait :

```
sort -nr monfichier | head -10
```

4. Au beurre.

Ou bien, s'il tape `montruc monfichier -22`, ce sera :

```
sort -nr monfichier | head -22
```

Vérifiez que vous comprenez bien comment l'opérateur « `:-` » fournit une valeur par défaut.

Ce script est parfaitement correct et utilisable, mais il pose quelques petits problèmes. Entre autres, cette unique ligne n'est pas très explicite. Ce n'est pas très important dans le cas d'un si petit programme, mais il n'est pas raisonnable de réaliser de cette manière de longs scripts très élaborés. Quelques modifications mineures vont rendre le code plus lisible.

Tout d'abord, nous pouvons mettre des commentaires dans le code ; tout ce qui se trouve entre un caractère `#` et une fin de ligne est considéré comme commentaire. Au minimum, il faudrait que ce programme commence par quelques lignes indiquant ce qu'il est censé faire, et quels arguments il accepte. Ensuite, nous pouvons améliorer le nom des variables en affectant la valeur des paramètres positionnels à des variables portant des noms plus parlants. Enfin, nous pouvons ajouter des lignes vides pour aérer un peu tout ça ; les lignes vides sont ignorées comme les commentaires. Voici donc une version plus lisible :

```
#
#       montruc  fichier [nombre]
#
#       Affiche "nombre" des lignes du fichier, portant les numéros
#       les plus élevés.
#       Le fichier d'entrée doit comporter des lignes qui commencent
#       par des nombres. La valeur par défaut de "nombre" est 10.
#

fichier=$1
nombre=${2:-10}
sort -nr $fichier | head $nombre
```

Les crochets encadrant `nombre` dans le commentaire, sont conformes aux conventions adoptées dans la documentation UNIX pour désigner les arguments optionnels.

Ces modifications améliorent beaucoup la lisibilité du code, mais n'éclairent pas mieux son fonctionnement. Que se passe-t-il si l'utilisateur appelle ce script sans aucun argument ? Souvenez-vous que les paramètres positionnels ont une valeur nulle par défaut, s'ils ne sont pas définis. Ici, s'il n'y a pas d'argument, `$1` et `$2` sont tous deux nuls. La variable `nombre` (`$2`) est initialisée par défaut à la valeur 10, mais il n'y a rien de prévu pour le nom de fichier (`$1`). Par conséquent, la commande qui serait exécutée serait :

```
sort -nr | head -10
```

Or, lorsque la commande `sort` est appelée sans nom de fichier en argument, elle attend les données sur son entrée standard ; c'est-à-dire soit un tube, soit le terminal de l'utilisateur. Comme nous n'avons aucun tube ici, ce sera le terminal. Le script apparaîtra alors « planté » ! Bien qu'il soit toujours possible de taper CTRL-D ou CTRL-C pour sortir de cette situation, l'utilisateur moyen n'est pas censé être au courant de cette « caractéristique ».

Par conséquent, nous devons nous assurer que l'utilisateur fournit bien au moins un argument. Il y a plusieurs façons de le faire ; l'une d'entre elles met en jeu un opérateur de chaînes. Nous allons remplacer la ligne :

```
fichier=$1
```

par celle-ci :

```
fichier=${1:?"Nom de fichier absent."}
```

Cela va avoir deux conséquences si un utilisateur appelle notre script sans aucun argument. Tout d'abord, le shell affichera le message :

```
montruc: 1: Nom de fichier absent.
```

sur la sortie standard d'erreurs. Ensuite, le script se terminera immédiatement, sans exécuter le code qui reste.

En apportant une petite modification astucieuse, nous pouvons obtenir un message d'erreur encore meilleur. Observons le code suivant :

```
fichier=$1
fichier=${fichier:?"absent."}
```

Il produira le message :

```
montruc: fichier: absent.
```

Essayez de bien comprendre pourquoi. Bien entendu, il y a moyen d'afficher tout message de son choix ; nous verrons comment dans le chapitre 5.

Avant d'aller plus loin, nous allons revenir plus en détails sur les deux derniers opérateurs du tableau 4.1, pour voir comment les utiliser dans notre exercice. L'opérateur « `:=` » fait grosso modo la même chose que « `:-` », mais il a comme « effet de bord » d'affecter le mot donné à la variable si cette dernière n'existe pas.

Par conséquent, nous aimerions bien employer cet opérateur dans notre script. Mais nous ne pouvons pas : cela reviendrait à tenter d'assigner une valeur à un paramètre positionnel, ce qui n'est pas autorisé. Mais si nous remplaçons :

```
nombre=${2:-10}
```

par juste :

```
nombre=$2
```

et que nous déplaçons la substitution jusqu'à la ligne de commandes (là où nous l'avions mise au tout début), nous pouvons alors utiliser cet opérateur « `:=` » :

```
sort -nr $fichier | head -${nombre:=10}
```

L'emploi de cet opérateur apporte l'avantage de positionner la valeur de `nombre` à 10 au cas où nous en aurions besoin plus tard, dans d'autres versions du script.

Le dernier opérateur de substitution est `:+`. Voici comment le mettre en œuvre dans notre exemple : admettons que nous voulions offrir à l'utilisateur la possibilité d'ajouter une ligne d'en-tête à la sortie du script. S'il tape l'option `e`, la sortie sera précédée de la ligne :

```
ALBUMS  ARTISTE
```

Supposons de plus que cette option soit placée dans une variable nommée `entete` ; c'est-à-dire que `$entete` vaut `-e` si l'option est positionnée, ou soit nulle dans le cas contraire (nous verrons plus loin comment réaliser cela sans gêner les autres paramètres positionnels).

L'expression:

```
${entete:+"ALBUMS  ARTISTE\n"}
```

sera nulle si la variable `entete` est nulle, ou vaudra `ALBUMS ARTISTES` `n` dans le cas contraire. Cela signifie que nous pouvons ajouter la ligne :

```
echo -e -n ${entete:+"ALBUMS  ARTISTE\n"}
```

juste avant la ligne de commande qui effectue le véritable travail. L'option `-n` de la commande `echo` lui indique de ne pas mettre de saut de ligne après l'affichage de ses arguments. Par conséquent, cette instruction `echo` n'affichera rien (même pas une ligne vide) si `entete` est nulle ; sinon elle affichera notre en-tête suivi d'un saut de ligne (`\n`). L'option `-e` demande à `echo` d'interpréter la chaîne `\n` en tant que saut de ligne, plutôt que de l'afficher littéralement.

Modèles, comparaisons et correspondance

Nous continuerons à raffiner notre solution à l'exercice 4-1 plus tard. Le type d'opérateur suivant est utilisé pour comparer des portions d'une variable chaîne de caractère avec des modèles[5]. Ces modèles, nous l'avons vu dans le chapitre 1, sont des chaînes pouvant contenir des caractères génériques (`*`,`?` et `[ ]` pour les ensembles et intervalles).

Le tableau 4.2 liste ces opérateurs. Ils peuvent être difficiles à mémoriser,

Opérateur	Signification
${variable #modèle}	Si le modèle correspond au début de la valeur de la variable, supprime la plus petite partie correspondante et retourne ce qui reste.
${variable ##modèle}	Si le modèle correspond au début de la variable, supprime la partie la plus longue qui correspond et retourne le reste.
${variable %modèle}	Si le modèle correspond à la fin de la valeur de la variable, supprime la plus petite partie qui correspond et retourne le reste.
${variable %%modèle}	Si le modèle correspond à la fin de la valeur de la variable, supprime la partie la plus longue qui correspond et retourne le reste.

TAB. 4.2 - *Opérateurs de comparaison de modèles.*

mais il existe une méthode mnémotechnique pour cela : `#` teste le début car le symbole de numéro précède toujours un nombre[6]; alors que `%` teste la fin car le signe *pourcent* suit toujours un nombre.

L'utilisation classique de ses opérateurs est la suppression de composantes de chemin d'accès, comme les préfixes de répertoires et suffixes de noms de fichiers. Voici un exemple qui illustre leur fonctionnement dans ce genre d'application. Considérons que la variable `path` a pour valeur `/home/rene/livre/grand.nom.defichier` ; nous avons alors :

```
Expression                  Résultat
${path##/*/}                          grand.nom.defichier
${path#/*/}                 rene/livre/grand.nom.defichier
$path                 /home/rene/livre/grand.nom.defichier
```

5. Ce sont les « *patterns* » chers aux anglophiles distingués. Certains disent « motifs », d'autres encore utilisent le mot « masque ».

6. En français aussi, mais le symbole étant totalement différent, la méthode n'est pas idéale...

```
${path%.*}          /home/rene/livre/grand.nom
${path%%.*}         /home/rene/livre/grand
```

Les deux modèles utilisés ici sont `/*/`, qui correspond à n'importe quoi entre deux obliques, et `.*`, qui correspond à un point suivi de n'importe quoi.

Problème 4-2

> Vous êtes en train d'écrire un compilateur C, et vous voulez utiliser **bash** comme frontal[7].
>
> Considérez un compilateur C comme un pipe-line de composants de traitement de données. Le code source C est injecté à l'entrée de cette suite de programmes, et le code objet est produit sur la sortie ; entre les deux, viennent se placer plusieurs étapes de traitement. Le rôle du script, entre autres, sera de contrôler la transmission des données à travers ces composants logiciels et de désigner les fichiers de sortie.
>
> Vous devez écrire la partie du script qui prend le nom du fichier source C et en déduit le nom du fichier objet. C'est-à-dire que vous devez créer un nom de fichier se terminant par « `.o` » à partir d'un nom de fichier qui se termine par « `.c` », en conservant la racine du nom.

Il faut donc supprimer le « `.c` » de ce nom, puis ajouter « `.o` ». C'est réalisable en une seule ligne de shell :

```
objet=${fichier%.c}.o
```

Cette ligne demande au shell de rechercher « `.c` » à la fin du nom de fichier. S'il trouve, il doit retourner **`$fichier`** avec ces deux caractères finaux supprimés. Si ce fichier s'appelle *alice.c*, par exemple, l'expression `${fichier%.c}` retournerait *alice*. L'extension « `.o` » est ensuite ajoutée pour créer ce dont nous avons besoin, *alice.o*, valeur qui est stockée dans la variable `objet`.

Si le nom de fichier a une valeur incorrecte (sans l'extension « `.c` »), comme par exemple *alice.a*, l'expression ci-dessus donnerait alors *alice.a.o* : puisque rien ne correspond au modèle, rien n'est supprimé à la fin du nom, et l'extension « `.o` » est malgré tout ajoutée. Et si ce fichier contenait plus d'un point dans son nom, si c'était par exemple le fameux *y.tab.c* cher aux développeurs de compilateurs, le résultat serait correct : *y.tab.o*.

7. Ne riez pas ! Beaucoup de compilateurs C sous UNIX, ont des programmes frontaux réalisés en shell script.

Notez que cela n'aurait pas été vrai si nous avions utilisé `##` au lieu de `#` dans l'expression. Le premier opérateur prend en compte la plus longue partie au lieu de la plus courte, c'est donc *.tab.o* qui correspondrait et cela nous donnerait *y.o*, alors que nous voulons obtenir *y.tab.o*. Par conséquent, l'emploi de l'unique dièse est correct dans cet exemple.

Dans l'exercice qui va suivre, une plus longue séquence de recherche/suppression sera malgré tout préférable.

Problème 4-3

> Vous réalisez un filtre qui prépare un fichier texte pour l'impression. Vous désirez mettre le nom du fichier — sans préfixe de répertoire — sur la première page, en tant que « titre ». Considérons que, dans ce script, vous disposez du chemin d'accès du fichier à imprimer dans la variable `chemin`.

Notre objectif est clair : il faut supprimer, dans cette variable, tous les répertoires pour ne garder que le nom du fichier. La ligne suivante réalisera cette opération :

```
titre=${chemin##*/}
```

Cette solution est semblable à la première de nos précédents exemples. Si `chemin` n'était qu'un nom de fichier seul, le modèle `*/` (n'importe quoi suivi d'une oblique) ne correspondrait pas et la valeur de l'expression serait inchangée. Si `chemin` était quelque chose comme *livre/montexte*, le préfixe *livre/* correspondrait au modèle et serait alors supprimé, ne laissant juste que la valeur *montexte*. Il se passerait la même chose si `chemin` était plus complexe, comme */home/rene/livre/montexte* : puisque l'opérateur « `##` » supprime la plus grande partie qui correspond au modèle, il supprimera la chaîne */home/rene/livre/*.

Si nous avions utilisé le simple dièse au lieu du double, l'expression aurait pris la valeur incorrecte *home/rene/livre/montexte*, car la plus petite instance de « n'importe quoi suivi d'une oblique », au début de la chaîne, est juste une oblique (`/`).

En fait, la construction `${variable ##*/}` est équivalente à l'utilitaire UNIX `basename`. Sa fonction consiste à prendre un chemin d'accès en argument, et de retourner juste le nom du fichier qu'il contient ; il est destiné à être employé avec le mécanisme de substitution de commandes du shell (voir plus loin). Cet utilitaire `basename` est moins efficace que l'expression ci-dessus car il est exécuté dans un processus séparé, et non pas dans le shell. Un autre utilitaire, `dirname`, fonctionne exactement en sens inverse : il retourne uniquement le préfixe contenant les répertoires, sans le nom du fichier. Il est équivalent à l'expression shell `${variable %/*}`, et il est également moins efficace pour les mêmes raisons.

Obtenir la taille des variables

Il nous reste à voir un dernier opérateur sur les variables. Il s'agit de `${#variable}`, qui retourne la longueur de la valeur de cette variable sous forme de chaîne de caractères (dans le chapitre 6, nous verrons comment traiter ce résultat, ainsi que d'autres valeurs similaires, comme des nombres ; afin de pouvoir les employer dans des expressions arithmétiques). Par exemple, si `fichier` a pour valeur *alice.c*, `${#fichier}` aura la valeur 7.

Substitution de commande

Jusqu'à présent, nous avons vu deux manières d'attribuer des valeurs à des variables : par des instructions d'affectation, ou par les paramètres positionnels représentant les arguments de la ligne de commandes entrée par l'utilisateur. Il existe une troisième méthode : la *substitution de commande*, qui permet d'utiliser la sortie standard d'une commande comme si c'était la valeur d'une variable. Vous allez bientôt découvrir toute la puissance offerte par cette méthode.

La syntaxe de la substitution de commande est[8] :

```
$(commande UNIX)
```

La commande entre parenthèses est exécutée, et tout ce qu'elle écrit sur sa sortie standard est retourné en tant que valeur de l'expression. Ces constructions peuvent être imbriquées, c'est-à-dire que `commande UNIX` peut contenir d'autres substitutions de commandes.

Voici quelques exemples simples :

- la valeur de `$(pwd)` est le répertoire courant (c'est la même chose que la variable d'environnement `$PWD`) ;
- la valeur de `$(ls $HOME)` représente les noms de tous les fichiers présents dans votre répertoire personnel ;
- la valeur de `$(ls $(pwd))` représente les noms de tous les fichiers présents dans le répertoire courant ;
- pour trouver des informations détaillées sur une commande dont vous ne savez pas l'emplacement dans l'arborescence de fichiers, tapez `ls`

8. Les utilisateurs des shells C et Bourne devront noter que la syntaxe de substitution de ces shells, `` `commande UNIX` `` (utilisant deux apostrophes inversées, ou accents graves), est aussi supportée par **bash** pour des raisons évidentes de compatibilité. Toutefois, elle est moins lisible et moins pratique, notamment en cas d'imbrication.

-l $(type -path -all nom_de_la_commande). L'option -all force type à effectuer une recherche de chemin d'accès et -path lui demande d'ignorer les mots-clés, commandes internes, etc. ;

– si vous désirez éditer (avec vi) chaque chapitre du livre que vous écrivez, qui contient la phrase « substitution de commande », en considérant que chaque fichier de chapitre commence par les deux lettres ch, vous pouvez faire :

```
vi $(grep -l 'substitution de commande' ch*)
```

L'option -l de grep permet de n'afficher que les noms de fichiers correspondant à l'expression recherchée.

La substitution de commande, comme l'expansion des variables et du tilde, continue à se faire dans une chaîne encadrée d'une protection simple (" "). Par conséquent, la règle que nous avions déduite des chapitres 1 et 3 peut être maintenant étendue : « en cas de doute, simple apostrophe ; sauf si la chaîne à protéger contient des variables ou des substitutions de commandes ».

La substitution de commande va nous servir dans la solution à l'exercice suivant, relatif à notre base de données de disques de tout-à-l'heure.

Problème 4-4

Le fichier que nous avions utilisé est en fait un rapport, extrait d'une plus grande base de données. Celle-ci est constituée d'un fichier dont les lignes sont composées de plusieurs colonnes, ou *champs*, que l'utilisateur référence par des noms comme « artiste », « titre », « année », etc. Ces champs sont séparés par des barres verticales (le caractère |, le même qui symbolise les tubes UNIX). Afin de gérer individuellement les champs de cette base, leurs noms doivent être convertis en numéros.

En supposant qu'il existe une fonction shell nommée litchamp qui prend en argument le nom d'un champ, et écrit le numéro correspondant sur la sortie standard, utiliser cette routine pour extraire un champ de la base de données.

L'utilitaire UNIX cut est parfaitement adapté à cette tâche[9]. Il s'agit d'un filtre de données : il extrait des colonnes de données organisées en

9. Certains anciens systèmes BSD ne comportent pas cette commande cut, mais il est possible d'utiliser awk pour la remplacer. Chaque fois que vous rencontrez une commande de la forme « cut -f N -d C fichier » remplacez-la par « awk -F C '{print $N }' fichier »

tableaux. Si vous spécifiez le nombre de colonnes que vous désirez extraire de l'entrée, `cut` n'affichera que celles-ci sur la sortie standard. Ces colonnes peuvent être des positions de caractères, ou (ce qui est le cas dans notre exemple) des champs séparés par des tabulations ou d'autres délimiteurs.

Considérons que les données que nous avons à traiter se trouvent dans un fichier nommé *albums*, et sont organisées comme ceci :

```
Marcel Dugenou|Le tout de mon cru|Troudu Disques|1970
Marcel Dugenou|A Beaumont le Vicomte|Troudu Disques|1971
Marcel Dugenou|Achète, que je rie|Troudu Disques|1984
Marcel Dugenou|Des nouilles, encore|Troudu Disques|1989
Marcel Dugenou|La poire à la fine|Troudu Disques|1995
```

Voici comment nous pouvons exploiter `cut` pour extraire le quatrième champ (l'année) :

```
cut -f4 -d \| albums
```

L'option `-d` sert à indiquer le caractère à prendre en compte comme séparateur de champs (car c'est TAB par défaut). La barre verticale doit être protégée par une contre-oblique de sorte que le shell ne tente pas de l'interpréter en tant que tube.

À partir de cette ligne de code et de la routine `litchamp`, nous pouvons facilement trouver une solution à notre exercice. Considérons que le premier argument que prend `litchamp` est le nom du champ que l'utilisateur veut extraire. La solution est alors :

```
cut -f$(litchamp $nom_du_champ) -d | albums
```

Si nous appelions ce script avec l'argument `date`, la sortie serait :

```
1970
1971
1984
1989
1995
...
```

Voici un autre petit exercice mettant en œuvre la commande `cut` :

Problème 4-5

> Envoyer un courrier électronique à tous les utilisateurs actuellement connectés sur le système.

La commande `who` indique qui est là, ainsi que le terminal utilisé et l'heure de début de session. Sa sortie ressemble à ceci :

```
rene    tty1         Oct 23 12:05
card    tty5         Oct 23 12:58
olaf    tty9         Oct 23 12:58
roberto tty23        Oct 23 11:51
tms     tty25        Oct 23 11:58
```

Les champs sont séparés par des espaces, et non des tabulations. Comme nous avons besoin du premier, nous pouvons l'obtenir en indiquant à la commande `cut` que le caractère séparateur de champ est l'espace (sinon, il nous faudrait utiliser l'option de séparation en colonnes, au lieu de champs). Pour fournir cet espace en tant qu'argument sur la ligne de commandes, il suffit de le protéger :

```
$  who | cut -d' '  -f1
```

Avec les utilisateurs indiqués dans notre sortie de `who`, cette commande produirait le résultat suivant :

```
rene
card
olaf
roberto
tms
```

Ce qui nous amène directement à la solution de notre problème ; il suffit de taper :

```
$  mail $(who | cut -d' '  -f1)
```

Ce qui aura pour conséquence d'exécuter la commande `mail rene card olaf roberto tms`, et nous n'aurons plus qu'à saisir notre message.

Voici encore un autre exercice, qui montre à quel point les enchaînements de commandes (pipe-lines) peuvent être utiles avec la substitution de commandes.

Problème 4-6

> La commande `ls` autorise la sélection de fichiers à l'aide de caractères génériques, mais elle ne permet pas de choisir la date des fichiers comme critère de sélection. Trouver une méthode permettant de le faire.

Voici une fonction qui affiche tous les fichiers dont la date de modification correspond à celle passée en argument. Encore une fois, nous avons choisi d'employer une fonction pour des raisons de performances. Ne voyez aucune astuce dans son nom :

```
function lsd {
    date=$1
    ls -l | grep -i "^.{42}$date" | cut -c55-
}
```

Cette fonction dépend étroitement de l'organisation des colonnes affichées par la commande `ls` ; elle nécessite en particulier que la date commence en colonne 42 et que les noms de fichiers commencent en colonne 55. Si ce n'est pas le cas avec votre version d'UNIX, vous devrez ajuster ces valeurs[10].

Nous faisons appel à l'utilitaire `grep` pour comparer la date donnée en argument à la sortie de `ls` (sous la forme américaine « MM JJ », c'est-à-dire par exemple « `Jan 15` » ou « `Jul  6` », la dernière date comportant deux espaces). Nous obtenons une liste longue des fichiers dont la date correspond à l'argument. L'option `-i` de `grep` lui demande de ne pas faire de différences entre les majuscules et minuscules, et l'argument assez curieux signifie « toutes les lignes qui contiennent 41 caractères quelconques suivis de l'argument à la fonction ». En clair, taper « `lsd 'jan 15'` » fera que `grep` recherchera les lignes commençant par 41 caractères suivis de `jan 15` (ou `Jan 15`)[11].

La sortie de `grep` est connectée par un tube à notre cher utiliaire `cut`, pour ne récupérer que les noms de fichiers. L'argument passé à `cut` lui demande d'extraire les caractères situés entre la colonne 55 et la fin de la ligne.

Grâce à la substitution de commandes, il est possible d'employer cette fonction avec n'importe quelle commande qui accepte des noms de fichiers

10. Par exemple, sur SunOS 4.1.x, les dates sont en colonne 33 et les fichiers en colonne 46.

11. Certains systèmes dérivés d'anciens UNIX BSD (sans extensions System V) ne supportent pas l'option {N}. Pour que cet exemple fonctionne, vous devrez alors mettre 42 points dans la ligne, au lieu d'employer la notation `.{42}` (c'est apparemment le cas du GNU grep v1.6 utilisé par le traducteur).

en arguments. Par exemple, pour imprimer tous les fichiers du répertoire courant qui ont été modifiés aujourd'hui, en supposant que la date du jour soit le 15 janvier, il suffit de taper :

```
$  lpr $(lsd 'jan 15')
```

La sortie de `lsd` sera composée de plusieurs lignes (une par nom de fichier), mais les sauts de lignes sont des séparateurs de champs valides pour la commande `lpr` puisque la variable d'environnement `IFS` contient ce caractère dans ses valeurs par défaut.

Exemples plus complexes : `pushd` *et* `popd`

Nous allons conclure ce chapitre en présentant deux fonctions qui existent déjà sous forme de commandes internes dans **bash**, mais qui sont très pratiques pour démontrer certains des concepts que nous avons présentés. [12]

Problème 4-7

> Les fonctions `pushd` et `popd` implémentent une pile de répertoires qui permet de se déplacer temporairement, le shell mémorisant alors où vous vous trouviez auparavant. Implémenter cette possibilité sous forme de fonction shell.

Nous commencerons par réaliser un sous-ensemble de ces fonctions, et nous terminerons l'implémentation dans le chapitre 6.

Imaginez cette pile comme une pile d'assiettes. Lorsque l'on place une nouvelle assiette par-dessus les autres, c'est celle-ci qui sera prise en premier par qui veut mettre la table. Par conséquent, la pile est de type « dernier entré, dernier sorti », ce qui se nomme en anglais « *last-in, first-out* » et l'on dit que l'on est en présence d'une structure LIFO. En jargon informatique, mettre un objet sur une pile s'appelle *empiler*, et le retirer se dit le *dépiler*. [13]

Une pile est quelque chose de très pratique pour mémoriser des répertoires, comme nous allons le voir. Elle permet de « garder sa place » jusqu'à un nombre arbitraire de fois. La forme `cd -` de la commande `cd` agit ainsi, mais sur un seul niveau. Par exemple : vous êtes dans le répertoire *premier* et vous allez dans *second*, vous pouvez taper `cd -` pour revenir dans le

12. Votre copie de **bash** peut ne pas comporter ces fonctions, car il s'agit d'options de compilation.

13. En anglais, il s'agit des opérations de *pushing* et de *popping*, d'où le nom des commandes `pushd` et `popd`.

premier. Mais si de *second* vous étiez allé dans *troisième*, vous ne seriez revenu que dans le deuxième répertoire, pas dans le premier. Et en tapant encore une fois `cd -`, vous vous seriez retrouvé dans *troisième*, le répertoire où vous étiez précédemment.[14]

Si vous désirez une fonctionnalité qui mémorise les enchaînements de vos déplacements, il vous faut une pile de répertoires et les commandes **pushd** et **popd**. Voici comment elles fonctionnent :

- La première fois que la commande **pushd répertoire** est appelée, celle-ci empile le répertoire courant, puis effectue le changement de répertoire, et enfin elle empile ce nouveau répertoire (qui se trouve donc en haut de la pile, au-dessus du précédent).
- Les appels suivants à **pushd** se contentent de changer de répertoire et d'empiler le nouveau.
- La commande **popd** dépile un répertoire (ce qui a pour effet de faire apparaître le précédent au sommet de la pile), puis effectue un `cd` dans le répertoire qu'elle vient de dépiler.

Par exemple, considérons la série d'événements décrite dans le tableau 4.3. Considérez que vous êtes juste en début de session, et que vous vous trouvez dans votre répertoire personnel, `/home/vous`.

Nous implémenterons la pile sous forme d'une variable d'environnement qui contiendra une liste de répertoires séparés par des espaces. Cette pile

Commande	Contenu de la pile	Répertoire résultant
`pushd recettes`	*/home/vous/recettes /home/vous*	*/home/vous/recettes*
`pushd /etc`	*/etc /home/vous/recettes /home/vous*	*/etc*
`popd`	*/home/vous/recettes /home/vous*	*/home/vous/recettes*
`popd`	*/home/vous*	*/home/vous*
`popd`	vide (erreur)	*/home/vous*

TAB. 4.3 - *Exemples d'utilisation de* ***pushd/popd***.

devra être initialisée à une chaîne nulle lorsque vous vous connectez. Pour cela, mettez ceci dans votre fichier *.bash_profile* (nous appellerons cette variable `MAPILE`) :

```
MAPILE=""
export MAPILE
```

14. Vous pouvez vous figurer `cd -` comme l'équivalent de la commande `cd $OLDPWD` ; voyez le chapitre précédent.

Ne mettez pas ces lignes dans votre fichier d'environnement, si vous en avez un ! L'instruction `export` garantit que `MAPILE` sera connue de tous les sous-processus ; or cette variable ne doit être initialisée qu'une seule fois. Si vous la déclarez ainsi dans le fichier d'environnement, elle sera remise à zéro dans chaque sous-shell, ce qui n'est pas exactement le but recherché...

L'étape suivante consiste à écrire ces fonctions `pushd` et `popd`. Voici nos versions initiales :

```
pushd ()
{
    repertoire=$1
    MAPILE="$repertoire ${MAPILE:-$PWD' '}"
    cd ${repertoire:?"nom du répertoire absent."}
    echo "$MAPILE"
}

popd ()
{
    MAPILE=${MAPILE#* }
    cd ${MAPILE%% *}
    echo "$PWD"
}
```

Vous noterez que cela ne représente pas beaucoup de code ! Examinons le fonctionnement de ces deux fonctions, en commençant par `pushd`. La première ligne se contente de sauver le premier argument dans la variable `repertoire`, pour de simples raisons de lisibilité.

La seconde ligne de la fonction empile le nouveau répertoire. L'expression `${MAPILE:-$PWD' '}` est évaluée à `$MAPILE` si cette variable n'est pas nulle, ou à `PWD' '` (le répertoire courant suivi d'une espace). Ce caractère d'espacement est nécessaire pour la recherche dans la fonction `popd`; chaque répertoire de la pile est considéré comme étant de la forme « `"répertoire "` ».

La protection de l'ensemble assure que tout sera bien « empaqueté » sous forme d'une unique chaîne de caractères lors de la réaffectation à `MAPILE`. Donc, cette ligne de code gère aussi bien le cas spécial de la commande initiale (lorsque la pile est vide), que les appels courants (lorsque la pile n'est pas vide).

Le rôle de la troisième ligne est le changement de répertoire. Nous employons l'opérateur « `:?` » afin de gérer l'erreur engendrée par l'absence d'argument : si ce dernier est bien fourni, l'expression est évaluée à `$repertoire`, mais s'il est absent, le shell affichera le message « `pushd: repertoire: nom du repertoire absent.` », et sortira de la fonction.

La dernière ligne affiche simplement le contenu de la pile, ce qui implique que le répertoire le plus à gauche correspond à la fois au répertoire courant et au sommet de la pile (c'est pourquoi nous avons choisi des espaces comme séparateurs plutôt que le caractère deux-points, bien plus courant sous UNIX pour ce genre de choses, comme dans les variables `MAIL` et `MAILPATH`).

La fonction `popd` fait elle aussi appel aux opérateurs sur les chaînes. Sa première ligne utilise l'opérateur `#`, qui tente de supprimer la plus petite partie de la valeur de `MAPILE` correspondant au modèle `"* "` (n'importe quoi suivi d'une espace). Le résultat est que le répertoire situé en haut de la pile et l'espace qui le suit sont supprimés de celle-ci. Voilà pourquoi nous avions besoin de l'espace à la fin du premier répertoire empilé.

La seconde ligne de `popd` fait appel à l'opérateur `%%` pour supprimer la partie la plus longue de `MAPILE`, qui correspond au modèle `" *"` (espace suivi de n'importe quoi). Cela extrait le répertoire situé en haut de la pile en tant qu'argument à la commande `cd`, mais n'attribue pas cette valeur à `MAPILE` puisqu'il n'y a aucune affectation. La dernière ligne affiche simplement un message de confirmation.

Ce code possède au moins quatre défauts. Tout d'abord, il ne gère pas les erreurs. Par exemple :

- que se passe-t-il si l'utilisateur essaie d'empiler un répertoire qui n'existe pas ou qui n'est pas valide ?
- que se passe-t-il si l'utilisateur appelle `popd` alors que la pile est vide ?

Vérifiez que vous avez bien compris le fonctionnement de ce code en répondant vous-même à ces questions. Le second problème, c'est que si vous appelez `pushd` depuis un shell script, il se terminera immédiatement si aucun argument n'est fourni : `${variable:?message}` provoque toujours cela dans un shell non-interactif. Toutefois, cela ne se produira pas à l'intérieur d'un shell interactif depuis lequel la fonction est appelée. Le troisième défaut, c'est que seule une partie des fonctionnalités des `pushd` et `popd` de **bash** est implémentée ici (bien que ce soit la plus utile). Dans le chapitre suivant, nous verrons comment corriger tous ces défauts.

Le quatrième problème que pose ce code, c'est qu'il ne fonctionnera pas si, pour une raison quelconque, un nom de répertoire contient un caractère espace : nos fonctions traitent ce caractère comme élément séparateur. Ce défaut est acceptable pour l'instant, mais dans les chapitres qui vont suivre, lorsque nos connaissances seront plus complètes, il nous faudra songer à y remédier.

Dans ce chapitre :

- *Les conditions if et else*
- *La boucle for*
- *La condition case*
- *La construction select*
- *Les boucles while et until*

5 Structures de contrôle

SI VOUS ÊTES PROGRAMMEUR, vous avez sans doute lu dans le chapitre précédent que **bash** se targue d'offrir des possibilités de programmation très avancées, et vous vous serez probablement demandé où peut bien se cacher dans ce shell, tout ce qui fait la souplesse des langages conventionnels. En effet, il y a un grand « trou » dans tout ce que nous avons décrit jusqu'à présent : les structures de contrôle des programmes comme `if`, `for`, `while`, etc.

Ces mots-clés offrent au développeur la possibilité de décider que seules certaines parties du programme seront exécutées, ou qu'elles seront appelées de manière répétitive, en fonction de conditions particulières comme les valeurs de certaines variables, l'exécution correcte ou non d'une commande, et bien d'autres facteurs. C'est ce que l'on appelle le *contrôle du déroulement de l'exécution* d'un programme (*flow control* en anglais).

Jusqu'à maintenant, pratiquement toutes les fonctions ou shell scripts que nous avons rencontrés ne comportaient aucune de ces possibilités : ce n'était que des listes de commandes à exécuter. Mais **bash**, tout comme le shell Bourne (et le C shell), possède tout ce que vous pouvez désirer en matière de contrôle de déroulement des programmes, voire beaucoup plus. Nous allons examiner tout cela dans ce chapitre ; nous utiliserons ces nouvelles connaissances pour améliorer les solutions aux exercices que nous avons abordés auparavant, et en introduire de nouveaux.

Bien que nous ayons tenté de rester à la portée des personnes pour qui la programmation est un domaine étranger, nous avons également pensé aux programmeurs qui craignent d'avoir à lire une n-ième présentation « au ras des pâquerettes ». C'est pourquoi certaines parties de ce chapitre s'adressent à ces programmeurs, et vous serez en meilleure position pour tout comprendre si vous possédez déjà quelques notions de bases concernant le contrôle du déroulement des programmes.

Bash supporte les constructions suivantes :

- `if/else` : exécute une liste d'instructions si une certaine condition est vérifiée / non vérifiée ;
- `for` : exécute une liste d'instructions un nombre donné de fois ;
- `while` : exécute une liste d'instructions de manière répétitive, tant qu'une certaine condition est vérifiée ;
- `until` : exécute une liste d'instructions de manière répétitive, tant qu'une certaine condition est vérifiée (nous verrons la différence avec `while`) ;
- `case` : exécute une ou plusieurs listes d'instructions en fonction de la valeur d'une variable.

De plus, **bash** offre un nouveau type de construction :

- `select` : permet à l'utilisateur de sélectionner depuis un menu, une possibilité parmi plusieurs.

Revenons en détail sur chacune de ces constructions.

Les conditions `if` *et* `else`

Le type de contrôle le plus simple, c'est le test conditionnel, qui se fait avec l'instruction `if` sous **bash**. On utilise ce type de test lorsque l'on désire choisir de faire ou non quelque chose, ou réduire le choix possible à un ensemble plus petit, selon que la condition du test se vérifie ou non. Ces tests se font sur la valeur des variables shell, des caractéristiques de fichiers, du résultat de l'exécution de commandes, etc. Le shell sait gérer un large éventail de tests, parfaitement adapté aux problèmes à résoudre en programmation.

La construction `if` possède la syntaxe suivante :

```
if  condition
then
     instructions
[elif  condition
    then  instructions ...]
[else
     instructions ]
fi
```

La forme la plus simple (sans les parties `elif` et `else`, ou *clauses*), n'exécute les instructions que si la condition est vérifiée (on dit qu'elle est « vraie »). Si l'on ajoute une clause `else`, on obtient la possibilité d'exécuter un ensemble d'instructions si une condition est vraie, et un autre ensemble si cette condition est fausse. Il est possible d'employer autant de `elif` (une contraction de « *else if* ») que nécessaire ; ils introduisent d'autres conditions, et donc encore d'autres choix d'instructions à exécuter. Si vous utilisez un ou plusieurs `elif`, vous pouvez imaginer la clause `else` comme la partie exécutée « si tout le reste est faux ».[1]

Statut de retour et de sortie

En fait, dans cette syntaxe, le seul aspect qui diffère vraiment des langages conventionnels comme C et Pascal est que la « condition » est une liste d'instructions au lieu de l'habituelle expression booléenne « vrai ou faux ». Mais alors, sur quel critère l'état de cette condition est-il vérifié ? Il fait appel à un concept d'UNIX que nous n'avons pas encore abordé : le statut de sortie des commandes.

Chaque commande UNIX, qu'elle provienne d'une fonction shell, d'un script, d'un code en langage C ou tout autre langage, retourne un code sous forme d'un nombre entier à son processus appelant (dans notre cas, le shell) lorsqu'elle se termine. C'est ce que l'on appelle la *valeur de retour*, ou *statut de fin*. En règle générale, la valeur 0 (zéro) indique que tout s'est bien passé, alors que n'importe quoi d'autre (entre 1 et 255) dénote une erreur.[2]

Donc, `if` teste la valeur de retour de la dernière instruction de la liste qui suit le mot-clé `if`. Cette liste n'est généralement constituée que d'une seule instruction ; si le code de sortie est 0, la condition est considérée comme vérifiée (« vraie »), s'il vaut toute autre valeur, elle est considérée comme non vérifiée (« fausse »). La même démarche est effectuée pour tout ce qui suit une instruction `elif`.

---

1. L'ennui avec la langue française, c'est que bien qu'elle soit une des rares à posséder des mots spécifiques comme « ordinateur » et « informatique », cette science s'est lâchement développée sans son concours, lui préférant le langage de notre ennemi héréditaire : l'anglais. La plupart des mots employés en programmation sont simples et très parlants pour un anglophone, alors qu'ils apparaissent comme un jargon complexe dénué de tout sens pour nous. Nous en avons ici un exemple frappant ; voici la signification de tous ces mots-clés, littéralement : `if` = *si*, `then` = *alors*, `else` = *sinon*, `elif` = *sinon si*, `while` = *tant que*, `until` = *jusqu'à ce que*, `for` = *pour*. Tout s'éclaire (au chocolat), n'est-ce pas ?

2. Du fait que ce n'est pas une « loi », mais une simple convention, il existe des exceptions. Par exemple, la commande `diff` (qui détermine les différences existant entre deux fichiers) retourne 0 pour dire « pas de différences », 1 pour « il y a des différences » et 2 pour signaler une erreur comme un appel avec un argument non valide.

Cela nous permet d'écrire du code sous une forme que nous pouvons symboliser comme ceci :

```
si (if) la commande s'est exécutée correctement
alors (then)
          traitement normal
sinon (else)
          gestion de l'erreur
finsi (fi)
```

Voyons un exemple pratique. Nous pouvons maintenant améliorer la fonction pushd que nous avons réalisée dans le chapitre précédent ; souvenez-vous :

```
pushd ()
{
    repertoire=$1
    MAPILE="$repertoire ${MAPILE:-$PWD' '}"
    cd ${repertoire:?"nom du répertoire absent."}
    echo "$MAPILE"
}
```

Cette fonction nécessite un répertoire valide en argument. Voyons comment elle gère les conditions d'erreur : si aucun argument n'est fourni, la troisième ligne du code affiche un message et sort. C'est parfait.

Toutefois, notre fonction réagit mal lorsqu'il y a bien un argument, mais que celui-ci ne représente pas un répertoire valide. Au cas où vous n'auriez pas trouvé tout seul ce qui se passe à ce moment là lorsque nous vous avions demandé d'y réfléchir dans le chapitre précédent, voici : la commande cd échoue, ce qui nous laisse dans le même répertoire. C'est un comportement correct ; mais la seconde ligne a quand même empilé le mauvais nom de répertoire, et la dernière affiche un message qui pourrait laisser croire que tout s'est bien passé. Même si l'on place le cd avant l'affectation de la pile, cela ne fonctionnera pas car on ne sortira pas de la fonction en cas d'erreur.

Nous devons donc prévenir l'empilement de mauvais répertoires, et afficher un message d'erreur. Voici comment nous allons faire :

```
pushd ()
{
    repertoire=$1
    if cd ${repertoire:?"nom du repertoire absent."}
    then                                      # Si cd a bien fonctionné
       MAPILE="$repertoire ${MAPILE:-$PWD' '}"
       echo "$MAPILE"                         # Empiler le répertoire
    else
       echo toujours dans $PWD.               # Sinon, ne rien faire.
    fi
}
```

L'appel à la commande `cd` est maintenant dans une construction `if`. Si cette commande réussit, elle retournera la valeur 0 ; les deux lignes de code suivantes seront donc exécutées, qui termineront l'opération `pushd`. Mais si le changement de répertoire échoue, la commande retournera la valeur 1, et notre fonction affichera un message indiquant que l'on ne s'est pas déplacé.

Notez qu'en ajoutant ce test d'erreur, nous avons légèrement modifié le fonctionnement de `pushd`. La pile aura toujours, au départ, deux copies du répertoire courant à son sommet, car la variable `$PWD` est expansée après que l'on se sera déplacé dans le nouveau répertoire. Nous corrigerons ce défaut dans la prochaine section.

On peut généralement faire confiance aux commandes internes et aux utilitaires UNIX standards pour retourner des valeurs de sortie appropriées, mais qu'en est-t-il de vos propres scripts et fonctions ? Par exemple, si vous écrivez une fonction `cd` destinée à remplacer la commande habituelle, comme celle-ci :

```
cd ()
{
    builtin cd "$@"
    echo "$OLDPWD --> $PWD"
}
```

Cette fonction se contente de changer de répertoire et d'afficher un message indiquant où vous étiez et l'endroit où vous vous êtes déplacé. Comme les fonctions ont un niveau de priorité supérieur aux commandes internes dans la mécanique de recherche du shell, nous devons nous assurer que la commande `cd` (qui est interne) que nous appelons est bien exécutée, sinon le shell entrerait dans une boucle sans fin en appelant cette fonction (c'est la *récursivité infinie*).

La commande `builtin` permet cela : elle indique au shell qu'il doit utiliser la commande interne qui suit, et ignorer toute autre fonction du même nom. Son utilisation est simple : il suffit de lui passer le nom de la commande à exécuter et tous les paramètres éventuellement nécessaires. Si vous lui donnez le nom de quelque chose qui n'est pas une commande interne, `builtin` affichera un message d'erreur approprié ; par exemple : `builtin: alice: not a shell builtin`.

Nous voulons donc que cette fonction retourne les mêmes codes de sortie que la commande interne `cd`. Le problème est que cette valeur est remise à zéro à chaque commande, aussi elle « disparaît » si on ne la sauve pas immédiatement. Dans notre exemple de fonction, la valeur de retour de la commande interne `cd` disparaît au moment où la commande écho est exécutée (cette dernière positionnant sa propre valeur de retour).

Par conséquent, nous devons sauvegarder la valeur de sortie positionnée par `cd`, afin de l'utiliser comme étant la valeur retournée par la fonction toute entière. Nous allons pouvoir réaliser cela grâce à deux possibilités du shell dont nous n'avons pas encore parlé. Tout d'abord, la variable spéciale « ? », dont la valeur ($?) est la valeur de retour de la dernière commande qui a été exécutée. Par exemple :

```
cd  mauvais_répertoire
echo $?
```

provoquera l'affichage de 1 par le shell, alors que :

```
cd  bon_répertoire
echo $?
```

affichera 0.

Par conséquent, pour sauvegarder notre valeur de retour, nous devons affecter la valeur de « ? » à une variable, ce que nous réaliserons en insérant quelque chose comme `retour=$?` juste après l'appel à la commande `cd`.

L'instruction `return`

La seconde chose dont nous allons avoir besoin est l'instruction `return N`, qui provoque la sortie de la fonction en cours avec la valeur `N` (*return* signifie « retour »). En fait, `N` est facultatif ; sa valeur par défaut est celle de la dernière commande exécutée. Les fonctions qui se terminent sans instruction `return` (comme celle que nous venons de voir), retournent la valeur de sortie de la dernière instruction, quelle qu'elle soit. On ne peut utiliser `return` qu'à l'intérieur d'une fonction, et des scripts qui ont été exécutés via la commande `source`. En revanche, l'instruction `exit N` termine tout le script, à quelqu'endroit que ce soit, aussitôt qu'elle est rencontrée au cours de l'exécution.

Revenons à notre exemple : si l'appel à la commande interne `cd` était placé en dernier dans notre fonction, il se comporterait correctement. Malheureusement, nous avons vraiment besoin de le placer là où il est. Par conséquent, nous devons sauvegarder la valeur de retour de `cd` afin de l'utiliser comme valeur de sortie de la fonction. Voici comment faire :

```
cd ()
{
    builtin cd "$@"
    retour=$?
    echo "$OLDPWD --> $PWD"
    return $retour
}
```

La seconde ligne sauve la valeur de retour de la commande interne `cd` dans la variable `retour`, et la quatrième en fait la valeur de sortie de notre fonction. Nous présenterons une version plus étoffée de cette « enveloppe » pour la commande `cd` dans le chapitre 7.

Ces codes de sortie n'ont pas vraiment d'autre utilisation que celles pour lesquelles elles sont mises en place. Vous pourriez être tenté de les utiliser comme les traditionnelles « valeurs de retour » des fonctions des langages C ou Pascal : cela ne fonctionnera pas ; il faut passer par des variables ou la substitution de commandes pour simuler cet effet.

Combinaison de valeurs de sortie

L'une des parties les plus obscures de **bash** permet de combiner logiquement les valeurs de retour entre elles, de manière à pouvoir tester plusieurs choses à la fois.

La syntaxe « `instruction1 && instruction2` » signifie : « exécuter `instruction1`, et si sa valeur de retour vaut 0, alors exécuter `instruction2` ». La syntaxe « `instruction1 || instruction2` » est exactement le contraire : elle signifie « exécuter `instruction1`, et si sa valeur de retour vaut 0, ne pas exécuter `instruction2` ». À première vue, cela ressemble à des constructions « `if/then` » et « `if not/then` », respectivement. Mais ne vous y trompez pas ; elles sont vraiment destinées à être utilisées à l'intérieur de conditions `if`, comme les programmeurs C le comprendront aisément.

Il est bien plus pratique de penser à ces constructions comme « ET » et « OU », respectivement. Considérons ces lignes :

```
if  instruction1  &&  instruction2
then
      ...
fi
```

Ici, `instruction1` est exécutée. Si elle retourne 0, c'est probablement qu'il n'y a eu aucune erreur. Alors, `instruction2` est à son tour exécutée. La clause `then`, elle, est exécutée si `instruction2` retourne la valeur 0. Du coup, si `instruction1` échoue (et retourne donc une valeur différente de zéro), `instruction2` ne sera jamais exécutée ; la dernière instruction exécutée sera `instruction1`, qui a échoué (donc la clause `then` ne sera pas exécutée non plus). On peut donc conclure de tout cela que la clause `then` ne s'exécute que si `instruction1` et `instruction2` s'exécutent toutes deux sans erreur.

Maintenant, considérons ceci:

```
if  instruction1  ||  instruction2
then
     ...
fi
```

Si `instruction1` s'exécute sans erreur, alors `instruction2` n'est pas exécutée. Ce qui fait que `instruction1` correspond à la dernière instruction, et la clause `then` est par conséquent exécutée. D'un autre côté, si `instruction1` échoue, c'est `instruction2` qui sera exécutée, par conséquent l'exécution de la clause `then` dépend du succès de la seconde instruction. On peut donc conclure que la clause `then` est exécutée si `instruction1` ou `instruction2` s'exécute sans erreur.

Bash permet aussi d'inverser tout statut de retour par l'opérateur « ! », le « NON » logique, qui provoquera le renvoi de la valeur 0 en cas d'échec ou de 1 en cas d'opération réussie. Nous en verrons un exemple à la fin de ce chapitre.

Comme application pratique du test des valeurs de retour, supposons que nous voulions écrire un script qui vérifie la présence de deux mots particuliers dans un fichier, et affiche un simple message indiquant si l'un ou l'autre de ces mots y figure bien. Nous pouvons faire appel à `grep` pour cela : cet utilitaire retourne la valeur 0 s'il a trouvé la chaîne à rechercher, ou une valeur non nulle dans le cas contraire :

```
fichier=$1
mot1=$2
mot2=$3
if grep $mot1 $fichier || grep $mot2 $fichier
then
    echo "Il y a bien $mot1 ou $mot2 dans $fichier."
fi
```

La clause `then` est exécutée si l'un ou l'autre des appels à `grep` réussit. Maintenant, supposons que nous voulons que ce script indique plutôt si ces deux mots se trouvent tous les deux à la fois dans le fichier. Voici comment faire :

```
fichier=$1
mot1=$2
mot2=$3
if grep $mot1 $fichier && grep $mot2 $fichier
then
    echo "Il y a bien $mot1 et $mot2 dans $fichier."
fi
```

Nous verrons d'autres exemples d'utilisation de ces opérateurs logiques au cours de ce chapitre.

Tests conditionnels

Les statuts de sortie sont les seules choses que `if` peut tester. Mais cela ne signifie pas que l'on ne peut que vérifier si une commande s'est exécutée avec ou sans erreur. Le shell offre le moyen de tester une grande variété de conditions à l'aide de la construction `[...]`.[3]

En fait, `[condition]` est une instruction comme toute autre, sauf que la seule chose qu'elle retourne est une valeur de sortie qui indique si cette condition est vraie ou non. Par conséquent, elle s'intègre parfaitement dans la syntaxe de `if`.

Comparaison de chaînes

Ces crochets (`[ ]`) peuvent encadrer des expressions comprenant toutes sortes d'opérateurs. Nous commencerons par aborder ceux destinés aux comparaisons de chaînes de caractères, dont la liste se trouve dans le tableau 5.1 (notez qu'il n'y a pas d'opérateur pour des comparaisons du type « supérieur grand ou égal » ou « inférieur ou égal »). Dans ce tableau, **chaîne** et **chaîne** désignent des expressions dont la valeur est une chaîne de caractères. Faites attention, il n'y a qu'un signe d'égalité (=) et non pas deux ;

Opérateur	Vrai si...
chaîne1 = chaîne2	chaîne1 est identique à chaîne2.
chaîne1 != chaîne1	chaîne1 et chaîne2 sont différentes.
-n chaîne1	chaîne1 n'est pas nulle (longueur supérieure à 0).
-z chaîne2	chaîne1 est nulle (longueur égale à 0).

TAB. 5.1 - *Opérateurs de comparaison de chaînes de caractères.*

c'est une fréquente source d'erreurs pour les programmeurs en langage C.

Nous pouvons maintenant employer l'un de ces opérateurs pour améliorer notre fonction **popd**, qui, souvenez-vous, posait des problèmes lorsque la pile était vide. Le code était celui-ci :

```
popd ()
{
    MAPILE=${MAPILE#* }
    cd ${MAPILE%% *}
    echo "$PWD"
}
```

3. La commande interne `test` est synonyme de `[...]`. Par exemple, pour tester l'équivalence de deux chaînes, on peut faire indifféremment « `[chaîne1=chaîne2]` » ou « `test chaîne1=chaîne2` ».

Si la pile est vide, alors **$MAPILE** est une chaîne nulle, tout comme l'expression **${MAPILE%% *}**. Cela signifie que vous aboutirez dans votre répertoire personnel ; alors que nous voudrions que la fonction affiche un message d'erreur, sans rien faire d'autre.

Pour cela, nous devons tester la valeur de la pile, c'est-à-dire voir si **$MAPILE** est nulle ou non. Voici comment faire :

```
popd ()
{
    if [ -n "$MAPILE" ]; then
        MAPILE=${MAPILE#* }
        cd ${MAPILE%% *}
        echo "$PWD"
    else
        echo "Pile vide, toujours dans $PWD."
    fi
}
```

Dans le test conditionnel que nous avons ajouté, nous avons protégé **$MAPILE** de sorte que lors de l'expansion, la valeur de cette variable soit considérée comme une unique chaîne de caractères, un seul mot. Sans protection, le shell l'expanserait en autant de mots individuels qu'elle comporte de répertoires empilés, et le test afficherait un message d'erreur indiquant qu'il y a trop d'arguments.

Il y a une autre raison de placer une protection autour de **$MAPILE**, qui deviendra importante plus tard : quelquefois, la variable à tester sera expansée en une chaîne nulle, et dans cet exemple le test deviendra `[-n]`, ce qui retourne alors la valeur « vrai ». Protéger la variable assure que même si elle est expansée en une chaîne nulle, il y aura bien une chaîne vide comme argument (c'est-à-dire `[ -n ""]`).

Notez également qu'au lieu d'avoir placé la clause `then` sur une nouvelle ligne, nous l'avons mise sur la même ligne que la condition `if`, après un point-virgule ; c'est le caractère de séparation d'instructions utilisé par le shell.

Nous aurions pu utiliser d'autres opérateurs que `-n`. Par exemple, en employant `-z` et en inversant le code des clauses `then` et `else`.

Puisque nous en sommes à nettoyer le code que nous avons écrit dans le chapitre précédent, corrigeons donc la gestion d'erreurs dans l'autre script, dont le code auquel nous avions abouti était :

```
fichier=${1:?"Nom de fichier absent."}
nombre=${2:-10}
sort -nr $fichier | head $nombre
```

Souvenez-vous que si l'on omet le premier argument (le nom de fichier), le shell affiche le message d'erreur « `montruc: 1: Nom de fichier` `absent.` ». Nous pouvons améliorer les choses en y substituant un message « d'usage » bien plus traditionnel. Tant que nous y sommes, nous pouvons également rendre la commande plus respectueuse des conventions habituelles sous UNIX en imposant un tiret devant l'argument facultatif.

```
if [ -z "$1" ]; then
    echo 'usage: montruc fichier [-N]'
else
  fichier=$1
  nombre=${2:--10}
  sort -nr $fichier | head $nombre
fi
```

Notez que nous avons déplacé le tiret précédent `$nombre` à l'intérieur de l'expansion de paramètre `${2:- -10}`.

Pour un meilleur style de programmation, il vaudrait mieux englober tout le code dans une structure `if-then-else` ; mais cela peut rendre les choses confuses si vous réalisez un très grand script dans lequel vous devez effectuer différents tests d'erreurs ou comparaisons à de nombreux endroits. C'est pourquoi, en programmation shell, le style le plus courant est celui-ci :

```
if [ -z "$1" ]; then
    echo 'usage: montruc fichier [-N]'
    exit 1
fi
fichier=$1
nombre=${2:--10}
sort -nr $fichier | head $nombre
```

La commande `exit` informera tout programme appelant du résultat de l'exécution du script.

Comme exemple d'application des opérateurs `=` et `!=`, nous pouvons reprendre notre exercice consistant à réaliser un programme frontal à un compilateur C. Souvenez-vous qu'à partir d'un nom de fichier se terminant par « `.c` » (le code source), nous devions créer un autre nom de même racine mais se terminant par « `.o` » (le code objet). Les modifications que nous allons effectuer sont en rapport avec d'autres types de fichiers qui peuvent être fournis à un compilateur C.

Les compilateurs C

Avant de nous plonger dans le code shell, il est nécessaire d'assimiler certaines notions concernant les compilateurs C. Nous savons déjà qu'ils traduisent le code source en langage C, en code objet. En fait, ils ne sont qu'une partie du système de compilation, qui effectue plusieurs autres opérations.

Le terme « compilateur » est souvent employé pour désigner « système de compilation » ; nous l'utiliserons donc dans ces deux sens.

Ce qui nous intéresse ici, ce sont deux opérations particulières dont sont capables les compilateurs, autres que la compilation de code C : ils peuvent traduire du code en langage assembleur en code objet, et lier ensembles plusieurs fichiers contenant du code objet afin de former un programme exécutable.

Le langage assembleur est très proche de l'ordinateur ; chaque instruction est directement traduisible en une instruction de code objet, par opposition au langage C ou d'autres langages de plus haut niveau, dans lesquels une seule instruction est traduite dans le code objet en des dizaines d'autres. La traduction de code assembleur en code objet s'appelle naturellement l'*assemblage*.

Bien que beaucoup de personnes considèrent le langage assembleur comme aussi démodé qu'une vieille machine à écrire mécanique à notre époque où le traitement de texte et la conception assistée par ordinateur font rage, bon nombre de programmeurs l'utilisent toujours, car il est indispensable à la gestion précise de petits détails proches du matériel, des périphériques. Il n'est pas rare de rencontrer des programmes constitués de plusieurs fichiers, la plus grande part étant écrite en langage de haut niveau (comme le C), et quelques autres contenant des routines de très bas niveau réalisées en assembleur.

L'autre opération que nous devons connaître, c'est *l'édition de liens*. La plupart des « vrais » programmes, à la différence des exercices donnés aux débutants en programmation, sont constitués de plusieurs fichiers de code source, parfois écrits par des programmeurs différents. Ces fichiers sont compilés sous forme de code objet ; puis ces différents *modules* doivent être combinés ensemble pour former le programme final, utilisable, celui que l'on appelle « l'exécutable » ou le « binaire », familièrement. Cette opération se nomme l'édition de liens : chaque composant en code objet contient en général des références aux autres composants, ces références doivent être *résolues*, c'est-à-dire re*liées* ensemble.

Les systèmes de compilation C sont capables d'assembler du code assembleur, et de réaliser l'édition de liens. Le compilateur appelle en fait un programme assembleur séparé pour l'assemblage de ce type de code, et un éditeur de liens pour la réalisation du binaire à partir des fichiers objets générés. Ces outils séparés sont connus dans le monde UNIX sous les noms respectifs de `as` et `ld`. Le compilateur est invoqué par la commande `cc`.

Nous pouvons exprimer toutes ces étapes en termes de suffixes de noms de fichiers : en effet, le compilateur C doit agir comme suit avec les arguments qu'il reçoit :

- si l'argument se termine par « `.c` », il s'agit d'un fichier de code source C ; le compiler en un fichier objet dont le nom a l'extension « `.o` » ;
- si l'argument se termine par « `.s` », il s'agit d'un fichier de code assembleur ; il faut l'assembler pour créer un fichier objet dont le nom a l'extension « `.o` » ;
- si l'argument se termine par « `.o` », ne rien faire ; conserver ce fichier pour l'étape suivante d'édition de liens ;
- si l'argument se termine par tout autre suffixe, afficher un message d'erreur et sortir du programme[4] ;
- Lier tous les fichiers objets (`.o`) ensemble pour former le programme exécutable, dans un fichier nommé *a.out*. Ce fichier est généralement renommé en quelque chose de plus parlant.

La troisième étape permet la réutilisation de fichiers de code objet déjà compilés (ou assemblés) : par exemple, un fichier objet contenant l'implémentation d'une interface avec un lecteur de disques optiques peut être destiné à être utilisé dans tout programme censé exploiter ce type de support.

La figure 5.1 illustre plus clairement cette procédure mise en œuvre pour la compilation ; elle montre comment le compilateur traite les fichiers source C *a.c* et *b.c*, le source assembleur *c.s* et le code objet déjà compilé *d.o*. En d'autres termes, elle montre comment le compilateur traite la commande `cc a.c b.c c.s d.o`.

Voici comment nous pourrions commencer à implémenter cela dans un shell script. Considérons que la variable `fichier` contient l'argument en question, et que `ccom` est le nom du programme qui réalise l'opération de compilation du source C en code objet. Admettons aussi que `ccom` et `as` (l'assembleur) prennent les noms des fichiers sources et objets en tant qu'arguments :

```
fichier=$1
basenom=${fichier%.*}
extension=${fichier##*.}
if [ -z $fichier ]; then
    echo "occ: Pas de fichier indiqué"
    exit 1
fi
if [ $extension = c ]; then
    objet=$basename'.o'
```

4. Dans le cas de notre exemple. Nous savons que ce n'est pas exactement ce qui se passe en réalité.

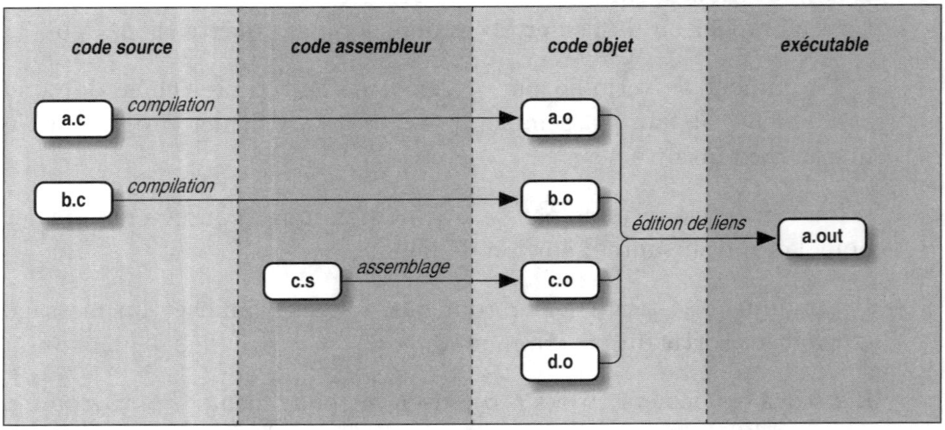

FIG. 5.1 - *Les fichiers produits par un compilateur C.*

```
    ccom $fichier $objet
elif [ $extension = s ]; then
    objet=$basename'.o'
    as $fichier $objet
elif [ $extension != o ]; then
    echo "erreur: $fichier n'est pas un fichier source ou objet."
    exit 1
fi
  traitements suivants...
```

Souvenez-vous que dans le chapitre précédent, nous avons vu que l'expression `${fichier%.*}` supprime l'extension du nom de fichier ; et que `${fichier##*.}` supprime la racine du nom pour ne garder que l'extension.

La ligne « traitements suivants... » représente l'étape d'édition de liens, que nous verrons lorsque nous terminerons la réalisation de cet exemple, un peu plus loin.

Test des attributs de fichiers

Un autre catégorie d'opérateurs utilisable dans les expressions conditionnelles est destinée à tester certaines propriétés des fichiers ; elle comprend 20 opérateurs. Nous ne décrirons que ceux présentant un intérêt général ; le reste concerne des choses très techniques comme les *sockets*, les *descripteurs de fichiers* et le *sticky bit*, et n'ont de réel intérêt que pour le développeur système. La liste complète se trouve de toute manière dans l'annexe B. Le tableau 5.2 résume ceux que nous allons examiner ici.

Opérateur	Vrai si...
-d fichier	le fichier existe et est un répertoire.
-e fichier	le fichier existe.
-f fichier	le fichier existe, et constitue un fichier « ordinaire », c'est-à-dire que ce n'est ni un répertoire ni un type spécial de fichier (périphérique, par exemple).
-r fichier	vous avez la permission de lire ce fichier.
-s fichier	le fichier existe et n'est pas vide.
-w fichier	vous avez la permission d'écrire dans ce fichier.
-x fichier	vous avez la permission d'exécuter ce fichier, ou dans le cas d'un répertoire, vous avez la permission d'y accéder
-O fichier	vous êtes propriétaire du fichier.
-G fichier	le fichier appartient au groupe dont vous faites partie (ou à l'un de vos groupes, si votre système supporte de multiples groupes par utilisateur).
fichier1 -nt fichier2	fichier1 est plus récent que fichier2.
fichier1 -ot fichier2	fichier1 est plus ancien que fichier2.

TAB. 5.2 - *Opérateurs de test d'attributs de fichiers.*

Les opérateurs `nt` et `ot` comparent les dates de dernière modification des deux fichiers.

Avant de donner un exemple d'utilisation, il faut savoir que les expressions conditionnelles entre crochets peuvent être combinées par les opérateurs logiques `&&` et ||, exactement comme nous l'avons fait avec des commandes shell classiques un peu plus haut, dans la section « Combinaison de valeurs de sortie ». Par exemple :

```
if [  condition  ] && [  condition  ]; then
```

Il est également possible de combiner des commandes shell avec des expressions conditionnelles en employant ces opérateurs logiques, comme ceci :

```
if  commande  && [  condition  ]; then
    ...
```

On peut aussi inverser la valeur d'une expression conditionnelle en la faisant précéder d'un point d'exclamation, de sorte que « `! expression` » retournera « vrai » uniquement lorsque `expression` sera fausse. De plus, on peut écrire de complexes expressions logiques composées d'opérateurs conditionnels en les groupant entre parenthèses (qui devront être protégées par des contre-obliques afin de ne pas être traitées par le shell), et en employant deux opérateurs logiques que nous n'avons pas encore vus : « `-a` » et « `-o` », signifiant respectivement ET et OU (*AND* et *OR* en anglais).

Ces deux opérateurs sont similaires à `&&` et ||, employés pour les valeurs de retour. Toutefois, ils ne sont utilisables qu'à l'intérieur d'un test conditionnel.

Voici comment nous pouvons utiliser deux des opérateurs sur les fichiers, un opérateur logique et un opérateur sur les chaînes pour corriger le problème des entrées dupliquées sur la pile de notre fonction **pushd**. Au lieu de laisser `cd` déterminer si un argument correspond à un répertoire valide (en retournant une valeur de sortie non nulle dans ce cas), nous pouvons faire ce test nous-mêmes. Voici le code :

```
pushd ()
{
    repertoire=$1
    if [ -n "$repertoire" ] && [ \( -d "$repertoire" \) \
         -a \( -x "$repertoire" \) ]; then
        MAPILE="$repertoire ${MAPILE:-$PWD' '}"
        cd $repertoire
        echo "$MAPILE"
    else
        echo "Toujours dans $PWD."
    fi
}
```

L'expression conditionnelle sera évaluée à « vrai » seulement si l'argument `$1` n'est pas nul (`-n`), est un répertoire (`-d`) et que l'utilisateur a l'autorisation d'y aller (`-x`).[5] Notez que cette expression gère le cas où l'argument est absent (`$repertoire` est nul) en tout premier, et qu'à ce moment le reste de la condition ne sera pas exécuté. C'est important, car si nous avions écrit :

```
if [ \( -n "$repertoire"\) -a  \( -d "$repertoire" \) \
        -a \( -x "$repertoire" \) ]; then
```

la seconde condition, si le fichier n'existait pas, provoquerait un message d'erreur de `test` et la fonction se terminerait prématurément.

Voici un exemple d'utilisation des opérateurs sur les fichiers plus facile à comprendre :

5. Souvenez-vous que l'attribut d'exécution sur un fichier ordinaire, est utilisé pour l'autorisation de recherche dans le cas d'un répertoire ; puis que l'exécution d'un répertoire n'a aucun sens. L'opérateur « `-x` » teste donc deux choses différentes, selon le type du fichier.

Problème 5-1

Réaliser un script qui affiche essentiellement les mêmes informations que la commande `ls -l`, mais d'une manière plus conviviale.

Bien que cela résulte en un programme relativement long, c'est une application directe d'un bon nombre d'opérateurs sur les fichiers :

```
if [ ! -e "$1" ]; then
    echo "Le fichier $1 n'existe pas."
    exit 1
fi
if [ -d "$1" ]; then
    echo -n "$1 est un répertoire dont l'accès vous est '
    if [ ! -x "$1" ]; then
        echo -n-n "non-"
    fi
    echo "autorisé."
elif [ -f "$1" ]; then
    echo "$1 est un fichier ordinaire."
else
    echo "$1 est un fichier de type spécial."
fi
if [ -O "$1" ]; then
    echo 'Vous êtes propriétaire du fichier.'
else
    echo "Vous n'êtes pas propriétaire du fichier."
fi
if [ -r "$1" ]; then
    echo "Vous avez l'autorisation de lecture sur le fichier."
fi
if [ -w "$1" ]; then
    echo "Vous avez l'autorisation d'écriture sur le fichier."
fi
if [ -x "$1" -a ! -d "$1" ]; then
    echo "Vous avez la permission d'exécuter le fichier."
fi
```

Nous appellerons ce script *fichinfo*. Voici comment il fonctionne :

- le premier test vérifie si le fichier passé en argument existe (le point d'exclamation est l'opérateur NON ; les espaces autour de lui sont indispensables). S'il n'existe pas, le script affiche un message d'erreur et retourne la valeur 1 ;
- Le second test regarde si le fichier est un répertoire. Si c'est le cas, la première instruction `echo` affiche une partie du message ; souvenez-vous que l'option `-n` indique à cette commande de ne pas ajouter de

saut de ligne. Le test conditionnel à l'intérieur de ce `if` vérifie si vous avez l'autorisation d'accès à ce répertoire. Si ce n'est pas le cas, la chaîne « `non-` » est ajoutée au message partiel. Enfin, ce message est complété par le mot final « `autorisé` », suivi d'un saut de ligne (pas d'option `-n`). Voilà tout l'art de faire construire à un ordinateur des phrases plus ou moins françaises !

- la clause `elif` teste si le fichier est de type ordinaire ; et l'indique si c'est le cas ;
- la clause `else` vaut pour tous les fichiers spéciaux des systèmes UNIX (périphériques, sockets, tubes nommés, etc.). Nous considérons que l'utilisateur moyen n'est pas intéressé par ces détails trop techniques ;
- le test suivant tente de déterminer si le fichier appartient à vous, l'utilisateur qui a lancé le script. Si oui, il affiche un message indiquant cet état de fait ;
- les deux tests suivants regardent si vous possédez les permissions de lecture et/ou d'écriture sur le fichier en question ;
- Enfin, le dernier test concerne la permission d'exécution sur le fichier. Il tente de voir si vous possédez cette permission et que ce fichier n'est pas un répertoire (si c'en était un, la permission d'exécution signifierait simplement que vous avez accès à ce répertoire). Ici, nous n'avons utilisé aucun crochet pour grouper les tests, car nous faisons confiance à la priorité des opérateurs. Brièvement, la priorité est l'ordre dans lequel le shell traite les opérateurs. C'est exactement le même principe que la priorité arithmétique en mathématiques ; où multiplications et divisions sont faites avant les additions et soustractions. Dans notre cas, `[ -x "$1" -a ! -d "$1" ]` est équivalent à `[ ( -x "$1" ) -a ( ! -d "$1" ) ]`. Les tests sur les fichiers sont exécutés en premier, suivis des négations (`!`), puis c'est le tour des tests ET et OU.

Pour donner un exemple de l'affichage produit par `fichinfo`, supposons que vous faites un `ls -l` dans votre répertoire courant, et que le résultat donne ceci :

```
-rwxr-xr-x   1 rene     copains      8624 Oct 27 06:58 aventure
-r--r--r--   1 root     root        66925 Oct 27 06:58 core
drwxr-xr-x   2 rene     copains      1024 Oct 27 06:59 machin
-rw-r--r--   1 rene     copains        94 Oct 27 06:59 note
```

Les fichiers *core* et `note` sont de type ordinaire, *machin* est un répertoire, et *aventure* est un shell script. Si l'on tape alors `fichinfo aventure`, on obtient l'affichage suivant :

```
aventure est un fichier ordinaire.
Vous êtes propriétaire du fichier.
Vous avez l'autorisation de lecture sur le fichier.
Vous avez l'autorisation d'écriture sur le fichier.
Vous avez la permission d'exécuter le fichier.
```

Taper `fichinfo note` donnera :

```
note est un fichier ordinaire.
Vous êtes propriétaire du fichier.
Vous avez l'autorisation de lecture sur le fichier.
Vous avez l'autorisation d'écriture sur le fichier.
```

La commande `fichinfo machin` affichera :

```
machin est un répertoire dont l'accès vous est autorisé.
Vous êtes propriétaire du fichier.
Vous avez l'autorisation de lecture sur le fichier.
Vous avez l'autorisation d'écriture sur le fichier.
```

Enfin, si l'on tape `fichinfo core`, on obtient :

```
core est un fichier ordinaire.
Vous n'êtes pas propriétaire du fichier.
Vous avez l'autorisation de lecture sur le fichier.
```

Tests sur des nombres entiers

Le shell offre un ensemble de tests arithmétiques. Ils sont différents des comparaisons de chaînes de caractères comme $<$ et $>$, qui compare des valeurs lexicographiques de chaînes[6], et non pas des valeurs numériques. Les opérateurs de comparaison de nombres entiers sont résumés dans le tableau 5.3. Nous y avons ajouté la définition en termes anglais afin que le lecteur comprenne pourquoi ils portent ces noms.

Vous en aurez surtout l'usage avec les variables entières que nous aborderons dans le prochain chapitre. Ils sont nécessaires lorsque l'on doit combiner des tests sur des nombres entiers avec d'autres types de tests, dans la même expression conditionnelle.

Toutefois, le shell possède une syntaxe séparée pour les tests conditionnels ne mettant en jeu que les entiers. Elle est considérablement plus efficace, et vous aurez intérêt à préférer cette solution, plutôt que d'employer les opérateurs cités ci-dessus. Nous verrons cela dans le prochain chapitre.

6. « L'ordre lexicographique » n'est pas autre chose que celui du dictionnaire (en réalité, dans le shell, ce n'est pas tout à fait exact car celui-ci ignore les particularités lexicographiques de tout autre pays que les U.S.A.).

Opérateur	Comparaison	Définition anglaise
-lt	inférieur à	less than
-le	inférieur ou égal	less or equal
-eq	égal	equal
-ge	supérieur ou égal	greater or equal
-gt	supérieur à	greater than
-ne	différent de	not equal

TAB. 5.3 - *Opérateurs de comparaison de nombres entiers.*

La boucle `for`

L'amélioration la plus évidente que nous pouvons apporter à notre script précédent, c'est la possibilité de traiter de multiples fichiers au lieu d'un seul. Les tests comme `-e` et `-d` ne prennent qu'un seul argument, par conséquent nous devons trouver un moyen d'appeler le même code pour chaque nom de fichier fourni sur la ligne de commandes.

La méthode à employer (et qui permet la réalisation de nombreuses choses sous **bash**) fait appel à une *boucle.* La construction de boucle la plus simple et la plus universellement utilisée est sans conteste la boucle `for`. Nous l'utiliserons bientôt pour améliorer notre programme *fichinfo.*

La boucle `for` permet de répéter une même section de code un nombre fixe de fois. À chaque entrée dans la boucle (ce qui s'appelle une *itération*), une variable spéciale (appelée variable de boucle) est positionnée à une valeur différente, ce qui permet d'exécuter des choses légèrement différentes à chaque itération.

Cette boucle `for` ressemble beaucoup (mais pas entièrement) à son équivalent dans les langages conventionnels comme Pascal et C. La grande différence est que le shell ne permet pas de spécifier un nombre ou un intervalle de valeurs pour les itérations ; on doit lui fournir exclusivement une liste fixe de valeurs. En d'autres termes, vous ne pouvez rien faire qui ressemble à ce code Pascal, qui exécute 10 itérations :

```
for x := 1 to 10 do
begin
    instructions...
end
```

Mais ce sera possible avec une boucle `while`, que nous décrirons bientôt. Il faudra aussi faire appel à l'arithmétique entière, que nous verrons dans le chapitre 6, « *Options en ligne de commandes et variables typées* ».

Toutefois, la boucle `for` est idéale pour travailler sur des arguments de la ligne de commandes et des ensembles de fichiers (par exemple, tous les fichiers du répertoire courant). Nous allons voir une application pratique dans chacun de ces cas, mais pour l'instant, voici la syntaxe de la construction `for` :

```
for  nom [in  liste]
do
     instructions utilisant $nom ...
done
```

La `liste` est une liste de noms (si « `in liste` » n'est pas précisé, ce sera par défaut `"$@"`, c'est-à-dire la liste, protégée, de tous les arguments sur la ligne de commandes ; mais nous préciserons toujours notre liste pour la clarté des exemples). Dans nos solutions à l'exercice suivant, nous allons montrer quelques méthodes simples pour spécifier des listes.

Problème 5-2

> Quelquefois, vous avez besoin d'examiner votre variable `PATH` pour déterminer les répertoires qu'elle contient. Réalisez un shell script, nommé `listpath`, qui affiche chacun de ces répertoires, un par ligne.

La méthode la plus facile consiste à modifier la variable `IFS` que nous avons vue dans le chapitre 4 :

```
IFS=:
for dir in $PATH
do
    ls -ld $dir
done
```

Nous affectons la valeur « `:` » à `IFS`, puisque c'est le caractère séparateur utilisé dans `PATH`. Puis, la boucle `for` démarre, positionnant `dir` successivement à chaque valeur de répertoire contenu dans `PATH`. La commande `ls` est appelée, pour afficher le nom du répertoire et quelques informations : l'option `l` demande un affichage « long », et l'option `d` demande de n'afficher que les informations concernant le répertoire lui-même, et non pas son contenu.

Avec ce code, il se peut que `ls` vous affiche des messages d'erreurs indiquant que tel ou tel répertoire n'existe pas. C'est signe que ces répertoires, cités dans le `PATH`, n'existent pas. Nous pouvons modifier le script `listpath` afin qu'il vérifie l'existence des répertoires en ajoutant quelques tests :

```
IFS=:
for dir in $PATH; do
    if [ -z "$dir" ]; then dir=.; fi
    if ! [ -e "$dir" ]; then
        echo "$dir n'existe pas"
    elif ! [ -d "$dir" ]; then
        echo "$dir n'est pas un répertoire"
    else
        ls -ld $dir
    fi
done
```

Cette fois, à l'intérieur de la boucle, nous commençons par regarder si la longueur de `$dir` vaut zéro (cas d'un champ de valeur « `::` » dans la variable `PATH`. Si c'est le cas, nous lui affectons le répertoire courant. Ensuite, nous vérifions si le répertoire existe. S'il n'existe pas, nous affichons un message d'erreur approprié ; sinon, nous vérifions si ce fichier est bien un répertoire. Si ce n'en est pas un, nous affichons un message en ce sens.

Nous venons de voir une illustration très simple de l'utilisation de `for`, mais ce type de boucle est surtout utilisé pour traiter tour à tour les arguments d'une commande. Par exemple, nous pouvons écrire un petit code « d'enveloppe » qui réalise la boucle suivante :

```
for fichier in "$@" ; do
    fichinfo "$fichier"
    echo
done
```

Ensuite, nous intégrons tout le code de notre script original *fichinfo* dans une fonction[7] :

```
fichinfo ()
{
    if [ ! -e "$1" ]; then
        print "Le fichier $1 n'existe pas."
        return 1
    fi
    ...
}
```

Le script complet est alors constitué de la boucle `for` et de la fonction ci-dessus. Leur ordre importe peu, mais pour un style de programmation correct il est considéré que la définition de la fonction doit apparaître en premier.

7. Une fonction peut parfaitement porter le même nom qu'un script ; ce n'est toutefois pas une bonne pratique.

Ce nouveau script *fichinfo* fonctionne de la manière suivante : dans la boucle `for`, `"$@"` est la liste de tous les paramètres positionnels. Pour chaque argument, le corps de la boucle est exécuté avec la variable `fichier` positionnée à la valeur de cet argument. En d'autres termes, la fonction `fichinfo` est appelée une fois pour chaque valeur de `$fichier`, qu'elle voit comme son premier argument `$1`. La commande `echo` après l'appel à la fonction est destinée à séparer les groupes d'informations affichés par une ligne vide, pour plus de lisibilité.

Si l'on reprend le même répertoire que dans le premier exemple d'utilisation de notre script, la commande `fichinfo *` affichera maintenant :

```
aventure est un fichier ordinaire.
Vous êtes propriétaire du fichier.
Vous avez l'autorisation de lecture sur le fichier.
Vous avez l'autorisation d'écriture sur le fichier.
Vous avez la permission d'exécuter le fichier.

core est un fichier ordinaire.
Vous n'êtes pas propriétaire du fichier.
Vous avez l'autorisation de lecture sur le fichier.

machin est un répertoire dont l'accès vous est autorisé.
Vous êtes propriétaire du fichier.
Vous avez l'autorisation de lecture sur le fichier.
Vous avez l'autorisation d'écriture sur le fichier.

note est un fichier ordinaire.
Vous êtes propriétaire du fichier.
Vous avez l'autorisation de lecture sur le fichier.
Vous avez l'autorisation d'écriture sur le fichier.
```

Voici maintenant un autre exercice de programmation, qui met en œuvre l'autre utilisation habituelle de la boucle `for`.

Problème 5-3

> Il est possible d'afficher tous les répertoires se trouvant sous un répertoire donné, grâce à l'option `-R` de la commande `ls`. Malheureusement, cela ne donne pas une très bonne idée de la structure de l'arborescence, car tous les fichiers sont affichés les uns à la suite des autres, un par ligne. Écrire un programme qui permet de mieux visualiser l'organisation d'un petit nombre de sous-répertoires.

Le mieux sera de formater la sortie de la manière suivante :

```
        recettes
                cassoulet
                        castelnaudary
                        castelsarrasin
                        toulouse
                notes
                trucs
                        sauces
                        taches
        vins.rouges
```

Chaque colonne représente un niveau de répertoire dans l'arborescence. Les entrées sous et à droite d'un nom sont les fichiers et sous-répertoires que contient ce répertoire. Les fichiers apparaissent donc seuls, sans entrée à leur droite. Cet exemple montre que le répertoire *recettes* et le fichier *vins.rouges* sont situés dans le répertoire courant ; les répertoires *cassoulet* et *trucs*, ainsi que le fichier *notes* sont dans le réperoire *recettes*, etc. Pour nous simplifier la tâche, nous utiliserons des tabulations pour aligner les colonnes et nous ignorerons les éventuels dépassements de noms de fichiers un peu longs.

Il va nous falloir traverser la hiérarchie de répertoires. Pour y arriver facilement, nous allons employer une technique appelée la *récursivité*. Un code est *récursif* lorsqu'il se référence lui-même ; par exemple, observez le script suivant, nommé *tracedir* :

```
fichier=$1
echo $fichier
if [ -d "$file" ]; then
    cd $fichier
    ~/tracedir $(ls)
    cd ..
fi
```

Tout d'abord, il copie et affiche le premier argument. Puis il regarde s'il s'agit d'un répertoire. Si c'est le cas, il s'y déplace et s'appelle lui-même avec comme argument, les fichiers présents dans ce répertoire. Ce script est récursif : lorsque le premier argument est un répertoire, un nouveau shell est invoqué et un nouveau script est exécuté dans le nouveau répertoire. L'ancien script attend que le nouveau se termine, puis il exécute un `cd` pour remonter d'un niveau et se termine à son tour. Ce scénario se produit à chaque invocation de `tracedir` ; l'appel récursif ne s'arrêtera que lorsque le premier argument ne sera pas un répertoire.

Ce script, lancé sur le répertoire *recettes* de l'exemple cité plus haut produira ce résultat :

```
recettes
cassoulet
castelnaudary
```

Car *castelnaudary* est un fichier, par conséquent le script s'arrête.

Ce programme n'est pas parfait, mais il constitue une bonne base pour rédiger la solution à notre exercice. Son plus gros défaut est d'être très peu efficace : chaque fois que ce script est appelé, un nouveau shell est créé. Nous pouvons améliorer cela en encapsulant le programme dans une fonction, car les fonctions sont exécutées dans le shell depuis lequel elles sont appelées (souvenez-vous du chapitre 4). Il nous faut aussi un moyen de positionner les espacements par des tabulations. Le mieux sera d'avoir un script ou une fonction d'initialisation, depuis lequel nous appellerons la routine récursive. Voyons cette fonction :

```
recls ()
{
    unetab="\t"
    for lefichier in "$@"; do
        echo $lefichier
        if [ -d "$lefichier" ]; then
            cefichier=$lefichier
            recdir $(command ls $lefichier)
        fi
    done
    unset dir unetab tab
}
```

Tout d'abord, nous initialisons une variable `unetab`, qui contiendra TAB, le caractère de tabulation pour la commande `echo` (le chapitre 7, « *Entrées/sorties et traitement de la ligne de commandes* », explique toutes les options et commandes de formatage utilisables avec `echo`). Puis, nous bouclons sur les arguments fournis à la fonction, en les affichant. Lorsqu'il s'agit d'un répertoire, nous appelons notre routine récursive, en lui fournissant la liste des fichiers par la commande `ls`. Ici, nous avons employé une nouvelle commande : `command`. Il s'agit d'une commande interne qui invalide la recherche de fonctions et d'alias ; de cette façon, nous sommes sûrs que c'est bien une commande `ls` située dans votre `PATH` qui sera appelée, et non pas une éventuelle fonction (pour de plus amples informations sur `command`, consultez le chapitre 7). Enfin, nous « faisons le ménage » en supprimant les variables que nous avons utilisées.

Nous pouvons maintenant commencer à compléter notre shell script de tout-à-l'heure.

```
recdir ()
{
    tab=$tab$unetab
    for fichier in "$@"; do
        echo -e $tab$fichier
        cefichier=$cefichier/$fichier
        if [ -d "$cefichier" ]; then
            recdir $(command ls $cefichier)
        fi
        cefichier=${cefichier%/*}
    done
    tab=${tab%\t}
}
```

Chaque fois qu'elle est appelée, la fonction `recdir` boucle sur les fichiers qu'elle reçoit en arguments. Pour chacun d'eux, elle en affiche le nom, et s'il s'agit d'un répertoire, s'auto-appelle avec des arguments positionnés sur le contenu de ce répertoire. Il y a deux détails que nous n'avons pas encore traités ; le nombre de tabulations à mettre, et le chemin d'accès du répertoire « courant » pendant les appels récursifs.

Chaque fois que nous descendons d'un niveau dans l'arborescence, nous devons ajouter un caractère TAB, aussi nous ajoutons une tabulation à la variable `tab` chaque fois que nous entrons dans la routine `recdir`. De même, lorsque nous en sortons, nous remontons d'un niveau ; par conséquent nous supprimons la tabulation juste avant de sortir de cette fonction. Au départ, `tab` n'est pas initialisée, donc lors du premier appel à `recdir`, `tab` se verra affecter un caractère TAB. Si nous descendons d'un répertoire, `recdir` sera encore appelée et un autre TAB sera ajouté. Souvenez vous que `tab` est une variable globale, par conséquent elle augmente ou diminue d'une tabulation à chaque entrée ou sortie de `recdir`, respectivement. L'option `-e` de `echo` lui demande d'interpréter les séquences de caractères de formatage, dans notre cas « `\t` », qui symbolise le caractère de tabulation.

Dans cette version de la routine récursive, nous n'avons pas employé `cd` pour nous déplacer dans les répertoires. Cela signifie qu'un `ls` d'un répertoire devra être fourni avec un chemin relatif, pour ce qui concerne les fichiers de la hiérarchie. Pour cela, nous devons stocker le nom du répertoire en cours de traitement. La routine d'initialisation positionne la variable `cefichier` sur le nom du répertoire, chaque fois qu'il en est rencontré un dans la boucle. Cette variable est alors utilisée dans la routine récursive pour conserver le chemin d'accès relatif du fichier en cours d'examen. À chaque tour de boucle, *cefichier* se voit ajouter le nom du fichier courant, qui est retiré à la fin de la boucle.

Il peut vous prendre l'envie de modifier le comportement de ce code, par exemple pour améliorer le résultat qui s'affiche à l'écran. Voici quelques défis de programmation :

- Modifier ce code de sorte que l'appel récursif soit limité à huit sous-répertoires (ce qui est environ le maximum qu'il est possible d'afficher sur un terminal de 80 colonnes). Suggestion : regardez comment les tabulations ont été implémentées.

- Changer l'affichage, de manière à ce qu'il tire des lignes pointillées et ajoute une ligne vide après chaque nom de répertoire, comme ceci :

```
.
|-------recettes
|       |
|       |-------cassoulet
|       |       |
|       |       |-------castelnaudary
|       |       |-------castelsarrasin
|       |       |-------toulouse
|       |
|       |-------notes
 ...
```

  Suggestion : il vous faudra au moins deux autres variables, destinées à contenir les caractères « | » et « - »

La condition case

La structure de contrôle suivante que nous allons décrire se nomme `case`. Alors que le `case` du Pascal ou du C peut servir à tester des valeurs simples comme des entiers et des caractères, le `case` de **bash** autorise les tests de chaînes de caractères en fonction de modèles décrits par des caractères génériques. Tout comme son équivalent dans les langages conventionnels, `case` permet de réaliser des conditions de type `if-then-else` d'une manière concise et élégante.

Sa syntaxe est la suivante :

```
case  expression  in
     modèle1  )
         instructions ;;
     modèle2  )
         instructions ;;
    ...
esac
```

Tout modèle peut en fait être constitué de plusieurs autres, séparés par une barre verticale (|). Si l'expression correspond au modèle, les instructions correspondantes sont exécutées. Si le modèle est composé de plusieurs éléments, il suffit alors que l'expression corresponde à l'un d'entre eux. Les modèles sont testés dans l'ordre, jusqu'à ce qu'une correspondance soit trouvée ; s'il n'y en a pas, rien n'est exécuté.

Cette syntaxe à l'apparence un peu gauche devrait vous paraître plus claire avec un exemple pratique. Nous allons reprendre notre frontal de compilation C, `case` étant parfaitement adapté à ce que nous devons y faire. Au cours de ce chapitre, nous avons écrit du code qui traitait les noms de fichiers d'entrée en fonction de leur suffixe (`.c`, `.s` et `.o` pour, respectivement, du C, de l'assembleur ou du code objet).

Nous pouvons améliorer notre solution de deux façons. Tout d'abord, nous pouvons employer `for` pour permettre de traiter plusieurs fichiers en même temps ; ensuite, nous pouvons utiliser `case` pour simplifier le code :

```
for fichier in $*; do
    case $fichier in
        *.c )
            objet=${fichier%.c}.o
            ccom $fichier $objet ;;
        *.s )
            objet=${fichier%.s}.o
            as $fichier $objet ;;
        *.o ) ;;
        *   )
            echo "Erreur: $fichier n'est pas un fichier source ou objet."
            exit 1 ;;
    esac
done
```

Ici, `case` gère quatre cas. Les deux premiers sont similaires aux premiers `if` et `elif` de notre première version de ce code, ils appelleront le compilateur ou l'assembleur selon que le nom de fichier se termine en `.c` ou `.s`, respectivement.

Ensuite, le programme est un peu différent. Souvenez-vous que si le nom de fichier se termine en `.o`, il n'y a aucun traitement à faire (en supposant que ces fichiers seront liés à l'exécutable plus tard). S'il ne se termine pas en `.o`, il y a une erreur. Nous gérons ce cas avec « `case *.o` », qui ne contient aucune instruction. Il est tout à fait licite de mettre un `case` où le script n'a aucune action à faire.

Le dernier `case` est « `*` », il traite tout ce que les autres n'ont pas traité. En fait, c'est l'équivalent de `default` en langage C, ou de `otherwise` dans certains dérivés de Pascal.

La boucle `for` qui englobe le tout traite tous les arguments de la ligne de commandes. Cela nous amène à une nouvelle amélioration : maintenant que nous savons comment gérer tous les arguments, nous devrions être capables d'écrire le code qui passe tous les fichiers objets à l'éditeur de liens (le programme `ld`). Nous pouvons réaliser cela en construisant une chaîne de noms de fichiers objets, séparés par des espaces, que nous passerons à l'éditeur de liens après le traitement de tous les fichiers d'entrée. Il nous suffit d'initialiser la chaîne à une valeur nulle, et d'y ajouter un nom de fichier objet chaque fois qu'il en est créé un, c'est-à-dire à chaque itération de la boucle `for`. Le code est simple, il ne nécessite que de petits ajouts :

```
listeobj=""
for fichier in $*; do
    case $fichier in
        *.c )
            objet=${fichier%.c}.o
            ccom $fichier $objet ;;
        *.s )
            objet=${fichier%.s}.o
            as $fichier $objet ;;
        *.o )
            objet=$fichier ;;
        *   )
            echo "Erreur: $fichier n'est pas un fichier source ou objet."
            exit 1 ;;
    esac
    listeobj="$listeobj $objet"
done
ld $listeobjs
```

Dans cette version du programme, la première ligne initialise la variable `listeobjs` à une chaîne nulle[8]. Nous avons ajouté une ligne dans le `*.o`, qui affecte la valeur du nom de fichier à notre variable `objet`, puisqu'à ce stade nous savons qu'il s'agit d'un nom de fichier objet. Par conséquent, la valeur est positionnée dans tous les cas ; à l'exception de celui gérant les erreurs, où la routine affiche un message et se termine.

La dernière ligne de code à l'intérieur de la boucle `for` ajoute l'espace et le dernier nom de fichier objet à la variable contenant la liste. Appeler ce script avec les mêmes arguments que dans la figure 5.1 aura pour conséquence d'affecter la valeur `" a.o b.o c.o d.o"` à la variable `listeobjs` en fin de boucle (le premier espace n'a pas d'importance). Cette liste est

8. Cette étape n'est pas vraiment nécessaire, car toutes les variables sont considérées nulles si elles ne sont pas explicitement initialisées (sauf si l'option `nounset` est en service).

passée à `ld` en tant que simple argument, mais le shell divisera correctement cette chaîne en de multiples noms de fichiers.

Nous reviendrons encore une fois sur cet exemple dans le chapitre 6, lorsque nous aborderons la manière de gérer des options sur une ligne de commandes. Pour l'instant, voici un exercice qui nécessite l'utilisation de `case` :

Problème 5-4

> Écrire une fonction qui implémente le « `cd ancien nouveau` » du shell Korn. La commande `cd` prend le chemin d'accès du répertoire courant et tente d'y trouver la chaîne *ancien*. Si elle trouve, elle lui substitue la chaine *nouveau* et essaie d'aller dans le répertoire qui en résulte.

Nous pouvons réaliser cela en utilisant `case` pour tester le nombre d'arguments et la commande interne `cd` pour le changement de répertoire ; voici le code[9] :

```
cd()
{
    case "$#" in
        0 | 1) builtin cd $1 ;;
        2    ) nouveau=$(echo $PWD | sed -e "s:$1:$2:g")
               case "$nouveau" in
                   $PWD)  echo "bash: cd: mauvaise substitution" >&2
                          return 1 ;;
                   *   )  builtin cd "$nouveau" ;;
               esac ;;
        *    ) echo "bash: cd: nombre d'arguments incorrect" 1>&2
               return 1 ;;
    esac
}
```

Ici, nous utilisons `case` pour tester le nombre d'arguments de notre commande `cd`, en déterminant trois cas :

S'il y a zéro ou un argument, notre commande `cd` doit se comporter comme la commande ordinaire. C'est ce que réalise le premier test du `case`, qui comporte quelque chose que nous n'avions pas encore illustré : le symbole | entre le 0 et le 1 signifie que l'un ou l'autre de ces modèles sont acceptables. Par conséquent, si le nombre d'arguments vaut 0 ou 1, ce sera la commande interne `cd` qui sera exécutée.

S'il y a deux arguments, nous ajoutons notre nouvelle fonctionnalité. La première chose à faire est de rechercher l'ancienne chaîne, et la remplacer

9. Pour que la fonction soit plus propre, nous avons fait appel à quelques redirections d'entrées/sorties que nous n'aborderons que dans le chapitre 7.

par la nouvelle. Nous utilisons `sed` pour cela ; « `s:$1:$2:g` » lui indique d'effectuer une substitution globale de la chaîne `$1` par `$2`. Le résultat est alors affecté à la variable `nouveau`. Si la substitution n'a pas été possible, le chemin d'accès sera inchangé ; nous traitons ce cas dans les deux lignes suivantes.

Une autre condition `case` permet de choisir entre l'opération `cd` ou l'affichage d'un message d'erreur si le répertoire est inchangé. Si `sed` est incapable de trouver l'ancienne chaîne, il ne touche à rien. Le cas `*` traite toutes les possibilités autres que le chemin courant (qui a été traité juste avant).

Ce code a un léger défaut : si l'ancienne et la nouvelle chaîne sont identiques, on obtient le message d'erreur « `bash:: cd: mauvaise substitution` ». Il faudrait qu'il nous laisse dans le même répertoire sans message d'erreur, mais comme le chemin d'accès n'a pas changé, il utilise la première alternative du second `case`. Le problème consiste à savoir si `sed` a effectué correctement la substitution, ou non. Vous pouvez vous exercer à trouver une solution à cela (conseil : vous pouvez employer `grep` pour tester si le chemin contient l'ancienne chaîne).

Le dernier cas affiche un message d'erreur s'il y a plus de deux arguments.

La construction select

Toutes les structures de contrôle que nous avons vues jusqu'ici sont aussi disponibles dans le shell Bourne, et le C shell en possède des équivalents avec une syntaxe différente. Mais celle que nous allons décrire maintenant, `select`, n'existe que dans le shell Korn et **bash**[10] ; de plus, il n'y a rien de semblable dans les langages de programmation conventionnels.

Elle permet de générer des menus simples, avec une facilité déconcertante. Sa syntaxe est concise, mais puissante :

```
select  nom  [in  liste ]
do
     instructions utilisant $nom...
done
```

C'est la même syntaxe que la boucle `for`, mais le mot-clé est `select`. Tout comme la première, on peut omettre la liste, qui vaudra alors `"$@"` par défaut, c'est-à-dire une chaîne protégée contenant la liste de tous les arguments de la ligne de commandes.

10. Cette possibilité est absente des versions de **bash** antérieures à 1.14.

Voici ce que fait `select` :

- génération d'un menu contenant chaque élément de la liste, qui sont numérotés pour pouvoir les désigner ;
- demande à l'utilisateur la saisie d'un numéro ;
- enregistrement du choix de l'utilisateur dans la variable `nom` et du numéro dans la variable interne `REPLY` ;
- exécution des instructions situées dans le corps du code ;
- répétition de la procédure à l'infini (mais nous verrons comment en sortir).

Voici un exercice qui va nous permettre d'ajouter une nouvelle commande à nos utilitaires `pushd` et `popd`.

Problème 5-5

> Réaliser une fonction autorisant l'utilisateur à choisir un répertoire dans une liste, représentant la pile de `pushd`. Le répertoire choisi sera placé en haut de la pile et deviendra le répertoire de travail.

L'affichage et la sélection des répertoires sera parfaitement géré par `select`. Nous pouvons commencer par écrire une fonction comme celle-ci[11] :

```
selectd ()
{
    PS3='Répertoire ? '
    select selection in $MAPILE; do
        if [ $selection ]; then
            # instructions manipulant la pile...
            break
        else
            echo 'Choix non valide.'
        fi
    done
}
```

11. Attention, les versions de **bash** antérieures à 1.14.3 contiennent de sérieux bogues dans `select`. Ces versions « plantent » si la liste de sélection est nulle. Dans ce cas, englobez le `select` par un test de liste nulle ; ou mieux, procurez-vous une version à jour de **bash**.

Si vous tapez `MAPILE="/usr /home /bin"` et exécutez cette fonction, vous devriez voir s'afficher ceci :

```
1) /usr
2) /home
3) /bin
Répertoire ?
```

La variable interne `PS3` contient la chaîne d'invite utilisée par `select` ; sa valeur par défaut vaut « `#?` », ce qui n'est pas idéal. Par conséquent, la première ligne du code ci-dessus commence par lui affecter une valeur plus conviviale.

C'est `select` qui construit le menu à partir de la liste. Si l'utilisateur entre un numéro valide (de 1 au nombre de répertoires), la variable `selection` est positionnée sur la valeur correspondante ; sinon elle est nulle (si l'utilisateur se contente de taper ENTRÉE, le shell réaffiche le menu).

Le code situé dans le corps de la boucle teste si `selection` n'est pas nulle. Si c'est le cas, il exécute les instructions que nous ajouterons dans un petit moment ; puis l'instruction `break` permet de sortir de la boucle `select`. Si `selection` est nulle, le code affiche un message d'erreur et réaffiche le menu et l'invite.

L'instruction `break` constitue la méthode usuelle pour sortir d'une boucle `select`. En fait, tout comme en langage C, elle peut être employée pour sortir de toutes les structures de contrôle que nous avons vues jusqu'ici (à l'exception de `case`, où c'est le double deux-points qui fait office de `break`) ; de même avec `while` et `until` que nous décrirons bientôt. Nous n'avions pas parlé de `break` auparavant, car son emploi pour sortir d'une boucle est considéré comme de la mauvaise programmation. Toutefois, cela peut rendre le code plus lisible, si on l'utilise judicieusement. Cette instruction est nécessaire pour sortir d'un `select` lorsque l'utilisateur a effectué un choix valide[12].

Nous pouvons maintenant ajouter les morceaux de code manquants :

```
selectd ()
{
    PS3='Répertoire ? '
    pile=" $MAPILE "
    select selection in $pile; do
        if [ $selection ]; then
            MAPILE="$selection${pile%% $selection *}"
            MAPILE="$MAPILE ${pile##* $selection }"
```

12. L'utilisateur peut également taper CTRL-D (fin de saisie) pour sortir d'un menu `select`. Cela constitue pour lui une méthode universelle de sortie ; mais n'aide pas beaucoup le programmeur shell.

```
            MAPILE=${MAPILE% }
            cd $selection
            break
        else
            echo 'Choix non valide.'
        fi
    done
}
```

Les deux premières lignes initialisent les variables d'environement ; `pile` est une copie de `MAPILE` avec des espaces à chaque bout, de sorte que chaque répertoire de la liste soit encadré par des espaces. Cette forme simplifiera le code de manipulation de la pile de répertoires.

Les instructions `select` et `if` sont les mêmes que dans notre fonction initiale. Le nouveau code inséré après le `if` fait appel aux possibilités de recherche de chaînes de **bash**, pour manipuler notre pile de répertoires.

La première de ces lignes affecte la valeur de `selection` à `MAPILE`, suivie de `pile`, avec tout ce qui va de `selection` à la fin de la liste, supprimé. La suivante ajoute tout ce qui se trouve dans la liste, à partir du répertoire suivant `selection` jusqu'à la fin de `MAPILE`. La troisième supprime l'espace qui a été ajouté au début. Pour terminer l'opération, on fait un `cd` pour se placer dans le nouveau répertoire, suivi d'un `break` pour sortir de la boucle.

Comme exemple d'utilisation de la manipulation de liste opérée par cette fonction, considérons que `MAPILE` contient la valeur `"/home /bin /usr2"`. Taper `selectd` nous donnerait alors :

```
1) /home
2) /bin/
3) /usr2
Répertoire ?
```

Après avoir sélectionné */bin*, les premières instructions dans la section `if` positionnent `MAPILE` à `/bin` suivi de `pile`, avec tout ce qui suit `/bin` supprimé ; c'est-à-dire `home`.

Puis la ligne suivante prend `MAPILE`, et y ajoute tout ce qui suit `/bin` dans `pile` (c'est-à-dire `/usr2`). L'espace de début est enlevé dans la ligne qui suit.

Les boucles `while` *et* `until`

Il nous reste à voir deux structures de contrôle proposées par **bash** : `while` et `until`. Elles sont très semblables ; toutes deux autorisent l'exécution répétitive d'une section de code, tant que (`while`) ou jusqu'à ce que (`until`) une condition soit vérifiée. Elles ressemblent également beaucoup aux constructions analogues en Pascal (`while/do` et `repeat/until`) ou en langage C (`while` et `do/until`).

En fait, `while` et `until` sont surtout utiles lorsqu'on les combine avec les possibilités que nous aborderons dans le prochain chapitre, comme l'arithmétique entière, l'entrée/sortie de variables, et le traitement de la ligne de commandes. Mais nous pouvons déjà vous montrer un exemple pratique avec les notions que nous avons vues jusqu'ici.

La syntaxe de `while` est la suivante :

```
while  condition
do
     instructions...
done
```

Pour ce qui est de celle de `until`, remplacez simplement `while` par `until` dans la description ci-dessus. Tout comme `if`, la condition est en réalité constituée d'une liste d'instructions à exécuter ; la valeur de retour de la dernière sera prise comme valeur de la condition. Vous pouvez employer `test`, tout comme vous le faites avec `if`.

Notez que la seule différence entre `while` et `until` est la façon dont est gérée la condition. Dans `while`, la boucle s'exécute aussi longtemps que cette condition est vérifiée ; alors que dans `until`, elle s'exécute tant que la condition ne l'est pas. Notez également que le test `until` est fait au début de la boucle, et pas en bas comme cela se passe en C ou Pascal.

Ce détail a pour conséquence de permettre de transformer n'importe quelle boucle `until` en une boucle `while`, simplement en inversant la condition. Il n'y a qu'un cas où `until` peut s'avérer plus adapté :

```
until  commande ; do
     instructions...
done
```

La signification de ce code est, essentiellement : « exécuter les instructions jusqu'à ce que la commande s'exécute sans erreur ». Ce n'est pas très courant.

Problème 5-6

Refaire l'exercice de la page 145, sans utiliser la variable `IFS`.

Nous pouvons employer un boucle `while` pour descendre dans l'arborescence :

```
path=$PATH:
while [ $path ]; do
    ls -ld ${path%%:*}
    path=${path#*:}
done
```

La première ligne fait une copie de sauvegarde de PATH dans la variable path, et lui ajoute un deux-points. Normalement, ce séparateur n'est placé qu'entre les répertoires du PATH, mais en mettre un à la fin simplifie le code.

Dans la boucle while, nous affichons le répertoire à l'aide de la commande ls, comme nous le faisons dans la première solution. Puis, path est mise à jour en supprimant le premier répertoire et son séparateur (c'est pourquoi il nous fallait ajouter un deux-points dans la première ligne de ce script). La boucle s'exécutera jusqu'à ce que $path devienne une chaîne nulle (""), ce qui se produira lorsque le dernier répertoire aura été listé.

Voici un autre exercice, pour lequel until est un bon candidat.

Problème 5-7

> Réaliser un script qui tente de copier un fichier dans un répertoire, et si la copie échoue, qui attend cinq secondes avant de réessayer ; le script doit continuer indéfiniment jusqu'à la réussite de l'opération.

Voici le code :

```
until cp $1 $2; do
    echo 'Attente...'
    sleep 5
done
```

Il s'agit d'une application très élémentaire de until, très simple. Tout d'abord, nous faisons appel à la commande cp pour réaliser l'opération de copie. Si celle-ci échoue pour une raison quelconque, elle retournera une valeur non nulle. Nous avons organisé notre boucle de telle sorte que si le résultat de la copie est différent de zéro, le script affiche un message, et attend cinq secondes.

À notre avis, vous n'aurez que rarement besoin de boucles until ; par conséquent, nous n'utiliserons plus que while jusqu'à la fin de cet ouvrage. Nous en verrons d'autres dans le chapitre 7.

Dans ce chapitre :

- *Options en ligne de commandes*
- *Variables typées*
- *Arithmétique et variables entières*

6

Options en ligne de commandes et variables typées

MAINTENANT QUE VOUS AVEZ LU et expérimenté les techniques de programmation présentées dans les chapitres précédents, vous devriez avoir acquis un certain bagage dans ce domaine. Avec ce que vous savez, vous pouvez déjà réaliser de nombreux scripts et fonctions complexes, capables de vous aider à mieux exploiter votre ordinateur.

Mais vous aurez sans doute remarqué, si vous avez essayé de réaliser des utilitaires se comportant comme les commandes UNIX traditionnelles, qu'il vous manque encore quelques connaissances. C'est particulièrement vrai s'il vous faut gérer des options sur la ligne de commandes, qui commencent par l'habituel tiret (-). Et si vous pratiquez couramment un langage de programmation comme C ou Pascal, vous aurez sans doute noté que le seul type de données dont nous avons parlé jusqu'à présent est la chaîne de caractères ; nous n'avons pas encore fait d'arithmétique, par exemple.

Tout cela est crucial, si l'on veut que le shell puisse servir de langage de programmation utile sous UNIX. Dans ce chapitre, nous allons voir comment **bash** supporte ces choses si indispensables.

Options en ligne de commandes

Nous avons rencontré beaucoup d'exemples de paramètres positionnels (les variables nommées 1, 2, 3, etc.), que le shell utilise pour stocker les arguments d'une fonction ou de la ligne de commandes d'un shell script lors de leur exécution. Nous avons également abordé des variables relatives à ces paramètres, comme * (la chaîne contenant tous les arguments) et # (le nombre d'arguments).

Il est vrai que ces variables contiennent toutes les informations fournies par l'utilisateur sur la ligne de commandes. Mais imaginez ce qui se passe lorsque des options doivent être mises en jeu. Les commandes UNIX typiques sont de la forme « **commande [-options] arguments** », ce qui signifie qu'il peut y avoir zéro option, ou plusieurs. Si un script traite la commande **servir pastis marcel**, tout est simple ; **$1** c'est « pastis » et **$2** c'est « marcel ». Mais si la commande est plutôt **servir -b pastis marcel**, alors nous avons **$1** pour « servir », **$2** pour « -b » et **$3** pour « marcel ».

Bien sûr, vous pourriez objecter qu'il suffit d'écrire quelques lignes pour gérer cette forme :

```
if [ $1 = -b ]; then
      code qui gère l'option -b...
    1=$2
    2=$3
fi
traitement normal de $1 et $2...
```

Mais ce code a plusieurs défauts. Tout d'abord, des affectations comme **1=$2** sont illicites puisque les paramètres positionnels ne sont pas modifiables, on ne peut que les lire. Même si c'était possible, ce type de code imposerait des limitations sur le nombre d'arguments que le script serait capable de gérer, ce qui est loin d'être idéal. De plus, si cette commande prenait plusieurs options, le code destiné à les gérer toute deviendrait rapidement gros et complexe.

shift

Fort heureusement, le shell propose une solution à ces problèmes. La commande **shift** effectue l'équivalent de :

```
1=$2
2=$3
...
```

Et ceci pour chaque argument, quel que soit leur nombre. Si vous passez une valeur numérique à **shift**, elle effectuera autant de décalages d'arguments ; par exemple, **shift 3** a l'effet suivant :

```
1=$4
2=$5
...
```

Cela nous amène directement à quelques lignes de code capables de gérer une unique option (appelons-la **-o**), et un nombre arbitraire d'arguments :

```
if [ $1 =  o ]; then
     traitement de l'option -o
    shift
fi
traitement normal des arguments...
```

Après le `if`, `$1`, `$2`, etc., sont positionnés sur les bons arguments.

Nous pouvons utiliser `shift` avec les techniques de programmation que nous avons apprises, pour implémenter une gestion élémentaire des options. Toutefois, nous aurons besoin d'une aide supplémentaire lorsque les choses deviendront plus complexes. La commande interne `getopts`, que nous présenterons plus loin, nous la fournira.

Avec `shift`, nous avons ce qu'il nous faut pour réaliser l'option `-N` du script *montruc*, présenté dans le chapitre 4. Souvenez-vous qu'il prend un fichier d'entrée contenant une liste d'artistes et le nombre de leurs enregistrements en votre possession ; il la trie et affiche les `N` plus grands nombres, par ordre décroissant. Le code auquel nous avions abouti page 110 était :

```
fichier=$1
nombre=${2:-10}
sort -nr $fichier | head $nombre
```

Notre syntaxe d'appel originale était `montruc fichier [-N]`, où `N` avait la valeur 10 par défaut, si elle était omise. Modifions ce programme pour qu'il possède une syntaxe plus en rapport avec les conventions habituelles sous UNIX, dans laquelle les options sont données avant les arguments : `montruc [-N] fichier`. Voici comment nous pourrions faire :

```
if [ -n "$(echo $1 | grep '^-[0-9][0-9]*$')" ]; then
    nombre=$1
    shift
elif [ -n "$(echo $1 | grep '^-')" ]; then
    print 'usage: montruc [-N] fichier'
    exit 1
else
    nombre="-10"
fi
fichier=$1
sort -nr $fichier | head $nombre
```

Nous faisons appel à l'utilitaire de recherche `grep` pour tester si `$1` correspond au modèle approprié. Pour cela, nous lui fournissons l'expression rationnelle[1] « `^-[0-9][0-9]*$` », qui est interprétée comme « un tiret au début suivi d'un chiffre, suivis facultativement par un ou plusieurs autres chiffres ». Si une correspondance est trouvée, grep retournera la valeur « vrai ». Notez que nous avons protégé l'expression par des apostrophes pour empêcher le shell d'interpréter le dollar et l'astérisque comme des caractères spéciaux, afin qu'il les passe tels quels à `grep`.

1. Les expressions rationnelles sont très souvent improprement appelées « expressions régulières » par les *franglicistes* hâtifs.

Si `$1` ne correspond pas, nous vérifions s'il s'agit vraiment d'une option, c'est-à-dire si c'est un tiret suivi par n'importe quoi d'autre. Si c'est le cas, c'est qu'elle n'est pas valide ; nous affichons alors un message d'erreur et sortons en retournant un statut d'erreur. Si nous atteignons la clause `else` finale, nous considérons que `$1` est un fichier et le traitons en tant que tel dans le code qui suit. Le reste du script traite les données comme auparavant.

Nous pouvons mettre en application ce que nous avons appris jusqu'ici pour réaliser une technique générale de gestion d'options multiples. Pour prendre un exemple concret, considérons que notre script s'appelle *machin* et que nous voulons gérer les options `-a`, `-b` et `-c` :

```
while [ -n "$(echo $1 | grep '-')" ]; do
    case $1 in
        -a )  traitement de l'option -a  ;;
        -b )  traitement de l'option -b  ;;
        -c )  traitement de l'option -c  ;;
        *  ) echo 'usage: machin [-a] [-b] [-c] args...'
             exit 1
    esac
    shift
done
 traitement normal des arguments...
```

Ce code teste `$1` de manière répétitive, tant qu'il commence par un tiret. Puis, la construction `case` exécute le code approprié selon l'option correspondante. Si l'option n'est pas valide, c'est-à-dire qu'elle commence bien par un tiret mais que ce n'est ni `-a`, ni `-b`, ni `-c`, un message d'erreur est affiché et le script sort en retournant la valeur 1. Après chaque traitement d'option, les arguments sont décalés par `shift`. Le résultat est que les paramètres positionnels correspondent alors aux arguments, lorsque la boucle se termine.

Notez que ce code est capable de traiter des options d'une longueur arbitraire, et pas uniquement d'une seule lettre (par exemple, `-alerte` au lieu de `-a`).

Options avec arguments

Il nous faut encore un ingrédient pour que le traitement des options devienne vraiment utile. Rappelez-vous que de nombreuses commandes ont des options qui prennent leurs propres arguments. Par exemple, la commande `cut` que nous avons souvent employée dans le chapitre 1, accepte l'option `-d` avec un argument qui détermine le caractère délimiteur de champ (si l'on désire autre chose que la tabulation, valeur par défaut).

Pour traiter ce type d'options, il nous suffit d'utiliser encore une fois la commande `shift` lorsque nous traitons l'option en question.

Considérons par exemple que dans notre script *machin*, l'option `-b` nécessite son propre argument. Voici le code modifié qui permet de traiter ce cas :

```
while [ -n "$(echo $1 | grep '-')" ]; do
    case $1 in
        -a )  traitement de l'option -a  ;;
        -b )  traitement de l'option -b
               l'argument de l'option est alors $2
              shift ;;
        -c )  traitement de l'option -c  ;;
        *   ) echo 'usage: machin [-a] [-b arg] [-c] args...'
             exit 1
    esac
    shift
done
 traitement normal des arguments...
```

La commande getopts

Jusqu'à présent, nous avons obtenu une méthode de gestion des options de la ligne de commandes assez complète, mais contraignante. Le code ci-dessus n'autorise pas l'utilisateur à combiner les arguments après un unique tiret, par exemple `-abc` au lieu de `-a -b -c`. Il ne permet pas non plus de spécifier les arguments des options sans espacement, c'est-à-dire `-bargument` au lieu de `-b argument`.[2]

Le shell offre un mécanisme interne pour la gestion de multiples options complexes, sans toutes ces contraintes. La commande `getopts`[3] peut être utilisée comme condition dans une boucle `while` traitant des options. En lui spécifiant quelles options sont valides et lesquelles nécessitent leurs propres arguments, elle positionne les valeurs nécessaires dans le corps de la boucle qui traite tour à tour chacune des options.

`Getopts` prend deux arguments. Le premier est une chaîne qui contient des lettres et des deux-points. Chaque lettre correspond à une option valide ; si elle est suivie d'un deux-points, c'est que l'option nécessite un argument.

2. Cette forme, bien que permise par la plupart des commandes UNIX, est en fait contraire aux règles syntaxiques décrites dans l'introduction de la section consacrée aux commandes destinées aux utilisateurs du manuel de référence du système UNIX™.

3. En fait, `getopts` remplace la commande externe `getopt`, utilisée en programmation du shell Bourne classique ; `getopts` est bien mieux intégrée à la syntaxe du shell et s'exécute de manière beaucoup plus efficace. Les programmeurs C se rendront compte qu'elle est très proche de la fonction `getopt` de la bibliothèque C standard.

La fonction récupère les options de la ligne de commandes et affecte chacune d'elles (sans le tiret) à une variable dont le nom est le second argument de `getopts`. Tant qu'il reste des options à traiter, `getopts` retournera la valeur zéro ; lorsque toutes sont traitées, elle retourne la valeur 1, ce qui provoque la sortie de la boucle `while`.

La fonction `getopts` propose encore quelques autres possibilités pour faciliter le traitement ; nous les rencontrerons en examinant la manière de l'utiliser dans notre exemple précédent :

```
while getopts ":ab:c" opt; do
    case $opt in
        a  )  traitement de l'option -a ;;
        b  )  traitement de l'option -b
              $OPTARG est l'argument de notre option ;;
        c  )  traitement de l'option -c ;;
         ? ) echo 'usage: machin [-a] [-b arg] [-c] args...'
             exit 1
    esac
done
shift $(($OPTIND - 1))
 traitement normal des arguments...
```

L'appel à `getopts` dans la condition `while` prépare la boucle à accepter les options `-a`, `-b` et `-c`, et spécifie que `-b` requiert un argument (nous expliquerons le deux-points au début de la chaîne d'options dans un moment). Chaque fois que le corps de la boucle est exécuté, il contiendra la dernière option disponible, sans le tiret, dans la variable `opt`.

Si l'utilisateur entre une option non valide, en principe `getopts` affiche un message d'erreur peu élégant (de la forme `cmd: getopts: illegal option -- o`) et initialise `opt` à la valeur « ? ». Toutefois, si l'on place un deux-points au début de la chaîne indiquant les options, ce message ne sera pas affiché[4]. Nous vous recommandons de placer ce caractère et d'indiquer votre propre message d'erreur dans un `case` qui gère le « ? », comme ci-dessus.

Nous avons modifié le code dans la construction `case` pour refléter ce que fait `getopts`. Mais notez qu'il n'y a plus de `shift` dans la boucle `while` : `getopts` n'en a pas besoin pour savoir où elle en est. Il n'est pas nécessaire de décaler les arguments tant que `getopts` est au travail, c'est-à-dire avant la sortie de la boucle `while`.

Si une option a un argument, `getopts` le stocke dans la variable `OPTARG`, qui peut être utilisée dans le code qui traite cette option.

4. Vous pouvez également supprimer les messages de `getopts` en positionnant la variable d'environnement `OPTERR` à 1. Mais dans ce livre, nous nous bornerons à employer la méthode du deux-points.

La seule instruction `shift` qui reste est située après la boucle `while` : `getopts` stocke le numéro du prochain argument à traiter dans la variable `OPTIND` ; dans ce cas, c'est le numéro du premier argument de la ligne de commandes. Par exemple, si la ligne de commandes était `machin -ab bidule`, `$OPTIND` vaudrait `"2"`. Si la ligne était `machin -a -b bidule`, alors `$OPTIND` vaudrait `"3"`.

L'expression `$(($OPTIND - 1))` est une expression arithmétique (comme nous le verrons dans le prochain chapitre) égale à `$OPTIND` moins `1`. Cette valeur est utilisée comme argument à `shift`. Le résultat est que les arguments sont décalés du nombre correct, laissant les « vrais » arguments à leurs positions normales `$1`, `$2`, etc.

Avant d'aller plus loin, il est temps de résumer tout ce que fait `getopts` :

- son premier argument est une chaîne de caractères contenant toutes les lettres représentant les options valides. Si une option requiert un argument, un deux-points suit la lettre correspondante dans cette chaîne. Un deux-points initial indique à `getopts` de ne pas afficher de message d'erreur lorsque l'utilisateur demande une option non valide ;

- son second argument est le nom de la variable qui contiendra chaque option (sans le tiret) lorsqu'elle sera traitée ;

- si une option prend un argument, cet argument est stocké dans la variable `OPTARG` ;

- la variable `OPTIND` contient un nombre égal au numéro du prochain argument de la ligne de commandes qui sera traité. Lorsque `getopts` a terminé son travail, ce nombre correspond au premier « véritable » argument.

La fonction `getopts` a pour avantage de minimiser le code supplémentaire nécessaire pour le traitement des options, et de supporter complètement la syntaxe UNIX standard.

Pour prendre un exemple plus concret, revenons à notre frontal de compilation C. Pour l'instant, nous avons réalisé un script capable de traiter des fichiers sources C (suffixe `.c`), assembleur (`.s`) et objets (`.o`). Voici la dernière version, à laquelle nous avons abouti page 153 :

```
listeobj=""
for fichier in $*; do
    case $fichier in
        *.c )
            objet=${fichier%.c}.o
            ccom $fichier $objet ;;
        *.s )
```

```
            objet=${fichier%.s}.o
            as $fichier $objet ;;
        *.o )
            objet=$fichier ;;
        *   )
            echo "Erreur: $fichier n'est pas un fichier source ou objet."
            exit 1 ;;
    esac
    listeobj="$listeobj $objet"
done
ld $listeobjs
```

Nous pouvons maintenant modifier ce script afin qu'il sache gérer des options. Mais pour savoir de quelles options nous allons avoir besoin, il nous faut présenter un peu mieux les compilateurs.

Retour sur les compilateurs C

Le compilateur C d'un système UNIX moderne (ANSI C sur System V Release 4) possède environ 30 options en ligne de commande différentes ; mais nous nous limiterons aux plus utilisées.

Voici ce que nous allons implémenter. Tous les compilateurs offrent la possibilité d'éliminer la phase d'édition de liens finale, c'est-à-dire l'appel à `ld`. C'est très pratique pour la réalisation de modules objets qui seront utilisés plus tard, et pour vérifier son code en profitant des messages d'erreur du compilateur, avant la réalisation du programme final. C'est l'option `-c` qui supprime cette phase d'édition de liens ; avec elle, il n'est produit que des modules objet.

Les compilateurs C sont aussi capables d'inclure énormément d'informations supplémentaires dans un module objet, informations qui sont ignorées par l'éditeur de liens par la suite, mais exploitées par les programmes de déboguage utilisés pour la mise au point des programmes. Un débogueur permet d'examiner le code source pendant l'exécution du programme compilé, de positionner des points d'arrêt, d'examiner directement les valeurs des variables, etc. Par conséquent, il a besoin de beaucoup d'informations sur le code C original ; l'option `-g` demande au compilateur d'inclure ces informations dans le code objet qu'il génère.

Si vous n'êtes pas très familier avec les compilateurs C sous UNIX, vous avez peut-être été étonné d'apprendre dans le dernier chapitre que l'éditeur de liens appelle *a.out* le programme exécutable qu'il réalise. Cette convention est un vieux reste dû à la longue histoire du système, et personne n'a jamais songé à la changer. Bien qu'il soit possible de renommer l'exécutable à l'aide de la commande `mv`, le compilateur C offre l'option `-o fichier`, grâce à laquelle il générera *fichier* au lieu de *a.out*.

Il y a une autre option que nous devrons supporter, qui est en rapport avec les *bibliothèques*. Une bibliothèque[5] est une collection de modules objets, dont certains seront inclus dans le fichier exécutable au moment de l'édition de liens (par opposition aux fichiers objets pré-compilés, qui y sont tous inclus). Chaque bibliothèque contient une grande quantité de code objet qui supporte telle ou telle interface ou telle ou telle activité ; sous UNIX, il en existe par exemple pour la gestion du réseau, les fonctions mathématiques, le graphisme, etc.

Les bibliothèques sont extrêmement utiles, en tant que « briques » permettant aux programmeurs de construire des applications complexes sans avoir à « réinventer la roue » chaque fois. L'option de compilation `-l` indique à l'éditeur de liens le nom des fichiers bibliothèques dans lesquels il devra chercher certains modules.[6] La bibliothèque dite « standard », nommée *libc.a*, est toujours incluse. Elle contient le code, entre autres, de toutes les fonctions standard d'entrées/sorties du langage C.

Enfin, un bon compilateur permet de choisir entre différentes options générant du code plus ou moins efficace, ou de plus ou moins grande taille. C'est ce que l'on englobe sous le nom d'*optimisation*; vous pouvez imaginer l'optimisation comme une étape supplémentaire dans le processus de compilation, qui peaufine le travail pour un résultat plus soigné. L'optimisation est mise en service par l'option `-O`. Le tableau 6.1 résume les options que nous allons prévoir dans notre frontal de compilation C. Vous devez

Option	Signification
-c	ne produit que du code objet ; n'appelle pas l'éditeur de liens
-g	inclut les informations de déboguage dans les fichiers objets
-l lib	inclut la bibliothèque *lib* à l'édition de liens
-o binaire	produit le fichier exécutable *binaire* au lieu de *a.out*
-O	valide l'optimisation du code

TAB. 6.1 - *Les options les plus courantes du compilateur C.*

également savoir ceci, à propos de ces options :

– les options `-o` et `-l lib` sont passées à l'éditeur de liens, qui s'occupe de les gérer lui-même ;

5. Souvent improprement appelée « librairie », de l'anglais « *library* », qui signifie pourtant « bibliothèque »...

6. En réalité, ces fichiers sont nommés par convention sous la forme *libnom.a* et se trouvent dans un répertoire comme */lib* ou */usr/lib*; avec l'option `-lnom`, l'éditeur de liens ira chercher le fichier */lib/libnom.a* par exemple.

- l'option `-l lib` peut apparaître plusieurs fois sur la ligne de commandes, pour désigner plusieurs bibliothèques ;
- l'option `-g` est passée au programme *ccom* (c'est ainsi que nous avons désigné le programme qui effectue réellement la compilation) ;
- nous considérerons que l'optimisation est effectuée par un programme séparé que nous appellerons *optimiseur*, qui accepte des fichiers objets en arguments et les optimise « sur place », c'est-à-dire sans produire une sortie séparée.

Voici le code de notre script *occ* qui comprend la gestion des options :

```
# Initialisation des variables relatives aux options
liens=oui
debug=""
biblios="-l c"
binaire=""
opt=non
# Traitement des options de la ligne de commandes
while getopts ":cgl:o:O" option; do
    case $option in
        c )  liens=non ;;
        g )  debug="-g" ;;
        l )  biblios="$biblios -l $OPTARG" ;;
        o )  binaire="-o $OPTARG" ;;
        O )  opt=oui ;;
        ? )  echo 'usage: occ [-cgO] [-l lib] [-o fichier] fichiers...'
             exit 1 ;;
    esac
done
shift $(($OPTIND - 1))
# Traitement des fichiers d'entrée
modules=""
for fichier in "$@"; do
    case $fichier in
        *.c )
            objet=${fichier%.c}.o
            ccom $debug $fichier $objet
            if [ $opt = oui ]; then
                optimiseur $objet
            fi ;;
        *.s )
            objet=${fichier%.s}.o
            as $fichier $objet ;;
        *.o )
            objet=$fichier ;;
        *   )
```

```
            echo "Erreur: $fichier n'est pas un source ou un objet."
            exit 1 ;;
    esac
    modules="$modules $objet"
done
if [ $liens = oui ]; then
    ld $binaire $modules $biblios
fi
```

Examinons la partie de traitement des options de ce code. Les premières lignes initialisent des variables que nous utiliserons plus tard, pour stocker le statut de chacune des options. Nous utilisons « oui » et « non » dans un souci de lisibilité ; ce ne sont que des chaînes qui n'ont pas de signification particulière (nous aurions tout aussi bien pu employer « vrai/faux » ou « true/false »). Ces initialisations reflètent les états suivants :

- nous voulons une édition de liens ;
- nous ne voulons pas que le compilateur génère des informations de déboguage ;
- la seule bibliothèque dont nous avons besoin est *libc*, la bibliothèque C standard qui sera automatiquement employée à l'édition de liens ;
- le fichier exécutable que l'éditeur de liens créera aura le nom que celui-ci lui donne par défaut, c'est-à-dire *a.out* ;
- nous ne voulons pas d'optimisation du code.

Les constructions `while`, `getopts` et `case` traitent les options de la même façon que dans l'exemple précédent. Voici comment fonctionne le code qui gère chacune d'elles :

- si l'option `-c` est présente, la variable `liens` est mis sur « non », par conséquent la condition `if` située en fin de script ne sera pas vérifiée et l'éditeur de liens ne sera pas appelé ;
- si l'option `-g` est présente, la variable `debug` se verra affecter la valeur « `-g` », qui sera passée sur la ligne de commandes du compilateur ;
- chaque « `-l lib` » présent est ajouté à la variable `biblios`, de sorte qu'à la sortie de la boucle, `$biblios` soit une chaîne contenant toutes ces options, qui est alors passée à l'éditeur de liens ;
- si `-o fichier` est précisé, la variable `binaire` prend cette valeur, passée ensuite à l'éditeur de liens ;

– si `-O` est indiqué, le drapeau `opt` est positionné, le test `if[$opt=oui]` sera donc vérifié, ce qui aura pour effet de lancer le programme d'optimisation.

Le reste de ce code est une modification de la boucle `for` que nous avons déjà décrite ; ces modifications sont le résultat direct du traitement des options et parlent d'elles-mêmes.

Variables typées

Pour l'instant, nous avons appris que sous **bash**, les variables peuvent contenir des chaînes de caractères. Mais en réalité, on peut leur affecter d'autres attributs, allant jusqu'à les faire considérer comme étant non modifiables ou de type entier.

Ces attributs se positionnent à l'aide de l'instruction `declare`. Le tableau 6.2 indique les options disponibles ; un `-` valide l'option, un `+` la supprime. Si l'on tape `declare` sans argument, on obtient l'affichage de

Option	Action
-f	ne prend en compte que des noms de fonctions
-i	les variables sont traitées sous forme d'entiers
-r	marque les variables comme étant en lecture seule
-x	les variables seront exportées dans l'environnement

TAB. 6.2 - *Les options de* ***declare****.*

toutes les variables présentes dans l'environnement. L'option `-f` limite cet affichage aux fonctions.

L'option `i` sert à créer une variable entière, c'est-à-dire qui contiendra des valeurs numériques, et qui pourra donc être utilisée dans des opérations arithmétiques. Voici un exemple :

```
$  val1=12 val2=5
$  result1=val*val2
$  echo $result1
val1*val2
$
$  declare -i val3=12 val4=5
$  declare -i result2
$  result2=val3*val4
$  echo $result2
60
```

Dans les premières lignes, les variables sont ordinaires et le résultat est une banale chaîne de caractères, `val1*val2`. Mais ensuite, toutes les variables ont été déclarées comme étant de type entier. Il s'en suit que nous obtenons le résultat de l'opération arithmétique « douze multiplié par cinq ». En fait, nous n'avions pas besoin de déclarer explicitement `val3` et `val4` de type entier : tout ce qui est affecté à `result2` sera interprété comme un calcul arithmétique, puisque cette variable est entière.

L'option `-x` permet de déclarer une variable de manière similaire à `export built-in`, que nous avons vu dans le chapitre 3. Les variables ainsi déclarées seront exportées hors de l'environnement du shell.

L'option `-r` crée une variable en lecture seule, c'est-à-dire que sa valeur ne pourra plus être modifiée par la suite.

Il existe également l'instruction `readonly`, qui opère exactement comme `declare -r`, mais possède deux options : `-f`, qui fera interpréter le nom passé en argument comme étant celui d'une fonction plutôt que d'une variable, et `-p`, qui affiche la liste de toutes les variables en lecture seules.

Arithmétique et variables entières

L'expression `$(($OPTIND - 1))`, dans notre dernier exemple de frontal de compilation, montre que le shell connaît une autre méthode pour réaliser des calculs arithmétiques. Comme vous l'avez probablement deviné, il interprète les mots situés entre « `$((` » et « `))` » comme des expressions arithmétiques[7]. Les variables contenues dans ces expressions n'ont pas besoin d'être précédées du signe dollar, mais c'est quand même autorisé.

Les expressions arithmétiques sont évaluées dans une protection simple (par apostrophe double), tout comme le tilde, les variables, et les substitutions de commandes. Nous pouvons enfin énoncer la règle définitive concernant la protection des chaînes de caractères : « en cas de doute, protéger la chaîne par des apostrophes (`' '`), sauf si elle contient des tildes, ou toute expression contenant un signe dollar, auquel cas il faut la protéger par des double apostrophes (`" "`) ».

Par exemple, la commande `date` des systèmes UNIX dérivés de System V accepte des arguments qui lui indiquent comment formater la sortie. L'argument `+%j` lui demande d'afficher le jour de l'année, c'est-à-dire le nombre de jours depuis le 31 décembre de l'année précédente.

Nous pouvons employer cet argument pour afficher un joli petit message statistique :

7. On peut aussi utiliser l'ancienne forme `$[... ]`, mais ce n'est pas recommandé car elle disparaîtra sans doute dans les futures versions de **bash**.

```
echo "Plus que $(((365-$(date +%j))/7)) semaines avant le nouvel an."
```

Nous verrons comment cela s'intègre dans le schéma général de traitement de la ligne de commandes dans le chapitre 7, « *Entrées/sorties et traitement de la ligne de commandes* ».

La gestion des expressions arithmétiques est intégrée à la syntaxe de **bash**, alors qu'elle n'était disponible dans le shell Bourne que par l'intermédiaire de la commande externe `expr`. Voilà encore un exemple d'une possibilité très utile, offerte par un programme externe, qui est plus efficace lorsqu'elle est implantée directement dans le shell ; `getopts` en était une autre illustration.

Les expressions arithmétiques sous **bash** sont équivalentes à leur homologues du langage C[8]. La priorité et l'associativité sont les mêmes qu'en C. Le tableau 6.3 montre les différents opérateurs supportés. Bien que certains soient (ou contiennent) des caractères spéciaux, il n'est pas nécessaire de les protéger, puisqu'ils sont encadrés par la syntaxe `$((...))`. On peut employer des parenthèses pour grouper des sous-expressions. La syntaxe des expressions arithmétiques supporte aussi (comme en C) des opérateurs relationnels en tant que valeurs booléennes, 1 pour « vrai » et 0 pour « faux ». Le tableau 6.4 indique ces opérateurs et les opérateurs logiques pouvant être utilisés pour combiner les expressions relationnelles. Par exemple, `$((3 > 2))` a la valeur `1` ; `$(( (3 > 2) || (4 <= 1) ))` vaut également `1`, puisqu'au moins l'une des deux expressions est vraie.

Opérateur	Signification
+	addition
-	soustraction
*	multiplication
/	division
%	modulo
<<	décalage à gauche
>>	décalage à droite
&	ET
|	OU
~	NOT (Complément à 1)
!	NOT
^	XOR (OU exclusif)

TAB. 6.3 - *Opérateurs arithmétiques supportés par* ***bash****.*

8. Les différentes formes d'affectations de ces opérateurs sont aussi permises. Par exemple, `$((x += 2))` ajoute 2 à `x`, et met le résultat dans cette variable `x`.

Opérateur	Signification
<	inférieur à
>	supérieur à
<=	inférieur ou égal à
>=	supérieur ou égal à
==	égal à
!=	différent de
&&	ET logique
||	OU logique

TAB. 6.4 - *Opérateurs relationnels supportés par **bash**.*

Le shell supporte aussi différentes bases de numération, depuis la base 2 jusqu'à la base 36. La notation `B#N` signifie « `N` en base `B` » Bien sûr, si vous omettez le `B#`, le shell travaille par défaut en base 10.

Conditions arithmétiques

Dans le chapitre 5, « *Structures de contrôle* », nous avons vu comment comparer des chaînes de caractères en employant la notation `[..]` (ou le mot-clé `test`). On peut également tester des conditions arithmétiques de cette manière. Toutefois, les tests doivent être effectués avec leurs propres opérateurs, dont la liste se trouve dans le tableau 6.5. Tout comme avec

Opérateur	Comparaison	Définition anglaise
-lt	inférieur à	less than
-le	inférieur ou égal	less or equal
-ge	supérieur ou égal	greater or equal
-gt	supérieur à	greater than
-ne	différent de	not equal

TAB. 6.5 - *Opérateurs de tests arithmétiques.*

les comparaisons de chaînes, les tests arithmétiques retournent un résultat vrai ou faux; 0 pour faux, 1 pour vrai. Ainsi, par exemple, `[ 3 -gt 2 ]` retourne 0, tout comme `[ \( 3 -gt 2 \) || \( 4 <= 1 \) ]`, mais `[ \( 3 > 2 \) && \( 4 <= 1 \) ]` retourne 1 puisque la seconde sous-expression n'est pas vraie.

Dans ces exemples, il nous a fallu protéger les parenthèses et les passer en tant qu'arguments séparés. Comme vous pouvez le voir, le résultat prend une allure plutôt illisible lorsqu'il y en a beaucoup. Une autre méthode consiste à effectuer les tests arithmétiques en encapsulant les conditions sous la forme `$((...))`. Par exemple : `[ $(((3 > 2) && (4 <= 1))) = 1 ]`. Ici, les conditions sont évaluées, puis le résultat est comparé à la valeur 1 (vrai).[9]

Affectation des variables arithmétiques

Comme nous l'avons vu plus haut, on peut définir les variables entières en employant `declare`. Il est aussi possible d'évaluer des expressions arithmétiques et d'affecter le résultat à des variables par la commande `let`. Sa syntaxe est la suivante :

```
let  variabler=expression
```

Il n'est pas nécessaire d'englober l'expression dans `$((...))` dans une instruction `let` (ce serait redondant). Mais `let` ne crée pas de variable de type entier ; il ne fait que provoquer l'interprétation de l'expression suivant l'affectation en tant que valeur arithmétique. Tout comme dans toute affectation de variable, il ne doit pas y avoir d'espace de chaque côté du signe d'égalité. Il est conseillé de prendre l'habitude de protéger les expressions, car elles peuvent contenir de nombreux caractères spéciaux qui, autrement, seraient interprétés par le shell (par exemple `*`, `#` et les parenthèses). De plus, vous devez nécessairement protéger les expressions contenant des blancs (espaces ou tabulations). Le tableau 6.6 donne des exemples pratiques.

Voici un petit exercice qui fait usage de l'arithmétique des entiers.

Problème 6-1

> Réaliser un script appelé *ndu*, qui affiche un résumé de l'espace disque utilisé par chaque répertoire (et tout sous-répertoire) qu'il reçoit en argument, les valeurs étant exprimées en octets, puis en kilo-octets ou méga-octets (l'unité la plus appropriée devra être automatiquement choisie).

Voici le code correspondant :

```
for dir in ${*:-.}; do
    if [ -e $dir ]; then
        result=$(du -s $dir | cut -f 1)
        let total=$result*1024
```

9. Notez que les valeurs retournées par `$((...))` sont 1 pour vrai, et 0 pour faux ; c'est-à-dire exactement l'inverse de `test` et `exit`.

Affectation	Valeur
1+4	5
'1 + 4'	5
'(2+3) * 5'	25
'2 + 3 * 5'	17
'17 / 3'	5
'17 % 3'	2
'1<<4'	16
'48>>3'	6
'17 & 3'	1
'17 | 3'	19
'17 ^3'	18

TAB. 6.6 - *Exemples d'affectations d'expressions entières.*

```
        echo -n "Total dans $dir = $total octets"
        if [ $total -ge 1048576 ]; then
              echo " ($((total/1048576)) Mo)"
        elif [ $total -ge 1024 ]; then
              echo " ($((total/1024)) Ko)"
        fi
    fi
done
```

Pour obtenir l'occupation sur le disque de fichiers et de répertoires, nous pouvons faire appel à l'utilitaire UNIX **du**. Par défaut, ce programme affiche une liste des répertoires avec l'espace disque utilisé par chacun d'eux, qui ressemble à celle-ci :

```
2465    ./ps
1294    ./dvi
920     ./html
847     ./sgml
90      ./texinfo
6116    .
```

Si l'on ne précise pas de répertoire, **du** prendra le répertoire courant (`.`). Chaque répertoire et sous-répertoire est affiché, précédé de la quantité d'espace disque qu'il occupe ; le total est donné sur la dernière ligne.

Ces mesures sont exprimées en *blocs* ; en fonction du système UNIX utilisé, un bloc peut représenter 512 ou 1 024 octets. Chaque fichier ou répertoire utilise au moins un bloc : même un fichier vide se voit allouer un bloc dans le système de fichiers [10].

Dans notre cas, c'est le total qui nous intéresse, celui qui est donné dans la dernière ligne. Pour n'obtenir que cette ligne, nous employons l'option `-s` de `du` ; puis nous appelons notre vieil ami `cut` pour supprimer le champ contenant le nom du répertoire, dont nous n'avons que faire.

Une fois que nous avons récupéré notre total, nous le multiplions par le nombre d'octets contenus dans un bloc (1 024 dans notre cas), et nous affichons ce résultat, qui est donc exprimé en octets. Puis nous regardons si ce total est supérieur au nombre d'octets contenus dans un mégaoctet (1 048 576 octets, c'est-à-dire 1 024 * 1 024) et si c'est le cas, nous affichons le résultat en mégaoctets en divisant le total par ce grand nombre. Sinon, nous regardons s'il peut être exprimé en kilo-octets, et si ce n'est pas le cas, nous n'affichons rien d'autre.

Nous devons nous assurer que chaque répertoire demandé existe bien, car sinon `du` affichera un message d'erreur et notre script échouera. Avant d'appeler `du`, nous utilisons donc le test d'existence de fichiers `-e` que nous avons décrit dans le chapitre 5.

Pour que ce script soit pratique, nous imitons le comportement de `du`, qui peut prendre autant d'arguments que nécessaires : le code est contenu dans une boucle `for`. Notez comment la substitution de paramètres a été employée pour que le répertoire courant soit traité si aucun argument n'est spécifié.

Pour prendre un exemple d'arithmétique plus conséquent, nous allons compléter notre émulation des fonctions `pushd` et `popd`. Souvenez-vous que ces fonctions opèrent sur `MAPILE`, une pile de répertoires représentée sous forme de chaîne de caractères, dans laquelle les noms sont séparés par des espaces. Les fonctions `pushd` et `popd` de **bash** acceptent des arguments supplémentaires, qui sont :

- `pushd +n` prend le $n^{ième}$ répertoire de la pile (en partant de 0), le place au sommet, et en fait le répertoire de travail ;

- sans argument, `pushd` n'affiche pas d'erreur mais inverse les deux répertoires du sommet de la pile et change le répertoire de travail en conséquence ;

- `popd +n` prend le $n^{ième}$ répertoire de la pile, et le supprime, tout simplement.

Parmi toutes ces possibilités, la plus utile est celle qui permet de choisir l'un des répertoires de la pile. Rappelons les dernières versions de nos deux fonctions :

10. Ce n'est plus vrai dans certains systèmes de fichiers modernes, sous Linux entre autres.

```
pushd ()
{
    repertoire=$1
    if [ -n "$repertoire" ] && [ \( -d "$repertoire" \) \
         -a \( -x "$repertoire" \) ]; then
        MAPILE="$repertoire ${MAPILE:-$PWD' '}"
        cd $repertoire
        echo "$MAPILE"
    else
        echo "Toujours dans $PWD."
    fi
}

popd ()
{
    if [ -n "$MAPILE" ]; then
        MAPILE=${MAPILE#* }
        cd ${MAPILE%% *}
        echo "$PWD"
    else
        echo "Pile vide, toujours dans $PWD."
    fi
}
```

Pour aller au $n^{ième}$ répertoire, nous allons utiliser une boucle `while` qui transfère n fois le répertoire du sommet de la pile dans une copie temporaire de celle-ci. Nous allons écrire cette boucle dans une fonction appelée `getNdirs` qui a cette allure :

```
getNdirs ()
{
    hautpile=''
    let compte=0
    while [ $compte -le $1 ]; do
        cible=${MAPILE%${MAPILE#* }}
        hautpile="$hautpile$cible"
        MAPILE=${MAPILE#$cible}
        let compte=compte+1
    done
    hautpile=${hautpile%$cible}
}
```

L'argument passé à `getNdirs` est le `n` en question. La variable `cible` contient le répertoire à déplacer de `MAPILE` vers `hautpile`, une pile temporaire. Donc, `cible` contiendra le $n^{ième}$ répertoire et `hautpile` tous les répertoires au-dessus de `cible` (inclus) lorsque la boucle se terminera. La variable `hautpile` est initialisée à une chaîne nulle au départ ; `compte`, qui est le compteur d'itérations de la boucle, commence à la valeur 0.

La première ligne de la boucle copie le premier répertoire de la pile dans `cible`. La ligne suivante ajoute `cible` à `hautpile`, et celle d'après supprime `cible` de la pile (`${MAPILE#$cible}`). La dernière ligne incrémente le compteur, pour la prochaine itération. La boucle s'exécute $n+1$ fois, ce qui représente des valeurs de 0 à $n+1$ pour la variable `compte`.

À la fin de la boucle, le répertoire contenu dans `$cible` est notre $n^{ième}$ répertoire. L'expression `${hautpile%$cible}` supprime ce dernier de `hautpile` de sorte que cette variable contienne les $n-1$ premiers répertoires. De plus, `MAPILE` contient maintenant la « fin » de la pile, c'est-à-dire la pile sans les n premiers répertoires. Compte tenu de tout cela, nous pouvons écrire le code de nos versions améliorées de **pushd** et **popd** :

```
pushd ()
{
    if [ $(echo $1 | grep '^+[0-9][0-9]*$') ]; then

       # Cas de pushd +n: rotation du n-ième répertoire
        let num=${1#+}
        getNdirs $num
        MAPILE="$cible$hautpile$MAPILE"
        cd $cible
        echo "$MAPILE"

    elif [ -z "$1" ]; then
       # Cas de pushd sans argument,
       # inversion des deux premiers répertoires
        premier=${MAPILE%% *}
        MAPILE=${MAPILE#* }
        second=${MAPILE%% *}
        MAPILE=${MAPILE#* }
        MAPILE="$second $premier $MAPILE"
        cd $second
    else
       # Cas normal d'appel, "pushd répertoire"
        repertoire=$1
        if [ \( -d $repertoire \) -a \( -x $repertoire \) ]; then
            MAPILE="$repertoire ${MAPILE:-$PWD }"
            cd $repertoire
            echo "$MAPILE"
        else
            echo Toujours dans "$PWD."
        fi
    fi
}

popd ()
{
```

```
    if [ $(echo $1 | grep '^+[0-9][0-9]*$') ]; then

       # Cas de popd +n: suppression du n-ième répertoire de la pile
        let num=${1#+}
        getNdirs $num
        MAPILE="$hautpile$MAPILE"
        cd ${MAPILE%% *}
        echo "$PWD"

    else

       # Cas normal de popd sans argument
        if [ -n "$MAPILE" ]; then
            MAPILE=${MAPILE#* }
            cd ${MAPILE%% *}
            echo "$PWD"
        else
            echo "Pile vide, toujours dans $PWD."
        fi
    fi
}
```

Ces fonctions ont pris une taille conséquente ! Voyons comment elles fonctionnent. Le `if` du début de `pushd` teste si le premier argument est une option de la forme `+N`. Si oui, le premier bloc de code est exécuté. Le premier `let` est là pour supprimer le signe `+` de l'argument et affecter le résultat en tant qu'entier, à la variable `num`. Cette valeur est à son tour passée à la fonction `getNdirs`.

L'affectation suivante range les répertoires de `MAPILE` dans le nouvel ordre ; puis la fonction effectue un `cd` pour se déplacer dans le nouveau répertoire, et affiche son nom.

La clause `elif` teste l'absence d'argument, auquel cas `puhsd` doit inverser les deux répertoires du sommet de la pile. Les quatre premières lignes de cette clause affectent ces répertoires à deux variables, `premier` et `second`, et les suppriment de la pile. Puis, comme ci-dessus, le code réassemble la pile dans le nouvel ordre et se déplace dans le nouveau répertoire courant.

La clause `else` correspond au cas usuel, où l'utilisateur fournit un nom de répertoire en argument.

La fonction `popd` fonctionne de la même manière. La condition `if` teste l'option `+N`, qui dans ce cas signifie « supprimer le $n^{ième}$ répertoire ». Un `let` extrait ce nombre sous forme d'entier et la fonction `getNdirs` place les n premiers répertoires dans la pile temporaire `hautpile`. Enfin, la pile est remise en état, mais avec le $n^{ième}$ répertoire absent, et un `cd` est exécuté au cas où le répertoire supprimé était le premier de la liste. La clause `else` correspond au cas usuel, où l'utilisateur ne fournit pas d'argument.

Avant de clore ce sujet, voici quelques exercices qui vous permettront de vérifier si vous avez bien compris ce code :

1. Implémenter la commande `dirs` de **bash** et ses options `+n` et `-l`. Cette commande affiche la liste des répertoires mémorisés à un moment donné (ceux qui sont dans la pile). L'option `+n` affiche le $n^{ième}$ répertoire (en partant de zéro) et l'option `-l` produit une liste « longue » ; tous les tildes sont remplacés par le chemin d'accès complet.

2. Modifier la fonction `getNdirs` afin qu'elle vérifie que `N` ne soit pas supérieur au nombre de répertoires contenus dans la pile, et se termine éventuellement en affichant un message d'erreur.

3. Modifier `pushd`, `popd` et `getNdirs` pour qu'elles utilisent des variables de type entier dans les expressions arithmétiques.

4. Modifier `getNdirs` de sorte qu'elle utilise `cut` (avec la substitution de commandes) au lieu de la boucle `while`, pour extraire les N premiers répertoires. Cela résultera en un code plus petit, mais bien plus lent en raison des processus supplémentaires mis en jeu.

5. Les versions de `pushd` et `popd` internes à **bash** ont aussi une option `-N`. Dans les deux cas, cette option fait que l'opération portera sur le $N^{ième}$ répertoire de la liste, à partir de la droite. Le compte commence à la valeur 0, comme avec `+N`. Ajoutez cette fonctionnalité.

6. Utilisez `getNdirs` pour réécrire la fonction `selectd` que nous avons réalisée dans le chapitre précédent.

Dans ce chapitre :

- *Opérateurs de redirection*
- *Entrée/sortie de chaînes*
- *Analyse de la ligne de commandes*

7

Entrées/sorties et traitement de la ligne de commandes

LES QUELQUES DERNIERS CHAPITRES nous ont appris beaucoup de techniques de programmation, essentiellement axées sur les structures de contrôle et les données dans les programmes shell. Dans celui-ci, nous allons changer d'orientation, pour nous tourner vers deux sujets très liés. Le premier concerne le fonctionnement des fichiers d'entrée/sortie du shell ; nous ferons davantage connaissance avec les opérateurs de redirection d'E/S.

Le second sujet concerne toujours les entrées/sorties, mais « vues à la loupe » ; nous verrons ce qui se passe au niveau des lignes et des mots. C'est un domaine fondamentalement différent, puisqu'il comprend la transmission d'information entre des fichiers ou des terminaux et des variables du shell. Pour l'instant, dans ce domaine, nous connaissons déjà `echo` et la substitution de commandes.

Le développement de ce second sujet aboutira à une explication très détaillée de la manière dont le shell analyse les lignes de commandes. Ces connaissances sont nécessaires pour comprendre exactement comment il interprète les caractères de protection, et pour que vous puissiez apprécier la puissance d'une certaine commande nommée `eval`, qui sera décrite à la fin de ce chapitre.

Opérateurs de redirection

Dans le chapitre 1, nous avons fait connaissance avec les opérateurs de redirection de base : >, < et |. Bien qu'ils suffisent à 95% de vos activités sous UNIX, vous devez savoir que **bash** supporte un total de 17 opérateurs de redirection d'entrées/sorties. La liste complète se trouve dans le tableau 7.1, vous y reconnaîtrez ceux que nous avons déjà vus. Bien que certains autres soient universellement utiles, quelques-uns n'ont de réel intérêt que pour le programmeur système. Vous noterez que dans ce tableau, certains opérateurs contiennent la lettre `n`, et que leur fonction contient le terme « *descripteur de fichier* » ; nous expliquerons ce que cela signifie dans quelques paragraphes.

Opérateur	Fonction
> *fichier*	Redirige la sortie standard dans *fichier*.
< *fichier*	Lit *fichier* dans l'entrée standard.
`commande1` | `commande2`	Tube ; la sortie standard de `commande1` est lue par l'entrée standard de `commande2`.
>> *fichier*	Redirige la sortie standard dans *fichier* ; si ce fichier existe, les données sont écrites à la suite de celles qu'il contient déjà.
>| *fichier*	Force la sortie standard dans *fichier*, même si `noclobber` est en service.
`n`>| *fichier*	Force la sortie du descripteur de fichiers `n` dans *fichier*, même si `noclobber` est en service.
<> *fichier*	Utilise `fichier` aussi bien comme entrée que comme sortie standard.
<< `étiquette`	Document en ligne ; voir le texte.
`n`> *fichier*	Redirige le descripteur de fichiers dans *fichier*.
<`n` *fichier*	Affecte `fichier` au descripteur `n`.
>`&n`	Duplique la sortie standard dans le descripteur `n`.
<`&n`	Duplique l'entrée standard depuis le descripteur `n`.
`&`> *fichier*	Redirige la sortie standard et la sortie d'erreur dans *fichier*.
<`&`	Ferme l'entrée standard.
>`&`	Ferme la sortie standard.
`n`>`&`	Ferme la sortie du descripteur `n`.
`n`<`&`	Ferme l'entrée du descripteur `n`.

TAB. 7.1 - *Opérateurs de redirection d'entrées/sorties.*

Les deux nouveaux opérateurs, >> et >|, sont de simples dérivés de la redirection de sortie standard ordinaire, >. Le premier ajoute les données au fichier si celui-ci existe déjà (au lieu d'en écraser le contenu) ; sinon il se comporte exactement comme >. On l'utilise fréquemment pour ajouter une ligne à un fichier d'initialisation (comme *.bashrc*) lorsque l'on ne veut pas s'embarrasser d'un éditeur de texte. Par exemple :

```
$  cat >> .bashrc
alias cdmnt='mount -t iso9660 /dev/scd0 /cdrom'
^D
```

Comme nous l'avons vu dans le chapitre 1, `cat` sans argument lit l'entrée standard. Cela permet de taper un texte, et de terminer la saisie par CTRL-D sur une ligne vide. Ici, notre ligne d'alias sera ajoutée à la fin du fichier *.bashrc* s'il existe déjà ; sinon le fichier sera créé, et il aura ces données pour tout contenu.

Rappelez-vous que nous avons expliqué dans le chapitre 3 que l'on pouvait éviter que le shell écrase un fichier lors d'une redirection par > en tapant `set -o noclobber`. L'opérateur >| ignore `noclobber` ; il est du type « vas-y quand même, fonce dans le tas ! ».

L'opérateur <> est essentiellement destiné à être employé sur des fichiers de périphériques (ceux qui se trouvent dans */dev*), c'est-à-dire qui correspondent au matériel comme les terminaux ou les lignes de communications. Les développeurs système peuvent s'en servir pour tester des pilotes ; mais sinon il n'est pas très utile.

Documents en ligne

L'opérateur << `étiquette` force l'entrée d'une commande à devenir l'entrée standard du shell, qui lira les lignes suivantes jusqu'à l'apparition d'une ligne ne contenant que ce mot `étiquette`. Le texte situé entre ces deux points s'appelle un *document en ligne*. Depuis l'invite de la ligne de commandes, cela ne présente aucun intérêt : c'est la même utilisation de l'entrée standard, à l'étiquette près. Nous pourrions utiliser un document en ligne pour simuler l'utilitaire de courrier électronique `mail`. Lorsque l'on envoie un message à quelqu'un avec ce programme, il faut terminer le texte par une ligne commençant par un point ; ici, le corps du courrier est enregistré dans un fichier, `message.txt` :

```
$  cat >> message.txt << .
> Voici le texte passionnant de
> notre message.
> .
```

En fait, les documents en ligne sont destinés à être utilisés dans des shell scripts ; ils permettent de spécifier des « lots » d'entrées aux programmes.

Un usage courant, par exemple, en est fait avec des éditeurs de texte très simples comme ed. Voici un exercice qui utilise un document en ligne de cette façon.

Problème 7-1

> La commande s de l'utilitaire mail sauve le message courant dans un fichier. Si ce message est arrivé par l'intermédiaire d'un réseau (comme l'Internet), il contient plusieurs lignes d'en-tête contenant des informations techniques sur la manière dont il a été routé sur le réseau. Écrire un script qui supprime ces lignes techniques du fichier.

Nous pouvons faire appel à l'éditeur ed pour la suppression de cet en-tête. Pour cela, il faut savoir que tout courrier électronique contient toujours une ligne vide, séparant ces lignes techniques du corps du message proprement dit. Sous ed, la commande `1,/^[]*$/d` fera parfaitement l'affaire : elle signifie « supprimer depuis la ligne 1 jusqu'à la première ligne vide ». Nous aurons également besoin de la commande w de ed (écrire le fichier modifié), ainsi que de q (quitter l'éditeur). Voici donc la solution à cet exercice[1] :

```
ed $1 << EOF
1,/^[]*$/d
w
q
EOF
```

Le shell effectue les substitutions de variables et de commandes dans le document en ligne, ce qui signifie que vous pouvez y placer des variables et des commandes shell pour personnaliser le texte. Un bon exemple de cette technique se trouve dans le script *bashbug*, qui est fourni avec **bash** afin de faciliter l'envoi d'un message signalant un bogue à la personne responsable de la maintenance du programme (voir le chapitre 11, « *Bash pour votre système* ». Voici une version réduite de ce script (nous avons traduit en français les principaux champs non techniques) :

```
MACHINE="i386"
OS="Linux"
CC="cc"
CFLAGS="-O -g"
RELEASE="1.14"
```

1. L'étiquette peut être n'importe quel mot arbitraire, pourvu qu'il n'apparaisse pas dans le texte ; EOF est très souvent utilisé pour symboliser *End Of File*, fin de fichier. Ce n'est même pas une convention, c'est une simple tradition. Vous pouvez choisir tout autre chose, bien entendu.

```
PATCHLEVEL="5"
TEMP=/tmp/bashbug.$$
BUGADDR=bug-bash@prep.ai.mit.edu
cat > $TEMP <<EOF
From: ${USER}
To: ${BUGADDR}
Subject: [Description claire du sujet sur environ 50 caractères]
Configuration Information [Généré automatiquement, ne pas modifier]:
Machine: $MACHINE
OS: $OS
Compiler: $CC
Compilation CFLAGS: $CFLAGS
Bash Version: $RELEASE
Patch Level: $PATCHLEVEL
Description:
    [Description détaillée du problème rencontré.]
Repeat-By:
    [Description des manipulations à effectuer pour reproduire
    le problème.]
Fix:
    [Description des modifications à faire pour corriger le bogue.]
EOF
vi $TEMP
mail $BUGADDR < $TEMP
```

Les six premières lignes sont générées lorsque *bashbug* est installé. Le shell substituera alors dans le texte les valeurs des variables à chaque exécution de ce script.

L'opérateur << possède deux variantes. Tout d'abord, on peut éviter que le shell fasse des substitutions de paramètres et commandes en protégeant l'étiquette. Dans l'exemple ci-dessus, si l'on avait écrit `cat > $TEMP << 'EOF'`, les textes comme `$USER` et `$MACHINE` resteraient inchangés (ce qui ôterait tout intérêt à ce programme).

La seconde variante est <<-, qui supprime toute tabulation de début de ligne (mais pas les espaces) dans le document en ligne, ce qui permet d'indenter le script pour le rendre plus lisible :

```
cat > $TEMP <<-EOF
        From: ${USER}
        To: ${BUGADDR}
        Subject: [Description claire du sujet sur environ 50 caractères]
        Configuration Information [Généré automatiquement, ne pas modifier]:
        Machine: $MACHINE
        OS: $OS
        Compiler: $CC
        Compilation CFLAGS: $CFLAGS
        ...
```

```
EOF
```

Lors du choix de votre étiquette, vérifiez bien qu'elle n'apparaisse pas dans une ligne du texte.

Descripteurs de fichiers

Les autres opérateurs cités dans le tableau 7.1 font appel à la notion de descripteur de fichier. Comme les fichiers de périphériques utilisés avec <>, il s'agit d'un concept de bas niveau des entrées/sorties UNIX qui n'intéresse que les programmeurs système, et encore, très occasionnellement. Vous pourrez le comprendre en assimilant les quelques notions de base que nous allons expliquer ici ; pour connaître toute l'histoire, consultez les pages de manuel de `read(2)`, `write(2)`, `fcntl(2)` et quelques autres fonctions de cette famille dans la section 2 du manuel UNIX.

Les descripteurs de fichiers sont des entiers commençant à la valeur 0, qui référencent chacun un flux de données associé à un processus. Lorsqu'un processus est lancé, trois descripteurs de fichiers sont ouverts, en général. Ils correspondent aux trois flux standard : l'entrée standard (descripteur 0), la sortie standard (1) et la sortie standard d'erreurs (2). Si ce processus ouvre d'autres fichiers, il leur est affecté les prochains descripteurs disponibles, à partir de la valeur 3.

Sous **bash**, l'usage le plus courant de ces descripteurs est, de loin, l'enregistrement de la sortie standard d'erreurs dans un fichier. Par exemple, si vous désirez sauver les messages d'erreurs d'un très long travail afin qu'ils ne défilent pas à l'écran, ajoutez 2> `fichier` à votre commande. Si vous voulez y sauver également la sortie standard, mettez alors > `fichier1` 2> `fichier2`.

Cela nous amène directement à un petit exercice.

Problème 7-2

> Vous voulez lancer un travail assez long en arrière-plan (de manière à libérer votre terminal) et sauver à la fois la sortie standard et la sortie d'erreurs dans un unique fichier de trace. Réaliser un script qui s'occupe de cela.

Nous appellerons ce script `start`. Le code est très explicite :

```
"$@" > fichier.trace 2>&1 &
```

Cette ligne exécute toute commande et paramètres qui suivent `start` (la commande ne peut pas contenir de tubes ou de redirections de sortie). Elle redirige la sortie standard de la commande dans le fichier *fichier.trace*.

Puis, l'opérateur `2>&1` indique en substance « envoyer la sortie d'erreurs (descripteur 2) au même endroit que la sortie standard (descripteur 1) ». Il s'agit en fait d'une combinaison de deux opérateurs du tableau 7.1 : `n>` et `>&n`. Puisque la sortie standard est redirigée dans notre fichier de trace, la sortie d'erreurs y aboutira aussi. Le `&` final passe le processus en arrière-plan de sorte que vous retrouvez l'invite du shell.

Nous pouvons faire une petite variation sur ce thème, en envoyant à la fois la sortie standard et la sortie d'erreurs dans un tube au lieu d'un fichier : `2>&1 | ...` fera l'affaire (assurez-vous de bien comprendre pourquoi). Voici un script qui envoie ces deux sorties dans le fichier de trace, comme ci-dessus, mais également sur le terminal :

```
"$@" 2>&1 | tee fichier.trace &
```

La commande `tee` est un utilitaire UNIX qui copie son entrée standard sur sa sortie, et sur le fichier donné en argument.

Ces scripts ont un léger défaut : vous devez rester connecté jusqu'au bout. Bien qu'il soit toujours possible de taper `jobs` (voir chapitre 1) pour vérifier l'état des processus, vous ne pouvez pas quitter votre terminal tant que les programmes ne se sont pas terminés ; à moins de compromettre la sécurité du système[2]. Nous verrons comment y remédier dans le prochain chapitre.

Les autres opérateurs de redirection (comme `<&n`) servent généralement à lire des données depuis (ou en écrire dans) plus d'un fichier à la fois. Nous verrons un exemple de ce type d'utilisation un peu plus loin. Sinon, ils sont surtout destinés aux programmeurs système, tout comme ceux qui permettent de fermer différents flux.

Avant de changer de sujet, nous devons signaler que `1>` est équivalent à `>`, et que `0<` est équivalent à `<`. Si vous comprenez cela, c'est que vous savez probablement tout ce que vous avez besoin de connaître sur les descripteurs de fichiers.

Entrée/sortie de chaînes

Nous allons maintenant revenir au niveau des entrées/sorties des chaînes de caractères et examiner les instructions `echo` et `read`, qui apportent au shell des possibilités plus proches de celles des langages de programmation conventionnels.

2. Ne vous éloignez jamais de votre terminal lorsque votre compte utilisateur y est accessible ! Vous risqueriez d'être l'une des très nombreuses victimes de plaisantins plus ou moins bien intentionnés, effectuant toutes sortes d'actions sous votre identification !

La commande echo

Nous l'avons vu de nombreuses fois déjà ; echo se contente d'afficher ses arguments sur la sortie standard. Nous allons examiner cette commande en détail.

Les options de echo

La commande supporte quelques options, indiquées dans le tableau 7.2.

Option	Fonction
-e	Met en service l'interprétation des séquences de caractères spéciales commençant par une contre-oblique.
-E	Supprime l'interprétation des séquences de caractères spéciales commençant par une contre-oblique, sur les systèmes où cette fonction est en service par défaut.
-n	Omet le saut de ligne final (équivalent à la séquence \c).

TAB. 7.2 - *Les options supportées par la commande* echo.

Les séquences spéciales

La commande echo accepte un certain nombre de séquences de caractères spéciales, commençant par une contre-oblique[3]. Elles sont semblables à celles reconnues par le langage C, et sont indiquées dans le tableau 7.3. Ces séquences ont un comportement prévisible, sauf \f : sur certains terminaux, elle provoque l'effacement de l'écran alors que sur d'autres, elle se traduit par un un ou plusieurs sauts de ligne. Elle éjecte la page en cours sur la plupart des imprimantes. La séquence \v est assez obsolète ; elle est généralement traduite par un simple saut de ligne. La séquence \0n est encore plus dépendante du périphérique et peut servir à réaliser des E/S complexes, comme le contrôle de la position du curseur et l'affichage de caractères graphiques spéciaux.

La commande read

3. Il faut doubler ce signe si l'on ne protège pas la chaîne, sinon le shell « volera » une contre-oblique avant de passer les arguments à echo.

Séquence	Caractère affiché
\a	ALERTE, soit CTRL-G (signal sonore)
\b	BACKSPACE, soit CTRL-H (CORRECTION)
\c	omission du saut de ligne final
\f	saut de page, soit CTRL-L
\n	saut de ligne, soit CTRL-J
\r	retour chariot, soit CTRL-M (ENTRÉE)
\	tabulation, soit CTRL-I (TAB)
\v	tabulation verticale, soit CTRL-K
\0n	caractère ASCII n en base 8 (octal), avec n de 1 à 3 digits
\\	contre-oblique (\)

TAB. 7.3 - *Encodage des caractères spéciaux supportés par* `echo`.

La commande **`read`** permet de lire des valeurs et de les placer dans des variables du shell. Sa syntaxe est :

```
read  var1 var2...
```

Cette instruction prend une ligne depuis l'entrée standard et la découpe en mots, délimités par n'importe lequel des caractères séparateurs définis dans la variable d'environnement `IFS` (voir le chapitre 4, « *Programmation du shell — les bases* »). Ce sont généralement l'espace, la tabulation et le saut de ligne. Les mots sont affectés aux variables `var1`, `var2`, etc. Par exemple :

```
$  read mot1 mot2
Vive Linux
$ echo $mot1
Vive
$ echo $mot2
Linux
```

S'il y a plus de mots que de variables, l'excès est affecté à la dernière variable. Si l'on omet toutes les variables, la ligne entière est affectée à la variable `REPLY`.

Cette possibilité constitue « l'ingrédient » qui manquait dans tout ce que nous avons vu auparavant sur la programmation du shell. Elle ressemble aux fonctions d'entrées des langages traditionnels, alors pourquoi avons-nous attendu si longtemps pour en parler ?

En fait, **`read`** est une entorse à la philosophie traditionnelle de programmation du shell, qui veut que la plus importante unité de données à traiter soit un fichier texte, et que les utilitaires UNIX comme `cut`, `grep`, `sort`, etc., soient utilisés comme des briques élémentaires pour constituer des programmes.

La fonction `read`, elle, implique un traitement ligne par ligne. Bien sûr, on peut l'employer pour réaliser un script qui fait ce que ferait l'enchaînement par tubes de toute une série d'utilitaires, mais un tel script aurait inévitablement l'allure suivante :

```
while (lecture d'une ligne) do
    traitement de cette ligne
    affichage du résultat de ce traitement
done
```

Ce type de script est généralement très lent ; de plus il a la même forme que ce que n'importe qui pourrait réaliser en langage C (ou tout langage similaire), qui s'exécuterait infiniment plus rapidement. En d'autres termes, si vous devez effectuer un traitement ligne par ligne, il n'y a aucun intérêt à le faire en shell script.

Lecture des lignes d'un fichier

Néanmoins, `read` peut s'avérer utile dans certains cas : par exemple lorsqu'il faut lire des données dans un fichier suffisamment petit pour que les faibles performances obtenues ne soient pas un handicap (disons quelques centaines de lignes, pour donner un ordre de grandeur) ; et qu'il faut absolument affecter les valeurs lues à des variables shell.

Considérons le cas d'une machine UNIX sur laquelle sont connectés à demeure des terminaux, sur les lignes de communication de l'ordinateur. Il serait intéressant d'avoir la variable `TERM` positionnée sur la valeur correcte lorsqu'un utilisateur commence une session.

Une façon de réaliser cela consiste à écrire un bout de code qui positionne les informations concernant le terminal en début de session. Ce code pourrait se trouver dans */etc/profile*, le fichier d'initialisation global que **bash** exécute avant tout autre. Si le terminal connecté est remplacé par un autre, ce qui a toutes chances de se produire au bout d'un certain temps, il faudra modifier ce code. Il serait alors plus intelligent de stocker ces informations dans un fichier à part, qu'il suffirait de remplacer.

Supposons que nous ayons mis ces informations dans un fichier, sous un format typique à UNIX pour de telles données de « configuration » : chaque ligne contient un nom de périphérique, une tabulation, et une valeur de `TERM`. Nous appellerons ce fichier */etc/terminaux*, et son contenu a cette allure :

```
console console
tty01   wy60
tty03   vt100
tty04   vt100
tty07   wy85
tty08   vt100
```

Les valeurs de gauche sont les lignes de terminaux, et celles de droite sont les valeurs correspondantes à donner à la variable d'environnement TERM. Les terminaux connectés à ce système sont un *Wyse 60* (wy60), trois *DEC VT100* (vt100) et un *Wyse 85* (wy85). Le terminal « maître » de la machine est la console, qui a une valeur TERM nommée console.

Nous pouvons faire appel à **read** pour la lecture de ces données, mais il nous faut savoir auparavant comment tester la fin du fichier. C'est très simple : la valeur de retour de **read** est 1 (c'est-à-dire non-zéro) lorsqu'il n'y a rien à lire. Ce qui permet d'écrire une boucle **while** très propre :

```
TERM=vt100        # Considérons ceci comme la valeur par défaut
ligne=$(tty)
while read dev termtype; do
    if [ $dev = $ligne ]; then
        TERM=$termtype
        echo "TERM a pour valeur $TERM."
        break
    fi
done
```

La boucle **while** lit chaque ligne d'entrée dans les variables **dev** et **termtype**. À chaque itération, le **if** teste si il y a correspondance entre **$dev** et le **tty** de l'utilisateur (**$ligne**, obtenue par substitution de commande depuis la commande **tty**). Si c'est le cas, TERM est positionnée, un message est affiché, et l'on sort de la boucle ; sinon TERM conserve sa valeur par défaut.

Mais nous n'avons pas encore terminé : ce code lit l'entrée standard, pas le fichier */etc/terminaux* ! Nous devons apprendre comment rediriger l'entrée de multiples commandes. Or, il se trouve qu'il y a plusieurs méthodes pour y parvenir.

Redirections d'E/S et multiples commandes

Une façon de résoudre ce problème consiste à employer un sous-shell, comme nous le verrons dans le prochain chapitre. Cela implique la création d'un processus séparé pour la lecture ; c'est cependant souvent plus efficace que de la faire dans le même processus. **Bash** nous offre trois manières de réaliser cela.

La première, que nous connaissons déjà, consiste à employer une fonction :

```
trouveterm () {
    TERM=vt100       # Considérons ceci comme la valeur par défaut
    ligne=$(tty)
    while read dev termtype; do
        if [ $dev = $ligne ]; then
            TERM=$termtype
            echo "TERM a pour valeur $TERM."
            break;
        fi
    done
}
trouveterm < /etc/terminaux
```

Une fonction agit comme un script, en ce sens qu'elle possède son propre jeu de descripteurs de fichiers d'E/S, qui peuvent être redirigés depuis la ligne de code qui l'appelle. En d'autres termes, vous pouvez imaginer ce code comme si `trouveterm` était un script et que vous tapiez `trouveterm < /etc/terminaux` sur la ligne de commandes. La fonction `read` lira */etc/terminaux* ligne par ligne, et notre fonction s'exécutera correctement.

La seconde méthode consiste à placer l'opérateur de redirection à la fin de la boucle, comme ceci :

```
TERM=vt100       # Considérons ceci comme la valeur par défaut
ligne=$(tty)
while read dev termtype; do
    if [ $dev = $ligne ]; then
        TERM=$termtype
        echo "TERM a pour valeur $TERM."
        break;
    fi
done < /etc/terminaux
```

On peut utiliser cette technique avec toute structure de contrôle, y compris `if...fi`, `case...esac`, `select...done` et `until...done`. C'est logique puisque ce sont des instructions composées que le shell traite comme des commandes uniques dans ce cas. Cela fonctionne bien, la commande `read` lira une ligne à la fois, tant que l'entrée est faite à l'intérieur ce cette structure.

Blocs de commandes

Mais si vous désirez rediriger les E/S de ou vers un groupe arbitraire de commandes sans créer de processus séparé, vous devrez utiliser une construction que nous n'avons pas encore décrite. Si l'on englobe du code par des accolades ({ et }), ce code se comportera comme une fonction qui n'a pas de nom. Il s'agit d'un autre type d' instructions composées ; par analogie avec le principe équivalent du langage C, on appelle cela un *bloc* de commandes.

Quel est l'intérêt d'un bloc? Dans notre cas, un bloc fait que le code entre accolades aura des descripteurs de fichiers, tout comme nous l'avons décrit tout-à-l'heure. Cette construction est parfaitement appropriée à notre exemple, puisque le code ne doit être appelé qu'une seule fois, et que le script tout entier n'est pas suffisamment grand pour qu'il soit nécessaire de le subdiviser en plusieurs fonctions. Voici donc cet exemple, modifié pour faire usage d'un bloc :

```
{
    TERM=vt100       # Considérons ceci comme la valeur par défaut
    ligne=$(tty)
    while read dev termtype; do
        if [ $dev = $ligne ]; then
            TERM=$termtype
            echo "TERM a pour valeur $TERM."
            break;
        fi
    done
} < /etc/terminaux
```

Pour vous aider à comprendre le fonctionnement d'un bloc, pensez aux accolades et au code qu'elles contiennent comme si ce n'était qu'une seule commande, par exemple :

```
{ TERM=vt100; ligne=$(tty); while ... } < /etc/terminaux
```

De tels fichiers de configuration pour différentes tâches d'administration système sont chose courante ; le plus bel exemple est */etc/hosts*, qui contient la liste des machines accessibles dans un réseau TCP/IP. Nous pouvons rendre notre */etc/terminaux* plus proche des standards rencontrés en autorisant des lignes de commentaires dans le fichier, lignes commençant par le caractère #, tout comme dans les shell scripts. Nous pourrons alors présenter nos données comme ceci :

```
#
#   -- Fichier /etc/terminaux --
#
# La console système est de type "console"
console console
```

```
# La ligne Decock est équipée d'un Wyse 60
tty01   wy60
 ...
```

Nous pouvons gérer ces lignes de commentaires en modifiant la boucle `while` de sorte qu'elle ignore tout ce qui commence par un dièse, en plaçant un `grep` dans le test :

```
if [ -z "$(echo $dev | grep ^#)" ]  && [ $dev = $ligne ]; then
    ...
```

Comme nous l'avons vu dans le chapitre 5, l'opérateur `&&` combine les deux conditions de sorte que toutes deux doivent être vraies pour que le code suivant le `if` soit exécuté.

Pour prendre un autre exemple de bloc de commandes, considérons le cas où l'on désire réaliser un frontal de notation algébrique pour la commande `dc`. Cet utilitaire UNIX `dc` simule une calculatrice fonctionnant en *notation polonaise inversée* [4] (NPI).

```
{ while read ligne; do
    echo "$(alg2npi $ligne)"
  done
} | dc
```

Nous considérerons que la véritable conversion d'une notation vers l'autre est prise en charge par une fonction nommée `alg2npi`. Elle prend une ligne de notation algébrique en argument, et affiche l'équivalent en notation polonaise sur la sortie standard. La boucle `while` lit les lignes, et les passe à cette fonction de conversion, jusqu'à ce qu'une fin de saisie soit tapée (CTRL-D). Tout est exécuté dans le bloc de commandes, et la sortie est connectée par un tube à la commande `dc` qui effectue le calcul.

Lecture des saisies de l'utilisateur

L'autre type de tâches pour lequel `read` est appropriée, c'est la récupération des données saisies par l'utilisateur. Réfléchissez : nous n'avons vu aucun script de ce genre, depuis le début de cet ouvrage ! En fait, la seule chose approchante que nous ayons rencontrée était l'utilisation de `select`, pour réaliser des menus.

---

4. Si vous avez possédé une calculatrice *Hewlett-Packard*, vous êtes sans nul doute familier avec cette notation tant efficace que pratique. Nous en reparlerons dans l'un de nos exercices, à la fin de ce chapitre. *Le traducteur, bien avant sa HP-25, a même possédé la mini-calculatrice Sinclair, qui fonctionnait également avec cette notation polonaise inversée.*

Comme vous vous en doutez sûrement, `read` permet de placer ce que tape l'utilisateur dans des variables shell. Nous pouvons employer `echo` pour lui proposer une invite, comme ceci :

```
echo -n 'Tapez un mot : '
read LEMOT
echo "La variable LEMOT vaut maintenant $LEMOT"
```

Ce qui donne à l'exécution :

```
Tapez un mot : tralala
La variable LEMOT vaut maintenant tralala
```

Toutefois, les conventions veulent que les invites soient affichées sur la sortie d'erreurs, pas la sortie standard (souvenez-vous que c'est exactement ce que fait `select`). Nous pouvons nous contenter d'utiliser le descripteur de fichier 2 avec l'opérateur de redirection adéquat :

```
echo -n 'Tapez un mot : >&2'
read LEMOT
echo "La variable LEMOT vaut maintenant $LEMOT"
```

Nous allons maintenant voir un exemple un peu plus complexe, en montrant comment notre exercice de la page 157 pourrait être fait si `select` n'existait pas. Comparez ce qui suit avec le code du chapitre 5 :

```
echo 'Choisissez un répertoire : '
fin=non
while [ $fin = non ]; do
    num=1
    for rep in $MAPILE; do
        echo $num $rep
        num=$((num+1))
    done
    echo -n 'Répertoire ? '
    read REPLY
    if [ $REPLY -lt $num ] && [ $REPLY -gt 0 ]; then
        set - $MAPILE
        # instructions qui manipulent la pile...
        break
    else
        echo 'Choix non valide.'
    fi
done
```

La boucle `while` est nécessaire afin que le code soit répété si l'utilisateur fait un choix incorrect. Ceci dit, `select` inclut la possibilité de réaliser des menus multi-colonnes s'il y a beaucoup de choix à faire, et possède une meilleure gestion des saisies nulles.

Avant de passer à autre chose, nous devons signaler que `read` a une option : `-r`. La fonction `read` permet de lire des lignes plus longues que la largeur du terminal en plaçant une contre-oblique comme caractère de continuation : l'option `-r` supprime ce comportement, au cas où vous auriez à lire un fichier contenant des lignes pouvant se terminer par des contre-obliques. De plus, `read -r` préserve toute autre séquence d'échappement pouvant apparaître dans le flux d'entrée ; par exemple, si le fichier *bidule* contient cette ligne :

```
Je suis une ligne avec une séquence\n de saut de ligne.
```

Avec une instruction comme `read -r laligne`, la contre-oblique sera bien placée dans la variable `laligne` ; alors que sans le `-r`, `read` « mangera » ce caractère. Le résultat, le voici :

```
$  read -r laligne < bidule
$  echo -e "$laligne"
Je suis une ligne avec une séquence
 de saut de ligne.
```

Alors que :

```
$  read  laligne < bidule
$  echo -e "$laligne"
Je suis une ligne avec une séquencen de saut de ligne.
```

Analyse de la ligne de commandes

Nous avons vu comment le shell utilise `read` pour traiter les lignes d'entrées : il gère les caractères de protection forte (`' '`), faible (`" "`), les contre-obliques \ ; il découpe les lignes en mots, en fonction des délimiteurs déclarés dans la variable d'environnement `IFS` ; et affecte ces mots à des variables. Nous pouvons considérer cette procédure comme un sous-ensemble de tout ce que fait le shell lorsqu'il analyse une ligne de commandes.

Nous avons, tout au long de ce livre, rencontré la gestion de la ligne de commandes ; il est temps maintenant de rendre tout cela un peu plus explicite. Chaque ligne que le shell lit sur l'entrée standard ou dans un script est nommée un *pipe-line* ; elle contient une ou plusieurs commandes séparées par zéro ou plus caractères « tube » (*pipe*, |). Le shell découpe en commandes chaque pipe-line lu, en initialise les E/S, puis, pour chacune de ces commandes, effectue les opérations suivantes (figure 7.1) :

1. Séparation de la commande en *éléments* (ou *tokens*) qui sont séparés par le jeu fixe de métacaractères « ESPACE TAB LF ; ( ) , | & ». Les types d'éléments comprennent les mots, mots-clés, opérateurs de redirection d'E/S, et le point-virgule.

2. Test du premier élément de chaque commande pour voir s'il s'agit d'un mot-clé sans caractère de protection ou contre-oblique. Si c'est un mot-clé d'ouverture (`if` et d'autres débuts de structures de contrôle, fonction, accolade ou parenthèse ouvrante), c'est que la commande est en fait une commande composée. Le shell s'initialise en interne pour ce type de traitement, lit la commande suivante, et recommence cette procédure. Si le mot-clé n'est pas un mot-clé d'ouverture (c'est-à-dire que c'est un « milieu » de structure de contrôle comme `then`, `else` ou `do` ; ou une « fin » comme `fi` ou `done`, ou encore un opérateur logique), le shell signale une erreur de syntaxe.

3. Comparaison du premier mot de chaque commande avec la liste d'alias. Si une correspondance est trouvée, substitution par la définition de l'alias et retour à l'étape 1, sinon passage à l'étape 4. Ce schéma autorise des alias récursifs (voir chapitre 5). Il permet aussi de définir des alias pour les mots-clés; par exemple `alias tantque=while` ou `alias procedure=function`.

4. Expansion des accolades. Par exemple, `a{b,b}` devient `ab ac`.

5. Substitution du répertoire personnel de l'utilisateur (`$HOME`) pour chaque tilde s'il est au début d'un mot.[5] Substitution du répertoire personnel de l'utilisateur **lambda** pour `~lambda`.

6. Substitution de paramètres (variables) pour toute expression commençant par le signe dollar `$`.

7. Substitution de commande pour toute expression de la forme `$(chaîne)`.

8. Évaluation des expressions arithmétiques de la forme `$((chaîne))`.

9. Récupération des parties de la ligne qui résultent de substitutions de paramètres, commandes, arithmétique et nouvelle séparation en mots. Cette fois, le shell utilise les caractères délimiteurs définis dans `IFS` au lieu du jeu fixe de métacaractères de l'étape 1.

5. Il y a deux variantes ici : le shell substitue le répertoire courant (`$PWD`) pour `~+` et le répertoire précédent (`$OLDPWD`) pour `~-`.

10. Expansion des noms de fichiers, c'est-à-dire gestion des caractères génériques, pour toute occurrence d'astérisques, points d'interrogations et paires de crochets.

11. Recherche de la source du premier mot d'une commande en fonction de la liste de priorités indiquée page 99 (fonction, commande interne, fichier dans le `PATH`).

12. Exécution de la commande après avoir initialisé les redirections d'E/S et quelques autres bricoles du genre.

Cela fait beaucoup d'étapes, et ce n'est même pas toute l'histoire ! Mais avant de continuer, un exemple devrait illustrer plus clairement cette procédure. Considérons que la commande suivante a été exécutée :

```
alias ll="ls -l"
```

Considérons de plus, qu'un fichier nommé *.hist537* se trouve dans le répertoire personnel d'**alice**, soit */home/alice*, et qu'il existe une variable double-dollar `$$`) dont la valeur est 2 537 (nous verrons ce que cette variable spéciale signifie dans le prochain chapitre).

Voyons maintenant comment le shell analyse la commande suivante :

```
ll $(type -path cc) ~alice/.*$(($$%1000))
```

Voici ce qui se passe :

1. `ll $(type -path cc) ~alice/. * $(($$%1000))`
   Séparation de l'entrée en mots.

2. `ll` n'est pas un mot-clé. L'étape 2 ne fait donc rien.

3. `ls -l $(type -path cc) ~alice/. * $(($$%1000))`
   Substitution de `ls -l` à la place de son alias `ll`. Le shell répète alors les étapes 1 à 3 ; l'étape 2 sépare `ls -l` en deux mots.

4. `ls -l $(type -path cc) ~alice/. * $(($$%1000))`
   Cette étape ne fait rien.

5. `ls -l $(type -path cc) /home/alice/. * $(($$%1000))`
   Expansion de *~alice* en */home/alice*.

6. `ls -l $(type -path cc) /home/alice/. * $((2537%1000))}`
   Substitution de 2 537 pour `$$`.

7. `ls -l /usr/bin/cc /home/alice/. * $((2537%1000))`
   Substitution de commande pour `type -path cc`.

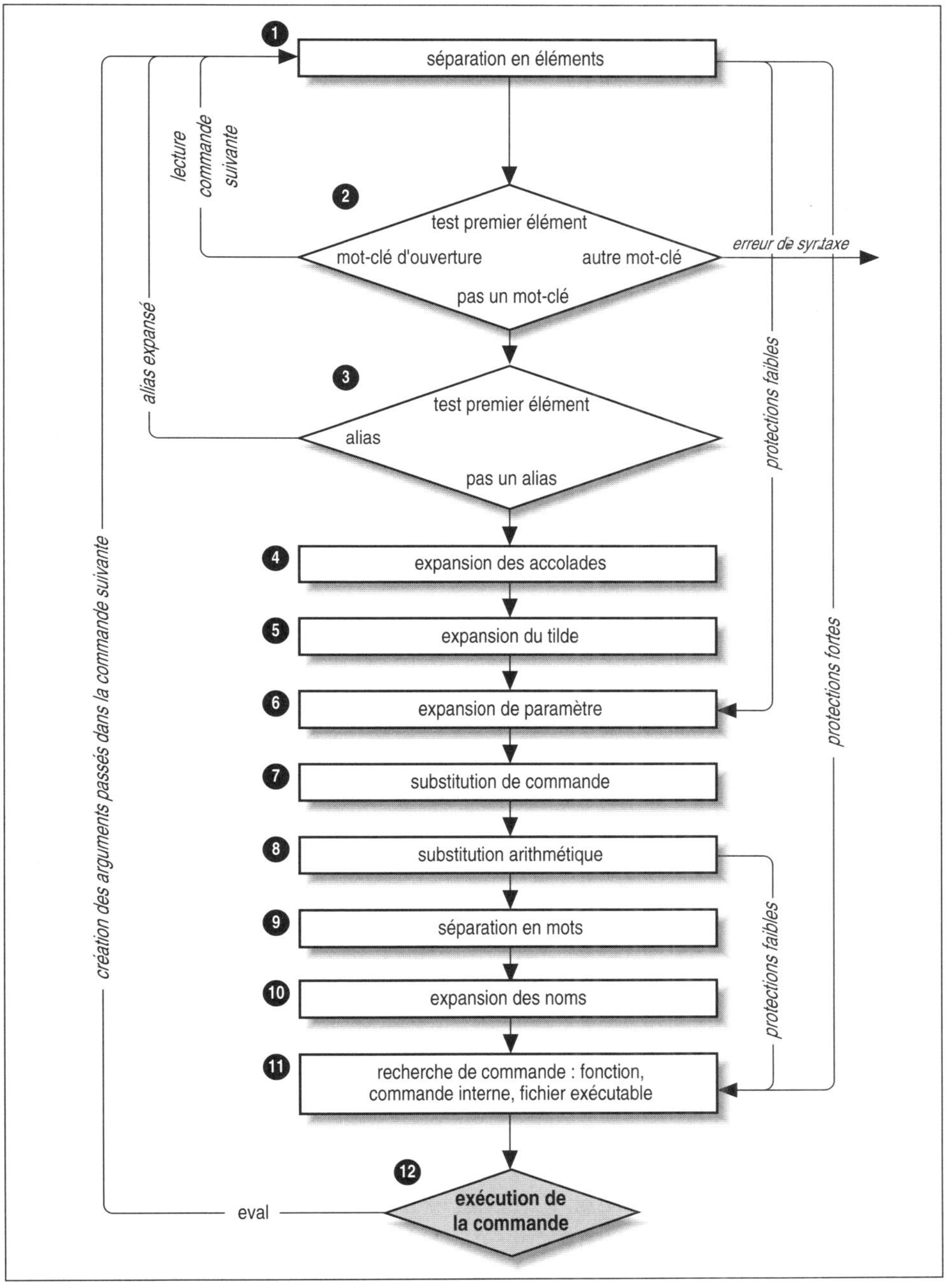

FIG. 7.1 - *Les étapes du traitement de la ligne de commandes.*

8. `ls -l /usr/bin/cc /home/alice/. * 537`
   Évaluation de l'expression arithmétique 2 537%1 000.

9. `ls -l /usr/bin/cc /home/alice/. * 537`
   Cette étape ne fait rien.

10. `ls -l /usr/bin/cc /home/alice/.hist537`
    Substitution du nom de fichier pour l'expression générique *.*537*.

11. La commande `ls` est trouvée dans le répertoire */usr/bin*.

12. La commande `/usr/bin/ls` est exécutée avec l'option `-l` et les deux arguments.

Bien que cette liste d'étapes soit assez simple et claire, ce n'est pas tout. Il y a encore cinq manières de modifier la procédure : la protection de chaînes, l'utilisation de `command`, `builtin` ou `enable`, l'emploi de la commande avancée `eval`.

La protection

Vous pouvez considérer cette technique comme une façon de faire sauter l'une des douze étapes ci-dessus par le shell. En particulier :

- La protection forte (`' '`) court-circuite toutes les étapes, jusqu'à la dixième incluse, y compris la gestion de l'alias. Tous les caractères encadrés par cette protection sont inchangés. Il ne peut pas y avoir d'apostrophe dans la chaîne protégée, même si on tente de les faire précéder d'une contre-oblique.[6]

- La protection faible (`" "`) court-circuite les étapes 1 à 4, plus les étapes 9 et 10. C'est-à-dire que les tubes sont ignorés, ainsi que les alias, la substitution du tilde, l'expansion des caractères génériques, et la séparation en mots en fonction des délimiteurs (blancs, par exemple) entre ces caractères de protection. Une protection par apostrophe au milieu de ces `" "` n'a aucun effet. Mais cette protection faible autorise la substitution de paramètres et de commandes, et l'évaluation des expressions arithmétiques. On peut y inclure un caractère `"` en le faisant précéder d'une contre-oblique. Il faut également protéger par contre-oblique les caractères dollar `$` et apostrophe inverse (`` ` ``), ce dernier étant l'ancien délimiteur de substitution de commandes.

6. Toutefois, comme nous l'avons vu dans le chapitre 1, « `'\''` » (apostrophe, contre-oblique, apostrophe, apostrophe) fonctionne un peu comme une protection au milieu d'une chaîne protégée ; c'est-à-dire que `'abc'\''def'` est évalué à `abc'def`.

Le tableau 7.4 contient quelques exemples simples qui montrent comment ces protections fonctionnent ; il considère que l'instruction ville=Paris a été exécutée et que le répertoire personnel de l'utilisateur **dugenou** est */home/dugenou*. Si vous ne savez pas quel type de protection utiliser dans telle ou telle situation, il est en général plus sûr d'employer une protection forte par simples apostrophes, à moins que vous ayez besoin de substitution de paramètres, commandes ou d'évaluations arithmétiques.

Expression	Valeur
`"$ville"`	`Paris`
`\$ville`	`$ville`
`'$ville'`	`$ville`
`"'$ville'"`	`'Paris'`
`~dugenou`	*/home/alice*
`"~dugenou"`	`~dugenou`
`'~dugenou'`	`~dugenou`

TAB. 7.4 - *Exemples de règles de protection de chaînes.*

Les instructions `command`, `builtin` *et* `enable`

Avant d'aborder la dernière partie du cycle de traitement de la ligne de commandes, nous allons jeter un coup d'œil à l'ordre de recherche des commandes, que nous avons aperçu dans le chapitre 4, et voir comment il peut être modifié par différentes instructions.

Cet ordre par défaut, selon la liste présentée page 99, commence par les fonctions, puis les commandes internes, les scripts et exécutables étant recherchés en dernier. **Bash** offre trois instructions permettant de changer cette organisation : **`command`**, **`builtin`** et **`enable`**.

L'instruction `command` supprime la recherche des alias et des fonctions[7]. Seules les commandes internes et les commandes externes dans le chemin de recherche sont exécutées. C'est très utile lorsque vous devez créer une fonction ayant le même nom que l'une de ces commandes, et que cette commande doit être appelée depuis votre fonction. Par exemple, si nous voulons réaliser une fonction nommée `cd` destinée à remplacer la commande `cd` standard, pour lui faire exécuter des opérations supplémentaires :

7. En fait, la suppression des alias est un effet de bord : comme le premier argument de `command` n'est plus le premier mot que **bash** analyse, il n'est pas sujet à la recherche d'alias.

```
cd () {
    # Opérations supplémentaires
    command cd
}
```

Nous évitons de faire entrer la fonction dans une boucle récursive en plaçant `command` devant `cd`. Cela assure que ce sera bien la commande interne `cd` qui sera appelée à cet endroit, et non notre fonction.

L'instruction `command` a quelques options, indiquées dans le tableau 7.5. L'option `-p` emploie un chemin de recherche par défaut qui assure que la

Option	Description
-p	utilise une valeur par défaut du chemin de recherche
-v	affiche la commande ou le chemin de recherche utilisé pour invoquer la commande
-V	description plus verbeuse que -v
-	supprime toute autre test d'option

TAB. 7.5 - *Les options de* `command`*.*

recherche trouvera tous les utilitaires UNIX standard[8]. Dans ce cas, `command` ignorera les répertoires indiqués dans la variable d'environnement `PATH`.

L'instruction `builtin` est très semblable à `command`, mais elle est plus restrictive. Elle ne permet la recherche que parmi les commandes internes, ignorant les fonctions et les commandes externes. Nous aurions pu l'utiliser dans notre exemple précédent.

La dernière instruction met en ou hors service les commandes internes du shell ; il s'agit de `enable`. Supprimer une commande interne permet de lancer un script ou un programme exécutable du même nom sans avoir à préciser son chemin d'accès complet. Considérons, par exemple, le problème classique auquel sont confrontés tous les débutants sous UNIX lorsqu'ils ont appelé un programme d'essai, *test.* À leur grande surprise, l'exécution de ce fichier *test* ne fait absolument rien. La raison est tout simplement que le shell exécute la commande interne `test`, plutôt que leur programme... L'emploi de `enable` permet de contourner ce problème.[9]

8. À moins que **bash** n'ait été compilé avec une valeur débile pour le chemin de recherche par défaut. Consultez le chapitre 11 pour apprendre comment changer cette valeur.

9. Notez que cela peut encore exécuter le mauvais fichier *test*: si votre répertoire courant se trouve en dernier dans `PATH`, il y a des chances pour que ce soit le programme système */usr/bin/test* qui soit exécuté. Moralité, « test » est un très mauvais choix pour un nom de programme.

C'est l'option `-n` qui met une commande interne hors service ; il suffit de ne pas mettre d'option pour obtenir l'effet inverse. Il est possible d'indiquer plusieurs commandes en arguments, ainsi `enable -n pushd popd dirs` invaliderait les commandes internes `pushd`, `popd` et `dirs`.[10]

On peut déterminer quelles sont les commandes internes activées et désactivées en appelant la fonction seule ; `enable` sans argument affichera la liste de tout ce qui est actif, et `enable -n` celle de tout ce qui est inactif. Pour obtenir ces deux listes en une fois, faites `enable -a`.

La commande `eval`

Nous avons vu que les caractères de protection permettent de faire sauter des étapes de l'analyse de la ligne de commandes. Puis, vient la commande `eval`, qui permet au contraire de recommencer cette analyse... Traiter la ligne de commandes deux fois peut sembler une idée étrange, mais c'est en réalité une possibilité très puissante : cela permet de réaliser des scripts qui créent des lignes de commandes « au vol » et les passent au shell pour exécution. En d'autres termes, vous pouvez donner un certain degré « d'intelligence » à vos programmes, de sorte qu'ils deviennent capables de modifier leur comportement en cours d'exécution.

Cette commande `eval` indique au shell de prendre les arguments passés à cette dernière et de leur faire subir toutes les étapes d'analyse de la ligne de commandes. Pour mieux comprendre ce que cela implique, nous allons prendre un exemple élémentaire, que nous ferons évoluer jusqu'à ce qu'il construise et exécute des commandes au vol.

La commande `eval ls` passe la chaîne `ls` au shell, pour exécution ; celui-ci affiche alors la liste des fichiers du répertoire courant. C'est une procédure très simple ; il n'y a rien à passer aux routines d'analyse de la ligne de commandes. Mais prenons ceci :

```
listpage="ls | more"
$listpage
```

Au lieu de produire une liste paginée, le shell traitera le tube et `more` en tant qu'arguments à `ls`, et cette commande répondra qu'il n'existe aucun fichier de ce nom, et se terminera. Pourquoi ? Parce que le caractère tube « apparaît » dans l'étape 6, lorsque le shell évalue la variable, après qu'il a effectivement recherché ce type d'opérateur (étape 2). L'expansion de la variable n'est même pas analysée avant l'étape 9. Le résultat, c'est que le

10. Faites très attention : il est possible de mettre `enable` hors service ! (`enable -n enable`). Il existe une option de compilation qui autorise `builtin` à permettre de se sortir de cette situation ; consultez le chapitre 11 pour plus de détails.

shell traitera « | » et `more` comme des arguments à `ls`, et cette commande recherchera des fichiers nommés « | » et `more` dans le répertoire courant !

Maintenant, admettons que nous ayons écrit `eval $listpage`, au lieu de `$listpage`. Lorsque le shell arrive à la dernière étape d'analyse, il lance la commande `eval` avec les arguments `ls`, |, et `more`. Cela provoque un retour à l'étape 1, avec une ligne de commandes constituée de ces arguments. Il trouve le tube lors de l'étape 2 et découpe la ligne en deux commandes, `ls` et `more`. Chacune d'elles est traitée normalement (et ici, très simplement). Le résultat est bien une liste paginée des fichiers présents dans le répertoire courant.

Vous devez sans doute commencer à réaliser la puissance de `eval`. C'est une possibilité importante, qui demande une habileté de programmation considérable pour donner le meilleur d'elle-même. Elle a même un petit côté « intelligence artificielle », en ce sens qu'elle permet de réaliser des scripts capables « d'écrire » et d'exécuter d'autres programmes.[11] Vous n'aurez probablement pas besoin d'`eval` tous les jours, mais cette commande mérite vraiment que vous passiez un peu de temps à comprendre tout ce qu'elle peut faire.

Comme exemple pratique, nous allons reprendre le premier exercice de ce livre. Il s'agissait de trier un fichier, et d'afficher les N premières lignes, N valant 10 par défaut. Nous avions abouti à :

```
sort -nr $1 | head -${2:-10}
```

Le premier argument spécifié est le fichier à trier ; `$2` correspond au nombre de lignes à afficher.

Supposons maintenant que nous voulions effectuer une petite modification, afin que ce soit le fichier tout entier qui soit affiché par défaut, et non plus les 10 premières lignes. Dans ce cas, nous ne pouvons plus utiliser `head` pour traiter cette valeur par défaut. Nous pourrions alors écrire ceci :

```
if [ -n "$2" ]; then
    sort -nr $1 | head -$2
else
    sort -nr $1
fi
```

En d'autres termes, nous décidons de la ligne de commandes à exécuter selon que `$2` est nul ou non. Mais il existe une solution bien plus compacte :

```
eval sort -nr \$1 ${2:+"| head -\$2"}
```

11. On peut bien entendu se passer d'`eval` pour cela, en écrivant via `echo` des commandes dans un fichier temporaire et en « sourçant » ce fichier par « `.fichier` ». Mais c'est beaucoup moins efficace.

La dernière expression de cette ligne est évaluée à la chaîne « | `head -\$2` » si `$2` existe (non nul) ; sinon, l'expression est elle aussi nulle. Nous protégeons les signes dollar avant les noms de variables pour éviter des résultats imprévisibles si les valeurs des variables contiennent des caractères spéciaux comme > ou |. La contre-oblique supprime l'évaluation des variables jusqu'à ce que la commande `eval` soit exécutée. Par conséquent, la ligne entière est soit :

```
eval sort -nr \$1 | head -\$2
```

si `$1` est donné, ou :

```
eval sort -nr \$1
```

si `$1` est nul. Répétons-le, nous ne pourrions pas exécuter cette commande sans `eval` puisque le tube n'est pas traité après que le shell a tronçonné la ligne en commandes ; `eval` fait que le shell exécutera le pipe-line correct si `$2` est donné.

Maintenant, nous allons revenir à l'exercice présenté page 188 dans ce chapitre. Il s'agissait d'un script permettant de lancer une commande en arrière-plan, en enregistrant les deux sorties standard dans un fichier de trace. Souvenez-vous que la solution en une ligne avait une limitation : la commande ne pouvait pas contenir de tubes ou d'opérateurs de redirection. Bien que ces derniers n'aient pas vraiment de sens ici si vous y réfléchissez cinq minutes, la possibilité d'employer des tubes serait, en revanche, la bienvenue.

La commande `eval` est la solution évidente à notre problème :

```
eval "$@" > fichier.trace 2>&1 &
```

La seule restriction imposée à l'utilisateur par cette solution, c'est que les tubes et autres caractères spéciaux doivent être protégés (précédés de contre-obliques ou entourés de caractères de protection).

Voici une application de `eval`, qui fait appel à quelques autres principes de programmation intéressants :

Problème 7-3

> Implémenter le cœur de l'utilitaire `make` sous forme de shell script.

La commande `make` est en premier lieu un outil de programmeur, mais elle est tellement pratique que chaque jour, quelqu'un lui trouve un nouvel usage. Sans entrer dans des détails rébarbatifs, le principe de `make` est de gérer de multiples fichiers d'un projet particulier, certains dépendant des autres (par exemple, un document dépend des fichiers d'entrée du processeur de textes). Il permet d'être assuré que lorsque l'on modifie un fichier du projet, tous ceux qui en dépendent seront correctement traités.

Par exemple, supposons que vous utilisez le formateur de texte `troff` pour écrire un livre. Vous avez un fichier par chapitre, appelés *ch1.t*, *ch2.t*, et ainsi de suite ; les sorties `troff` correspondantes sont par exemple *ch1.out*, *ch2.out*, etc. Vous lancez des commandes comme `troff chN.t >chN.out` pour le traitement de ces chapitres. Pendant la rédaction du livre, vous avez fatalement tendance à travailler sur plusieurs fichiers à la fois.

Dans cette situation, `make` peut être d'un grand secours pour garder la trace de ce qui doit être retraité, de sorte que tout ce que vous avez à faire pour formater votre livre est de taper `make`; cet utilitaire saura ce qu'il faut faire et s'occupera de tout pour vous, sans se tromper. Vous n'avez pas besoin de vous souvenir des fichiers modifiés et penser à les reformater.

Comment `make` arrive-t-il à faire cela ? C'est simple : il compare les heures de modification des fichiers d'entrée et de sortie (appelés *sources* et *cibles* dans la terminologie de cet utilitaire), et si le fichier d'entrée est plus récent, il le retraite.

On indique à `make` quels sont les fichiers à tester en construisant un fichier nommé *makefile* qui est organisé de cette manière :

```
cible: source1 source2 ...
     commandes nécessaires pour créer cible
```

Ce qui veut essentiellement dire « pour que cible soit à jour, il doit être plus récent que les fichiers *source1*, *source2*, etc. Si ce n'est pas le cas, exécuter les commandes indiquées pour effectuer cette mise à jour ». Les commandes sont situées sur une ou plusieurs lignes qui doivent absolument commencer par une tabulation. Par exemple, pour créer *ch7.out* :

```
ch7.out : ch7.t
          troff ch7.t > ch7.out
```

Maintenant, supposons que nous écrivions une fonction shell appelée `makecmd` qui lit et exécute une construction simple de la forme ci-dessus. Considérons que le *makefile* est lu sur l'entrée standard. Notre fonction aurait cette allure :

```
makecmd () {
    read cible signe sources
    for src in $sources; do
        if [ $src -nt $cible ]; then
            while read cmd && [ $(grep \t* $cmd) ]; do
                echo "$cmd"
                eval ${cmd#\t}
```

```
                done
                break
            fi
        done
}
```

Elle lit la ligne contenant la cible et les sources ; la variable `signe` est juste là pour « absorber » le caractère deux-points (`:`). Puis, elle teste chaque fichier source pour voir s'il est plus récent que la cible, en utilisant l'opérateur de test d'attributs de fichiers `-nt` que nous avons décrit dans le chapitre 5. Si c'est le cas, la fonction lit, affiche et exécute les commandes jusqu'à ce qu'elle rencontre une ligne qui ne commence pas par TAB ou qu'elle atteigne la fin du fichier (la vraie commande `make` fait bien plus que cela ; voyez les exercices de la fin de ce chapitre). Après avoir exécuté ces commandes (dont on ôte la tabulation), elle sort de la boucle, de sorte qu'elles ne soient pas lancées une seconde fois.

Le compilateur C en pipe-line

Comme exemple final d'application de `eval`, nous allons reprendre et réviser notre vieil ami `occ`, le frontal de compilation C de nos précédents chapitres. Souvenez-vous qu'il fonctionne en appelant des programmes séparés pour effectuer la véritable compilation du C en code objet (le programme `ccom`), l'optimisation du résultat (`optimiseur`), l'assemblage de sources assembleur (`as`), et enfin l'édition de liens des modules de code objet pour former un programme exécutable complet (`ld`). Ces programmes externes utilisent des fichiers temporaires pour stocker leurs sorties.

Nous allons maintenant considérer que ces composants (sauf l'éditeur de liens) se passent les informations par des tubes, jusqu'à la sortie finale en code objet. En d'autres termes, chaque programme traite son entrée standard et produit le résultat sur la sortie standard, au lieu de fichiers passés en arguments. Nous allons aussi changer une convention que nous avions faite auparavant : dorénavant, au lieu de compiler directement un fichier source C en code objet, `occ` le compile en code assembleur, et c'est l'assembleur qui réalise le module objet. Ce qui nous laisse supposer que `occ` fonctionne ainsi :

```
ccom < fichier.c | as | optimiseur > fichier.o
```

ou, si vous préférez :

```
cat  fichier.c | ccom | as | optimiseur > fichier.o
```

Pour mettre la chose en forme en vue de l'emploi d'`eval`, disons que les variables `sources` et `objets` contiennent les noms des fichiers sources et objets, respectivement. Notre ligne devient alors :

```
cat $sources | ccom | as | optimiseur > $objets
```

Comme nous l'avons vu, c'est équivalent à :

```
eval cat \$sources | ccom | as | optimiseur > \$objets
```

D'après ce que nous savons de `eval`, nous pouvons transformer cette ligne en :

```
eval cat \$sources " | ccom" " | as" " | optimiseur" > \$objets
```

Et de là, en ceci :

```
compile=" | ccom"
assemble=" | as"
optimise=" | optimiseur"
eval cat \$sources \$compile \$assemble \$optimise > \$objets
```

Maintenant, considérons ce qui se passe lorsque l'on ne veut pas appeler l'optimiseur, ce qui est d'ailleurs le cas par défaut (souvenez-vous que c'est l'option `-O` qui valide l'optimisation). Nous pouvons faire ceci, symboliquement :

```
optimise=""
si -O est indiquée alors
    optimise=" | optimiseur"
finsi
```

Dans le cas par défaut, `$optimise` sera évalué à une chaîne vide, ce qui produira la chaîne finale :

```
eval cat $sources | ccom | as > $objets
```

De la même façon, si l'on passe à `occ` un fichier de code assembleur (*fichier.s*), on peut symboliser l'étape de compilation[12] :

```
assemble="| as"
si $sources se termine en .s alors
    compile=""
finsi
```

12. Les lecteurs attentifs auront noté que, de cette manière, nous gérerions les fichiers de code objet (*fichier.o*) selon la commande `eval cat $sources > $objets`, les deux noms étant les mêmes. Sous UNIX, cela aurait pour effet de détruire *fichier.o* en le tronquant à une taille de zéro octet. Nous ne nous préoccupons pas de ce cas particulier ici, mais il est évident que dans le « monde réel », il faudrait traiter ce cas correctement.

Ce qui résulte en :

```
eval cat \$sources | as > \$objets
```

Nous avons maintenant tous les éléments pour écrire le « pipe-line » complet de `occ`. Le résultat est semblable à la version précédente, sauf que pour chaque fichier d'entrée, le script construit et exécute une ligne de commandes comme ci-dessus. Il traite l'option `-g` (déboguage) et l'étape d'édition de liens de la même façon que précédemment. Voici le code :

```
# Initialisation des variables relatives aux options
liens=oui
debug=""
biblios="-l c"
binaire=""
# Initialisation des composantes de commandes
compile=" | ccom"
assemble=" | as"
optimise=""
# Traitement des options de la ligne de commandes
while getopts ":cgl:o:O" option; do
    case $option in
        c )  liens=non ;;
        g )  debug="-g" ;;
        l )  biblios="$biblios -l $OPTARG" ;;
        o )  binaire="-o $OPTARG" ;;
        O )  optimise=" | optimiseur" ;;
        ? )  echo 'usage: occ [-cgO] [-l lib] [-o fichier] fichiers...'
             exit 1 ;;
    esac
done
shift $(($OPTIND - 1))
# Traitement des fichiers d'entrée
for fichier in "$@"; do
    case $fichier in
        *.c )
            objet=${fichier%.c}.o ;;
        *.s )
            objet=${fichier%.s}.o
            compile="" ;;
        *.o )
            compile=""
            assemble="" ;;
        *   )
            echo "Erreur: $fichier n'est pas un source ou un objet."
            exit 1 ;;
    esac
    # Lance une ligne de commandes pour chaque fichier d'entrée
```

```
    eval cat \$fichier \$compile \$assemble \$optimise > \$objet
    modules=$modules" "$objet
done
if [ $liens = oui ]; then
    ld $binaire $modules $biblios
fi
```

Nous pourrions continuer à présenter des exemples d'utilisation de `eval` de plus en plus complexes, mais nous allons plutôt conclure ce chapitre sur quelques exercices. Les deux derniers sont toutefois des suppléments au menu ; le dernier étant particulièrement difficile.

– Voici deux idées pour améliorer `occ`, notre compilateur C :

  1. Les véritables compilateurs C acceptent l'option `-S`, qui leur indique de supprimer l'étape d'assemblage et de laisser la sortie sous forme de fichiers en code source assembleur dont les noms se terminent par « *.s* ». Modifier `occ` pour qu'il reconnaisse cette option.

  2. Le langage C++ est une évolution du C ; il offre de nouvelles possibilités comme la surcharge des opérateurs, les définitions de classes, etc. (ne vous inquiétez pas si vous ne savez rien de tout cela). Certains compilateurs C++ utilisent le langage C comme « langage d'assemblage », en ce sens qu'ils réalisent du code C à partir des sources C++, et passent ces fichiers au compilateur C pour la suite du traitement.

     En considérant que les fichiers de sources C++ ont des noms se terminant par « *.cc* », et que le frontal de compilation C++ qui génère des sources C s'appelle */libc/cfront*, modifier `occ` afin qu'il accepte aussi bien du C++, du C, de l'assembleur et des modules de code objet.

– La fonction `makecmd` de la page 208 représente une extrême simplification des réelles fonctionnalités de l'utilitaire `make`. En fait, ce dernier teste les dépendances de manière récursive, ce qui signifie qu'un source situé sur une ligne du *makefile* peut être une cible sur une autre ligne. Par exemple, les chapitres de livre de l'exemple donné pourraient eux-mêmes dépendre de quelques illustrations stockées dans des fichiers séparés, réalisés avec des programmes de dessin.

  1. Écrire une fonction appelée `readtargets` qui lit le *makefile* et enregistre toutes les cibles dans une variable ou un fichier temporaire.

2. La fonction `makecmd` ne fait que tester si les fichiers sources sont plus récents que les fichiers cibles correspondants. Elle devrait en réalité être une routine récursive qui ressemble à celle-ci :

```
function makecmd () {
   cible=$1
   prendre les sources correspondant à $cible
   pour chaque fichier source; do
      if $source est aussi une cible dans ce makefile then
         makecmd $source
      fi
      if [ $source -nt $cible ]; then
         exécuter commandes nécessaires pour créer cible
         return
      fi
  done
}
```

   Écrire cette fonction.

3. Écrire le script « pilote » qui transforme la fonction `makecmd` en un programme `make` complet. Il devra créer la cible donnée en argument, ou la première cible apparaissant dans le *makefile* si aucun argument ne lui est passé.

4. Notre fonction `makecmd` ne fait toujours pas une chose très importante réalisée par le vrai `make` : permettre des cibles « symboliques », qui ne sont pas des fichiers. Elles apportent l'essentiel de la puissance qui fait que cet utilitaire est employé dans une incroyable variété de situations. Les cibles symboliques ont toujours une heure de modification de 0, de sorte que `make` exécute toujours les commandes les concernant. Modifier `makecmd` pour qu'elle supporte ce type de cibles (petit truc : le secret de ce problème consiste à trouver comment obtenir une heure de modification de fichier. C'est assez difficile).

– Voici quelques problèmes destinés à tester vos connaissances concernant `eval` et les règles d'analyse de la ligne de commandes. Si vous pouvez les résoudre, c'est que vous êtes devenu un véritable expert en **bash** !

  1. Les programmeurs shell confirmés utilisent parfois une petite astuce avec `eval` : employer la valeur d'une variable comme le nom d'une autre variable. En d'autres termes, on peut faire qu'un script ait le contrôle des noms des variables auxquelles il affecte des valeurs. Comment réaliseriez-vous cela ?

Voici pour vous mettre sur la voie : si `$objet` est égal à `$personne`, et que `$personne` vaut `alice`, alors on pourrait penser que la commande `echo $$objet` afficherait `alice`. En fait, cela ne fonctionne pas, mais c'est l'idée à creuser...)

2. On pourrait utiliser la technique ci-dessus, alliée à d'autres astuces d'`eval` pour implémenter de nouvelles structures de contrôle du shell. Par exemple, voyez s'il est possible d'écrire un script qui émule le comportement d'une boucle `for` des langages de programmation conventionnels comme C ou Pascal, c'est-à-dire une boucle dont le nombre d'itérations est fixé par une valeur, en utilisant une variable de boucle qui s'incrémente de 1 à cette valeur (ou, pour les amateurs de C, qui parte de 0). Appelez ce script *boucle* pour éviter tout conflit de noms avec les mots-clés `for` et `do`.

3. Les fonctions `pushd`, `popd` et `dirs` que nous avons réalisées dans les chapitres précédents ne savent pas traiter les répertoires dont le nom contient des espaces (car la variable `MAPILE` utilise l'espace comme caractère délimiteur). Faites appel à `eval` pour contourner cette limitation.

   Astuce : employez `eval` pour construire un tableau. Chaque élément du tableau s'appellera `tab1`, `tab2`, ... `tabn`, et contiendra un nom de répertoire.

4. Ce qui suit n'a pas vraiment grand chose à voir avec ce chapitre, mais c'est un exercice de programmation classique `:)`

   Écrire la fonction `alg2npi` utilisée dans la section traitant des blocs de commandes. Voici comment faire : les expressions arithmétiques en notation algébrique sont de la forme `expr op expr`, dans laquelle chaque `expr` est soit un nombre, soit une autre expression (parfois entre parenthèses), et `op` est l'un des signes suivants « `+, -, x, /, %` ». En notation polonaise inversée (NPI), les expressions sont de la forme `expr expr op`. Par exemple, l'expression algébrique `2 + 3` s'écrit `2 3 +` en NPI. L'équivalent NPI de `(2+3) x (9-5)` est `2 3 + 9 5 - x`. Le principal avantage de la notation polonaise inverse, c'est qu'elle supprime le besoin de parenthèses et que les règles de priorité des opérateurs sont évidentes (par exemple, `x` est évalué avant `+`). Le programme `dc` accepte la NPI standard, mais chaque expression doit porter le suffixe « p », qui lui indique d'afficher le résultat ; notre premier exemple devrait lui être indiqué comme ceci : `2 3 + p`.

5. Vous devez écrire une routine qui convertit la notation algébrique en notation polonaise. Elle doit être (ou inclure) une fonction qui

s'appelle elle-même (récursivité) lorsqu'elle rencontre une sous-expression. Il est particulièrement important que cette fonction conserve une trace de l'endroit où elle se trouve dans la chaîne d'entrée, et quelle quantité de cette chaîne elle a « digéré » pendant le traitement (truc : utilisez les opérateurs sur les chaînes présentés dans le chapitre 4 pour vous simplifier la tâche d'analyse des chaînes d'entrées).

Pour vous faciliter la vie, ne vous occupez pas de la priorité des opérateurs pour l'instant ; contentez-vous de convertir la notation polonaise de droite à gauche : par exemple, traitez `3 + 4 x 5` comme `3 + (4 x 5)` et `3 x 4 + 5` comme `(3 x 4) + 5`.

6. Améliorez votre solution à l'exercice précédent pour supporter la priorité des opérateurs dans l'ordre « habituel » : `x`, `/`, `%`, `+` et `-`. C'est-à-dire traitez `3+4x5` comme `3+(4x5)` et `3x4+5` comme `(3x4)+5`.

Dans ce chapitre :

- *Numéros de processus et de jobs*
- *Contrôle de jobs*
- *Les signaux*
- *La commande trap*
- *Coroutines*
- *Sous-shells*
- *Substitution de processus*

8 Gestion des processus

LE SYSTÈME D'EXPLOITATION UNIX a construit sa réputation sur un petit nombre de concepts, tous très simples mais puissants. Nous les avons presque tous rencontrés depuis le début de ce livre : entrées/sorties standards, tubes, utilitaires de filtrage de texte, système de fichiers aborescent, et ainsi de suite. Mais UNIX doit aussi sa notoriété au fait qu'il est le premier système d'exploitation pour mini-ordinateurs à permettre le contrôle de plus d'un processus à chaque utilisateur.

Si UNIX est le seul système que vous connaissez, vous serez étonné d'apprendre que plusieurs autres systèmes d'exploitation importants ont de sérieuses lacunes en ce domaine. MS-DOS de Microsoft™, par exemple, ne possède même pas de possibilités multitâche ; VM/CMS d'IBM, destiné aux gros ordinateurs de la marque, sait gérer de multiples utilisateurs mais ne leur permet qu'un seul processus chacun ; VAX/VMS de DEC est multitâche, mais limité et d'utilisation très difficile. La dernière génération de systèmes pour micro-ordinateurs, comme System 7 Macintosh, IBM OS/2 version 2 et Microsoft™ Windows NT, offrent enfin du multitâche contrôlé par l'utilisateur, au niveau du système d'exploitation [1].

Mais si vous êtes parvenu à ce chapitre, le multitâche ne représente sans doute pas une révolution pour vous. Vous êtes probablement habitué au principe d'exécuter un processus en arrière-plan en mettant un `&` à la fin de la ligne de commandes ; vous avez également assimilé la notion de sous-shell présentée dans le chapitre 4, lorsque nous avons expliqué comment sont exécutés les shell scripts.

1. Les programmes comme le *multifinder* d'Apple ou Microsoft Windows fonctionnent par-dessus le système d'exploitation (Mac OS Version 6 et MS-DOS, respectivement) pour offrir à l'utilisateur des possibilités multitâches extrêmement limitées).

Dans ce chapitre, nous allons présenter la plupart des possibilités relatives au multitâche et à la gestion de processus en général offertes par **bash**. Nous disons « la plupart », car certaines, comme les descripteurs de fichiers vus dans le chapitre précédent, n'ont d'intérêt que pour le programmeur système.

Nous commencerons par voir certaines primitives importantes pour l'identification et le contrôle des processus pendant une session, et dans un script. Puis nous décrirons les méthodes existantes pour faire communiquer les processus entre eux. Nous serons amenés à revoir avec plus de détails certains concepts que nous avons déjà abordés, comme les tubes et les sous-shells.

N'ayez pas peur d'être perdu dans de complexes détails techniques de bas niveau sur UNIX. Nous ne donnerons que les informations techniques nécessaires pour expliquer les possibilités de haut niveau, plus quelques autres un peu plus poussées, pour aiguiser votre curiosité. Si ces domaines vous intéressent, consultez pour en savoir plus le manuel de programmation UNIX et un livre traitant du fonctionnement interne du système, adapté à la version que vous utilisez.

Nous vous recommandons fortement d'essayer les exemples donnés dans ce chapitre. Le comportement de code mettant en jeu plusieurs processus n'est pas aussi facile à comprendre que la plupart des autres exemples rencontrés dans cet ouvrage.

Numéros de processus et de jobs

UNIX affecte un numéro à chaque processus, appelé *identificateur de processus* (*process-ID en anglais*, abrégé couramment en *PID*), lors de sa création. Lorsque vous exécutez une commande en arrière-plan en y ajoutant `&`, vous noterez que le shell affiche une ligne de confirmation qui ressemble à celle-ci :

```
$ mouline &
[1] 198
```

Dans cet exemple, 198 correspond à l'identificateur (PID) du processus `mouline`. Le `[1]` est un numéro de job qui est assigné par le shell (et non pas le système d'exploitation). Quelle est la différence ? Les numéros de jobs référencent les processus en arrière-plan qui sont en cours d'exécution sous votre shell, alors que les numéros de processus référencent tous les programmes en fonctionnement sur tout le système, pour tous les utilisateurs. Le terme « job », par convention, est lié à une ligne de commandes qui a été tapée sous votre shell, pendant votre session.

Si vous lancez d'autres jobs alors que le premier est toujours en cours d'exécution, le shell les numérotera 2, 3, etc. Par exemple :

```
$ xterm &
[2] 207
$ xman &
[3] 343
```

Il est clair que 1, 2 et 3 sont bien plus faciles à retenir que 198, 207 et 343 !

Le shell inclut le numéro de job dans les messages qu'il affiche lorsque ceux-ci se terminent ; comme ici :

```
[1]+  Exit 1                    mouline
```

Il affiche également d'autres types de messages lorsqu'il se passe certaines choses anormales, nous verrons cela un peu plus loin.

Contrôle de jobs

Pourquoi se soucier des numéros de processus ou de jobs ? En fait, vous pourriez sans doute utiliser UNIX sans problèmes sans jamais vous préoccuper des PID (sauf si vous travaillez sur une station possédant une interface à fenêtres, nous le verrons bientôt). Les numéros de jobs sont plus importants, toutefois : ils sont exploitables grâce aux commandes de contrôle de processus du shell[2].

Vous connaissez déjà la façon la plus évidente de contrôler un processus : vous pouvez créer un job en le lançant en arrière-plan à l'aide de `&`. Ensuite, vous pouvez le laisser s'exécuter jusqu'au bout, ou bien le ramener en avant-plan, ou encore lui envoyer un message, que l'on appelle un *signal*.

Avant-plan et arrière-plan

La commande interne `fg` ramène un job en avant-plan. Normalement, cela signifie qu'il aura le contrôle de votre terminal ou de votre fenêtre, et qu'il pourra par conséquent accepter vos entrées. En d'autres termes, le programme se mettra à se comporter comme si vous l'aviez lancé sans mettre de `&` sur la ligne de commandes.

Si vous n'avez qu'un seul job en cours d'exécution, vous pouvez employer `fg` sans aucun argument, le shell ramènera le processus en question en

2. Attention : si vous possédez une version d'UNIX relativement ancienne, il est possible que votre système ne supporte pas le contrôle de processus. C'est particulièrement vrai sur de nombreuses versions dérivées de Xenix, System III, ou des premières versions de System V. Dans ce cas, **bash** ne possèdera pas les commandes `fg` et `bg`, les arguments de contrôle de jobs, les commandes CTRL-Z pour suspendre un job, ou encore le signal SIGTSTP.

avant-plan. Mais si vous avez plusieurs jobs, il choisira le job en arrière-plan le plus récent. Si c'est un autre qui vous intéresse, vous devez alors faire appel à la commande `jobs`, précédée d'un signe pourcent `%`, ou bien utiliser le numéro de ce job, lui aussi précédé de `%`, ou encore son numéro de processus, sans signe pourcent cette fois. Si vous ne vous souvenez plus des jobs en cours, utilisez la commande `jobs` pour en obtenir la liste.

Voici quelques exemples, qui devraient rendre les choses plus claires dans votre esprit. Supposons que vous avez créé les trois jobs cités ci-dessus. Si vous tapez `jobs`, vous verrez alors ceci :

```
[1]  Running                 mouline &
[2]- Running                 xterm &
[3]+ Running                 xman &
```

La commande possède quelques options intéressantes ; `jobs -l` indique aussi les numéros de processus :

```
[1]  198 Running                 mouline &
[2]- 207 Running                 xterm &
[3]+ 343 Running                 xman &
```

L'option `-p` n'indique que les processus :

```
198
207
343
```

Elle peut être utile avec la substitution de commandes ; nous allons le voir dans le prochain exercice. L'option `-n` n'affiche que les jobs dont le statut a changé depuis la dernière fois que le shell l'a indiqué, que ce soit par la commande `jobs` ou autrement. Enfin, on peut employer l'option `-x` pour exécuter une commande. Tout numéro de job fourni à cette commande sera remplacé par le numéro de processus correspondant. Par exemple, si `mouline` tourne en tâche de fond, la commande `jobs -x echo %1` affichera le PID de `mouline`.

Si vous tapez `fg` sans argument, le shell ramènera `xman` en avant-plan, puisque c'est lui qui a été mis en tâche de fond le plus récemment. Mais si vous faites `fg %xterm` (ou `fg %2`), c'est `xterm` qui sera placé en avant-plan.

On peut aussi référencer le job le plus récemment passé en arrière-plan par `%+`. De même, `%-` se rapporte au précédent dans ce cas (`xterm` ici). Cela explique les signes plus et moins dans les exemples ci-dessus : le signe plus indique le job le plus récent dont le statut a changé ; le signe moins, le suivant.[3]

3. Le principe est analogue aux `~+` et `~-` désignant le répertoire courant et le répertoire précédent ; consultez la note en bas de la page 199, dans le chapitre 7. Il faut également savoir que `%%` est synonyme de `%+`.

Si plus d'un job correspond à la même commande, `%commande` fera la distinction en choisissant le plus récent. Si ce n'est pas ce que vous désirez, vous devez employer le numéro du job, au lieu de son nom. Toutefois, si les commandes ont des arguments différents, on peut utiliser `%?chaîne` au lieu de `%commande`. Cela désignera le job dont la commande contient la chaîne en question. Par exemple, supposons que vous avez lancé ces travaux :

```
$ mouline livre &
[1]     189
$ mouline docs &
[2]     190
```

Vous pouvez alors taper `%?livre` et `%docs` pour désigner chacun d'eux ; bien qu'en fait, `%?li` et `%do` soient largement suffisants pour les identifier de manière unique.

Le tableau 8.1 indique toutes les manières de référencer les jobs en arrière-plan. Comme la plupart des utilisateurs emploient peu souvent les commandes de jobs, nous pensons que seuls les numéros et les noms de commandes sont suffisants, les autres méthodes sont superflues.

Référencement	Correspondance
`%N`	Job numéro N
`%`*chaîne*	Job dont la commande commence par *chaîne*
`%?`*chaîne*	Job dont la commande contient *chaîne*
`%+`	Job en arrière-plan le plus récemment invoqué
`%%`	Identique à ci-dessus
`%-`	Avant-dernier job le plus récemment invoqué

TAB. 8.1 - *Les différentes méthodes de désignation des jobs en arrière-plan.*

Suspension de job

Tout comme l'on peut mettre en avant-plan un job tournant en arrière-plan, on peut passer en arrière-plan un programme en cours de fonctionnement : cela implique la *suspension* du processus, de manière que le shell récupère le contrôle du terminal.

Pour cela, tapez CTRL-Z[4] pendant l'exécution du programme voulu. C'est un peu comme lorsque l'on fait CTRL-C, sauf que le processus n'est

4. En considérant que la touche CTRL-Z est affectée à cette fonction ; tout comme CTRL-C, c'est une convention généralement respectée, mais elle n'est pas obligatoire.

pas interrompu mais simplement arrêté, et on peut en relancer l'exécution à tout moment. Sur un CTRL-Z, le shell affiche ceci :

```
[1]+  Stopped                    commande
```

Puis il vous rend l'invite.

Pour relancer un job arrêté de cette façon afin qu'il continue son exécution en avant-plan, tapez simplement `fg`. Si par hasard vous avez mis d'autres jobs en arrière-plan après avoir tapé CTRL-Z, utilisez `fg` avec un numéro ou un nom de job. Par exemple :

```
machin est en cours d'exécution...
 CTRL-Z
[1]+  Stopped                    machin
$  bidule &
[2] 145
$  fg %machin
machin reprend en avant-plan...
```

La possibilité d'arrêter et de relancer ainsi des programmes s'avère extrêmement pratique lorsque vous travaillez sur un terminal conventionnel (par opposition à une station de travail utilisant un système de fenêtrage), et que vous employez un éditeur de texte comme `vi` sur un fichier qui doit être traité. Par exemple, si vous éditez un fichier destiné au formateur de texte `troff`, vous pouvez travailler ainsi :

```
$  vi monfichier
édition du texte...  CTRL-Z
Stopped [1] vi
$  troff monfichier
troff trouve une erreur
$  fg
vi réapparaît, au même endroit du fichier que tout-à-l'heure
```

Les programmeurs emploient très souvent la même technique lors du déboguage de code source.

Vous trouverez sûrement aussi très pratique de pouvoir relancer le programme en arrière-plan : en effet, il est courant de lancer une commande en avant-plan (c'est-à-dire normalement), et de se rendre compte que son exécution prendra beaucoup plus de temps qu'on ne le pensait (comme une recherche, un tri, ou une requête dans une base de données). On désire bien sûr que cette commande se termine, mais en général on préfère avoir le contrôle du terminal pendant qu'elle tourne, afin de pouvoir faire autre chose pendant ce temps. La solution consiste à taper CTRL-Z suivi de `bg` : le job sera passé en arrière-plan.[5]

Il est également possible de suspendre un programme en tapant CTRL-Y; cette fonction est légèrement différente de CTRL-Z, en ce sens que le processus ne sera stoppé que lorsqu'il attend une entrée depuis le terminal.

Les signaux

Plus haut, nous avons mentionné que taper CTRL-Z pour suspendre un job était similaire à CTRL-C pour l'interrompre, sauf qu'il est possible d'en reprendre l'exécution plus tard. Ces deux fonctions sont en réalité encore plus proches que cela : toutes deux sont des cas particuliers de l'envoi d'un *signal* au processus.

Un signal est un message qu'un processus envoie à un autre lorsqu'un événement anormal se produit, ou lorsqu'il désire une action particulière de l'autre programme. La plupart du temps, ces signaux sont transmis d'un processus aux sous-processus qu'il a lui-même créés (on dit les « *fils* »). Vous êtes déjà familiarisé avec le principe de communication d'informations entre programmes à l'aide de tubes entre les entrées et sorties ; pensez alors qu'un signal est une autre méthode de communication entre programmes (en fait, n'importe quel ouvrage sur les système d'exploitation vous expliquera que ces deux méthodes sont des exemples du principe général de communication inter-processus, ou *IPC* (*interprocess communication*).[6]

Selon la version d'UNIX dont vous disposez, il existe deux ou trois dizaines de signaux différents, dont quelques-uns peuvent être utilisés pour tout ce dont un programmeur peut avoir besoin. Ces signaux ont des numéros (de 1 au nombre de types supportés par le système) et des noms ; nous utiliserons ces derniers. Vous pouvez facilement obtenir la liste de ces signaux, par numéros et par appellations, en tapant KILL -L sous **bash**. Lorsque vous écrivez du code shell mettant des signaux en jeu, gardez bien à l'esprit que les noms sont bien plus portables d'une version d'UNIX à une autre, que les numéros.

5. Toutefois, méfiez-vous : certains programmes peuvent ne pas avoir de comportement « normal » avec cette manipulation. Faites particulièrement attention aux commandes fonctionnant à travers un réseau sur une machine distante ; certaines pourraient être perturbées.

6. Les tubes et les signaux étaient les seuls mécanismes de communication inter-processus disponibles dans les premières versions d'UNIX. Les implémentations modernes comme System V, 4.x BSD (et Linux) en possèdent d'autres, comme les *sockets*, les *tubes nommés* et la *mémoire partagée*. Les tubes nommés sont accessibles au programmeur par l'intermédiaire de la commande `mknod(1)`, qui sort du cadre de cet ouvrage.

Touches de contrôle et signaux

Lorsque vous tapez CTRL-C, vous indiquez au shell d'envoyer le signal INT (pour « interruption ») au processus courant ; CTRL-Z envoie TSTP (sur la plupart des systèmes, pour « Terminal Stop »). On peut aussi envoyer un signal QUIT en faisant CTRL-\ (control-contre-oblique) ; c'est un genre de version plus « musclée » de CTRL-C[7]. Il ne faut employer CTRL-\ que si (et uniquement si) CTRL-C n'a pas d'effet.

Comme nous le verrons bientôt, il existe aussi un signal de dernier recours nommé KILL (littéralement *tuer*, en anglais), que l'on peut envoyer à un processus lorsque même CTRL-\ ne fonctionne pas. Mais il n'est attaché à aucune touche de contrôle, ce qui signifie que vous ne pouvez pas l'employer pour arrêter le programme en cours. INT, TSTP et QUIT sont les seuls signaux utilisables par une combinaison de touches[8].

Vous pouvez configurer les touches de contrôle destinées à envoyer des signaux par des options de la commande `stty`. Elles varient d'un système à l'autre (consultez la page de manuel de cette commande), mais la syntaxe usuelle est `stty nom-du-signal caractère`. Le nom du signal n'est, souvent, malheureusement pas le même que ceux que nous utilisons ici. Le tableau 1.7 de la page 29, dans le chapitre 1, indique ces noms pour les signaux que l'on rencontre sur toutes les versions d'UNIX. Le caractère de contrôle peut être indiqué en le précédent d'un accent circonflexe, symbolisant « contrôle ». Avec cette convention, par exemple, on peut affecter le signal INT à la combinaison de touche CTRL-X en faisant :

```
stty intr ^X
```

Notez que bien que nous vous disions comment faire, cette pratique n'est pas recommandée : modifier l'affectation des touches générant des signaux peut poser des problèmes à quiconque n'est pas au courant et a besoin d'arrêter un processus sur votre machine.

La plupart des autres signaux sont utilisés par le système d'exploitation pour prévenir les processus de certaines conditions d'erreurs, comme une mauvaise adresse mémoire, une division par zéro, une instruction machine erronée, ou des événement particuliers comme un délai écoulé. Les signaux

7. CTRL-\ peut provoquer la création par le shell d'un fichier nommé *core* dans le répertoire courant. Ce fichier contient une image du processus auquel on a envoyé le signal ; un programmeur peut alors l'utiliser pour déboguer le programme qui s'exécutait. Le nom de ce fichier est un terme (très ancien et démodé) désignant la mémoire de l'ordinateur. D'autres signaux peuvent aussi laisser ces *core dumps*; n'hésitez pas à les supprimer car ils prennent de la place disque, à moins qu'un programmeur ne vous demande de les garder.

8. Certains systèmes dérivés de BSD possèdent des touches de contrôle supplémentaires.

restants servent à signaler des erreurs plus ésotériques qui n'ont d'intérêt que pour le programmeur système travaillant à un niveau très bas ; les nouvelles versions d'UNIX contiennent de plus en plus de types de signaux plus ou moins mystérieux pour l'utilisateur final.

La commande `kill`

Vous pouvez faire appel à la commande interne `kill` pour envoyer un signal à tout processus que vous avez créé (et pas seulement le job courant). Elle prend en arguments le numéro de processus, le numéro de job ou le nom de la commande correspondant au processus auquel vous voulez envoyer un signal. Par défaut, `kill` envoie le signal TERM (« terminer »), qui a généralement le même effet que le signal INT envoyé par CTRL-C. Mais vous pouvez indiquer un autre signal en spécifiant son nom (ou son numéro) en tant qu'option, précédée par un tiret.

L'appellation « `kill` », « tuer », doit son origine à la nature du signal par défaut (TERM), mais il y a une autre raison, qui est en rapport avec la façon dont UNIX gère les signaux de manière générale. Les détails sont trop complexes pour faire partie de cet ouvrage, mais l'explication qui va suivre devrait être suffisante.

La plupart des signaux ont pour conséquence la « mort » du processus qui les reçoit ; par conséquent, si vous envoyez n'importe lequel d'entre eux, vous « tuez » le programme concerné. Toutefois, les programmes peuvent être conçus pour « capter » des signaux spécifiques et effectuer certaines actions en conséquence, plutôt que de se terminer. Par exemple, un éditeur de texte fera bien de sauver le fichier en cours d'édition avant de se terminer sur réception d'un signal comme INT, TERM ou QUIT. Déterminer quoi faire sur la réception des divers signaux fait partie des joies de la programmation système sous UNIX.

Voici un exemple d'utilisation de `kill`. Disons que vous avez un processus `moulinette` en tâche de fond, dont le numéro d'identification est 150 et le job correspondant est 1, qui doit être arrêté. Vous commenceriez par cette commande :

```
$ kill %1
```

Si tout va bien, vous devriez alors voir un message comme celui-ci :

```
[1]+ Terminated                moulinette
```

Sinon, c'est que le signal TERM a échoué. L'étape suivante consiste alors à essayer QUIT :

```
$ kill -QUIT %1
```

Si cela marche, vous verrez le message :

```
[1]+  Exit 131                moulinette
```

Le nombre 131 est la valeur de retour du programme `moulinette`[9]. Mais si même QUIT n'a pas d'effet, le dernier recours est alors d'envoyer KILL :

```
$  kill -KILL %1
```

Ce qui produit le message :

```
[1]+  Killed                  moulinette
```

Aucun processus ne peut ignorer le signal KILL, il ne peut pas être capté. Le système d'exploitation arrête immédiatement le programme, sans autre forme de procès, en l'état. S'il ne le fait pas, c'est que le processus est dans l'un des « états bizarres » que nous verrons plus loin, ou qu'il y a un bogue dans votre version d'UNIX (ce qui est peu probable, à ce niveau).

Voici un autre exemple :

Problème 8-1

> Écrire un script nommé *killjobs* qui tue tous les jobs en tâche de fond.

La solution est simple, il suffit d'employer `jobs -p` :

```
kill "$@" $(jobs -p)
```

Vous pourriez être tenté d'envoyer le signal KILL de suite, plutôt que d'essayer d'abord TERM (valeur par défaut) et QUIT. Ne le faites pas. TERM et QUIT sont prévus pour donner une chance au processus de « faire le ménage » avant de se terminer, alors que KILL arrête vraiment tout immédiatement ; c'est la solution extrême à utiliser le moins souvent possible.

Vous pouvez employer la commande `kill` sur tout processus vous appartenant, et pas seulement sur ceux mis en tâche de fond depuis votre shell courant. Par exemple, si vous utilisez un système à fenêtrage, vous travaillez sûrement avec plusieurs fenêtres représentant des terminaux à l'écran, chacune d'elles exécutant son propre shell. Si l'un de ces shells exécute un processus que vous désirez arrêter, vous pouvez tuer ce programme depuis une autre fenêtre (mais vous ne pouvez pas l'indiquer par son numéro de job, puisqu'il lui a été attribué sous un autre shell ; vous devez utiliser son PID).

---

9. Lorsqu'un script reçoit un signal, il sort avec la valeur `128 + N`, où `N` est le numéro du signal qu'il a reçu. Dans notre cas, `moulinette` est un shell script, et il se trouve que QUIT est le signal numéro 3 sur le système utilisé.

la commande ps

Le cas précédent est l'un des rares où un utilisateur occasionnel peut avoir besoin du numéro d'un processus. C'est la commande `ps` qui fournit cette information ; mais elle peut toutefois afficher bien d'autres renseignements complémentaires.

Il s'agit d'une commande complexe. Elle prend plusieurs options, certaines étant différentes selon les versions d'UNIX. Pour couronner le tout, il arrive qu'il faille employer des options différentes sur plusieurs versions de ce système pour obtenir la même information ! Nous utiliserons celles qui sont disponibles sur les deux types les plus importants d'UNIX, à savoir ceux dérivés de System V (comme la plupart des versions pour machines PC à base de processeurs Intel, aussi bien que AIX de IBM et HP/UX de Hewlett-Packard) et ceux dérivés de BSD (Ultrix de DEC, SunOS, FreeBSD, etc.) Si vous ne savez pas à quelle famille appartient votre système UNIX, essayez les options System V d'abord[10].

On peut invoquer `ps` sous sa forme la plus simple, c'est-à-dire sans option. Dans ce cas, elle affiche une ligne d'informations sur le shell de la session courante et tous les processus qui y tournent (comme les jobs en tâche de fond). Si vous avez par exemple lancé trois processus correspondant aux commandes `moulinette`, `tri lettres` et `analyse`, la commande `ps` d'un système type System V produirait une sortie comme ci-dessous :

```
  PID TTY       TIME COMD
  146 pts/10    0:03 -bash
 2349 pts/10    0:03 moulinette
 2367 pts/10    0:17 tri
 2389 pts/10    0:09 analyse
 2390 pts/10    0:00 ps
```

Alors qu'un système de type BSD afficherait quelque chose comme ceci (vous pouvez ignorer la colonne STAT) :

```
  PID TTY STAT  TIME COMMAND
  146 10  S     0:03 /bin/bash
 2349 10  R     0:03 moulinette
 2367 10  D     0:17 tri lettres
 2389 10  R     0:09 analyse
 2390 10  R     0:00 ps
```

C'est un peu comme la commande `jobs` : PID est le numéro de processus ; TTY (ou TT) est le terminal (ou le pseudo-terminal, s'il s'agit d'un système à fenêtres) depuis lequel le programme a été invoqué ; TIME est

10. Sous Linux, la commande `ps` est de type BSD.

le temps machine utilisé (ce n'est pas une horloge) ; COMD (ou COMMAND) est le nom de la commande. Notez que les versions BSD affichent les arguments des commandes, contrairement aux versions System V. Notez également que la première ligne concerne le shell parent de ces processus, et que dans la dernière, la commande `ps` liste son propre processus.

Sans argument, `ps` liste tous les processus lancés depuis le terminal ou le pseudo-terminal courant. Mais comme ce n'est pas une commande shell, elle ne peut faire la correspondance entre les numéros de processus et les différents jobs. Elle ne peut pas non plus vous aider à trouver les programmes s'exécutant dans une autre fenêtre shell.

Pour obtenir cette dernière information, faites `ps -a` (pour « *all* », « tous » en anglais). Vous aurez alors la liste de bien d'autres processus, en fonction de votre version d'UNIX.

System V

Au lieu d'afficher tous les processus qui ont été lancés depuis un terminal particulier, `ps -a` sur les systèmes dérivés de System V liste tous ceux qui sont associés à n'importe quel terminal et qui ne sont pas *chefs de groupe*. Dans notre cas, un « chef de groupe » désigne le shell père d'un terminal ou d'une fenêtre. Par conséquent, si vous êtes sous un environnement à fenêtres, `ps -a` liste tous les processus lancés dans toutes les fenêtres (par tous les utilisateurs), mais pas les shells pères.

Considérons que, dans l'exemple ci-dessus, vous n'avez qu'un seul terminal ou un seule fenêtre. Dans ce cas, `ps -a` affichera la même chose que `ps` tout court, à l'exception de la première ligne, puisque c'est le shell père. Cela ne semble pas très utile.

Mais considérons maintenant ce qui se passe lorsque vous disposez de plusieurs fenêtres ouvertes. Disons que vous en avez trois, toutes sous l'émulateur de terminal `xterm` du système X Window. Vous lancez en tâche de fond vos programmes `moulinette`, `tri` et `analyse` dans des fenêtres correspondant aux pseudo-terminaux 1, 2 et 3, respectivement. Cette situation est illustrée dans la figure 8.1. Considérons que vous êtes dans la toute première, en haut. Si vous tapez `ps`, vous verrez quelque chose comme ceci :

```
 PID TTY      TIME COMD
 146 pts/1    0:03 bash
2349 pts/1    0:03 mouline
2390 pts/1    0:00 ps
```

Mais si vous faites `ps -a`, il s'affichera ceci :

```
 PID TTY      TIME COMD
 146 pts/1    0:03 bash
```

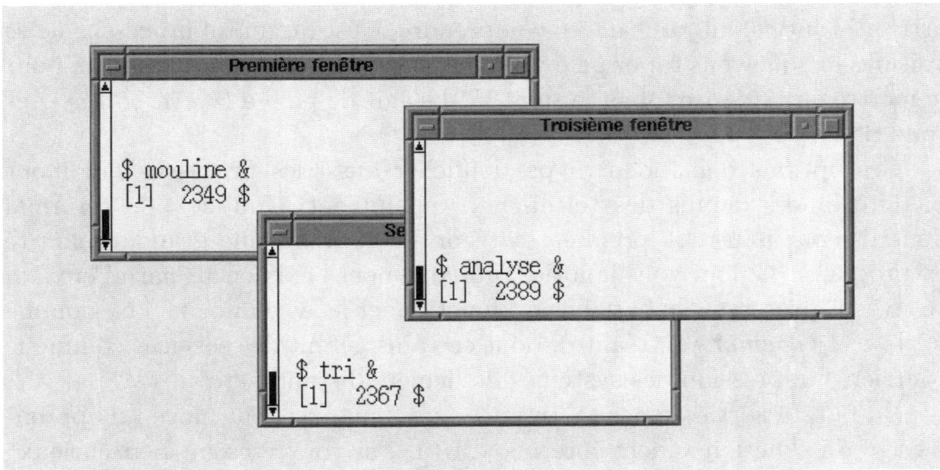

FIG. 8.1 - *Processus en arrière-plan dans plusieurs fenêtres.*

```
2349 pts/1    0:03 mouline
2367 pts/2    0:17 tri
2389 pts/3    0:09 analyse
2390 pts/1    0:00 ps
```

Vous devez commencer à comprendre comment `ps` peut vous aider à trouver un processus posant un problème. S'il s'agit de `analyse`, vous pouvez taper `kill 2389`. Si cela ne marche pas, essayez `kill -QUIT 2389`, ou, dans le pire des cas, `kill -KILL 2389`.

BSD

Sur les systèmes dérivés de BSD, `ps -a` liste tous les processus qui ont été lancés depuis n'importe quel terminal ; en d'autres termes, c'est un peu comme si chaque utilisateur tapait `ps` et que l'on rassemble tous les résultats. En conséquence, `ps -a` vous indiquera tous les processus que montrent les versions System V, plus les chefs de groupes (shells pères).

Malheureusement, quelle que soit la version d'UNIX, `ps -a` n'indiquera pas certains processus qui se trouvent dans un état « second », qui « oublient » certaines choses comme le shell depuis lequel ils ont été appelés et le terminal auquel ils sont censés appartenir. De tels processus sont appelés « zombies » ou « orphelins ». Si vous avez de sérieux problèmes de ressources avec un programme, il est possible qu'il soit entré dans un tel état.

Mais ne nous inquiétons pas de savoir comment ou pourquoi cela peut arriver. Tout ce que vous devez comprendre, c'est qu'un tel processus ne se voit pas lorsque vous tapez `ps -a`. Vous devez utiliser une autre option pour le mettre en évidence : sous System V, il s'agit de `ps -e` (« *everything* ») et sous BSD, c'est `ps -ax`.

Ces options demandent à `ps` d'afficher aussi les processus qui n'ont pas été lancés depuis des terminaux, ou qui ont « oublié » le terminal dont ils sont issus. La première catégorie comprend une grande quantité de programmes dont vous ignoriez probablement l'existence : parmi eux, on trouve les processus de base faisant fonctionner le système, que l'on nomme *démons*[11] (*daemons* en réalité), dont certains gèrent des services comme le courrier, l'impression, les systèmes de fichiers distants, etc.

En fait, la sortie de `ps -e` ou `ps -ax` est un excellent moyen d'apprentissage du fonctionnement internet d'UNIX, si vous êtes un peu curieux : lancez la commande sur votre système, et appelez `man` sur tous les noms de programmes semblant intéressants dans la liste qui sera affichée (ou regardez dans la version imprimée du manuel, si vous en possédez une).

Les shells et programmes des utilisateurs apparaissent tout en bas de la liste affichée par `ps -e` ou `ps -ax` ; c'est là que vous devez rechercher les éventuels processus posant des problèmes. Notez que beaucoup d'entre eux ont un point d'interrogation, à la place d'un nom de terminal associé : soit ils ne sont pas censés appartenir à un terminal (comme les démons), soit ils sont zombies. Par conséquent, il y a des chances pour que si `ps` ne trouve pas un processus que vous tentez de tuer, `ps -e` (ou `ps -ax` l'affichera avec ce « `?` » dans la colonne TTY. La colonne COMMAND vous indiquera quel est le programme correspondant.

La commande `trap`

Maintenant que nous avons vu comment les signaux peuvent être exploités par de simples utilisateurs, parlons un peu de la manière dont les programmeurs shells peuvent les mettre à profit. Nous ne nous étendrons pas trop sur le sujet, car c'est vraiment le domaine réservé des programmeurs système.

Nous avons dit plus haut que les programmes peuvent en général être prévus pour « capter » des signaux spécifiques pour les traiter à leur manière. La commande interne `trap` permet cela depuis un shell script. Elle

11. Démon est une francisation familière du vocable informatique anglais `daemon`, qui signifie *Disk And Extension MONitor*, c'est-à-dire qui n'est pas invoqué manuellement mais attend en tâche de fond que quelque chose se passe, que quelque condition se produise. Ce terme fut introduit au départ sous CTSS (Compatible Time Sharing System), un ancêtre du système MULTICS, lui-même parent d'UNIX.

est importante lorsqu'il s'agit de rendre de grands programmes « à l'épreuve des balles », afin qu'ils puissent réagir correctement à des événements anormaux (tout comme n'importe quelle application doit savoir se comporter sainement sur des saisies non valides). Elle est également nécessaire dans certains travaux de programmation, comme nous le verrons dans le chapitre suivant.

La syntaxe de `trap` est :

```
trap commande sig1 sig2 ...
```

Cela signifie en substance : sur réception de `sig1`, `sig2`, etc., exécuter `commande`, puis reprendre le cours normal du programme. Après ce traitement, le script continue, juste après la commande qui a été interrompue par le signal[12].

Bien entendu, `commande` peut être un script ou une fonction. Les signaux peuvent être spécifiés par nom, ou par numéro. On peut aussi invoquer `trap` sans argument, dans ce cas le shell affichera une liste de tous les signaux captés, en employant leurs noms symboliques.

Voici un exemple simple, qui montre comment fonctionne `trap`. Supposons que nous avons un script appelé `boucle`, contenant ce code :

```
while true; do
    sleep 60
done
```

Ces lignes réalisent une pause de 60 secondes, qui se répète indéfiniment. Le mot `true` est une commande « bidon » dont la valeur de retour est toujours 0.[13]

Essayez ce script. Lancez-le, et laissez-le tourner un petit moment, puis tapez CTRL-C (si c'est bien votre touche d'interruption). Il devrait s'arrêter, et vous devriez retrouver l'invite du shell.

Maintenant, insérez la ligne suivante au début du code :

```
trap "echo 'Vous avez tapé control-C !'" INT
```

Lancez le script encore une fois, et tapez `ctrl-c`. Cela interrompt la commande `sleep`, et vous devez voir s'afficher le message « `Vous avez tapé control-C !` » ; mais le script ne s'arrêtera pas : il continue après cette commande `sleep`, c'est-à-dire qu'il boucle et recommence cette commande. Pour l'arrêter, tapez CTRL-Z puis `kill %1`.

12. C'est ce qui se passe en général. Quelquefois, la commande en cours se terminera prématurément (c'est ce que fait `sleep`, nous le verrons bientôt), d'autres s'exécutent jusqu'au bout. Donner plus de détails sur ce sujet déborderait largement du cadre de ce livre.

13. Elle a un équivalent interne au shell, qui est « : ».

Ensuite, exécutez ce script en arrière-plan en le lançant par `boucle &`. Tapez `kill %boucle` (ce qui revient à lui envoyer le signal TERM) ; il se terminera aussitôt. Ajoutez TERM à la commande `trap`, comme ceci :

```
trap "echo 'Vous avez tapé control-C !'" INT TERM
```

Recommencez alors comme tout à l'heure : lancez le script en arrière-plan et tapez `kill %boucle`. Vous verrez le même message, et il continuera à tourner. Pour l'arrêter, tapez `kill -KILL %boucle`.

Notez que le message n'est plus approprié, sur la réception du signal TERM. Nous allons donc modifier le code pour l'adapter à cette situation :

```
trap "echo 'Vous avez tapé control-C !'" INT
trap "echo 'Vous avez tenté de me tuer !'" TERM
while true; do
    sleep 60
done
```

Maintenant, essayez les deux manipulations, CTRL-C en avant-plan et KILL en arrière-plan. Vous devriez voir les messages appropriés dans chaque cas.

Signaux et fonctions

La relation entre `trap` et les fonctions shell est simple et directe, mais il y a certaines nuances que nous devons expliquer. La chose la plus importante à comprendre, c'est que les fonctions sont considérées comme faisant partie du shell qui les appelle. Cela signifie que les signaux captés dans le shell appelant seront reconnus à l'intérieur de la fonction, et, plus important encore, tout « trap » défini dans la fonction sera reconnu par ce shell une fois que la fonction aura été appelée. Observez ce code :

```
settrap () {
    trap "Vous avez tapé control-C !'" INT
}
settrap
while true; do
    sleep 60
done
```

Si vous lancez ce script et que vous faites CTRL-C, il affichera le message « `Vous avez tapé control-C !` ». Dans ce cas précis, la définition `trap` située dans la fonction existe toujours lorsque cette fonction ce termine.

Maintenant, voyez ce code-ci :

```
boucle () {
    trap "echo 'Je te vois !'" INT
    while true; do
        sleep 60
    done
}
trap "Vous avez tapé control-C !'" INT
boucle
```

Lorsqu'on l'exécute et que l'on tape CTRL-C, il affiche « `je te vois !` ». Dans ce cas, le signal est capté dans le script appelant, mais comme la fonction est appelée, le traitement en est redéfini. La première définition est donc perdue. Il se passe la même chose dans le code suivant :

```
boucle () {
    trap "echo 'Je te vois !'" INT
}
trap "echo 'Vous avez tapé control-C !'" INT
boucle
while true; do
    sleep 60
done
```

Là encore, le traitement du signal est redéfini dans la fonction, et c'est cette définition qui est prise en compte une fois que l'on est entré dans la boucle.

Nous allons maintenant voir un exemple plus pratique d'utilisation de `trap`.

Problème 8-2

> Écrire le code shell qui permet à un utilisateur de composer un message, en tant que sous-ensemble d'un système de courrier électronique.

Le principe de base consiste à employer `cat` pour créer le message dans un fichier temporaire, puis passer le nom de ce fichier à un programme qui s'occupe d'envoyer le courrier à destination. Le code qui crée le fichier est très simple :

```
message=/tmp/msg$$
cat > $message
```

Puisque `cat`, sans argument, lit son entrée standard, cet utilitaire attendra que l'utilisateur tape son texte et termine sa saisie par CTRL-D.

Variables de PID et fichiers temporaires

La seule chose nouvelle pour nous dans ce script est l'expression du nom de fichier, qui contient deux signes dollar (`$$`). Il s'agit d'une variable spéciale, dont la valeur est le numéro de processus du shell courant.

Pour voir comment cette variable fonctionne, tapez `ps` et notez le numéro de processus de votre shell (`bash`). Puis, tapez `echo "$$"` ; le shell devrait alors afficher la même valeur. Maintenant, tapez `bash` pour lancer un sous-shell, et lorsque vous avez l'invite, répétez cette procédure. Vous devriez voir s'afficher un nouveau nombre, probablement plus élevé que le premier.

Il existe une autre variable de ce type, « `!` » (c'est-à-dire que sa valeur est `$!`). Elle contient le numéro de processus du job le plus récemment passé en arrière-plan. Pour mettre son fonctionnement en évidence, invoquez n'importe quel job en tâche de fond et notez son numéro de processus, affiché par le shell à côté du `[1]`. Puis, tapez `echo "$!"` ; vous devriez obtenir la même valeur.

Pour revenir à notre exemple de courrier : puisque tous les processus du système doivent avoir un numéro unique, la variable `$$` est parfaite pour construire des noms de fichiers temporaires.

Le répertoire */tmp* est, par convention, destiné à recevoir ces fichiers temporaires. Beaucoup de sytèmes possèdent également */usr/tmp*, dont l'usage est le même. Tous les fichiers contenus dans ces répertoires sont généralement effacés lorsque l'ordinateur est réamorcé.

Néanmoins, les programmes doivent supprimer leurs fichiers temporaires lorsqu'ils n'en ont plus l'utilité ou lorsqu'ils se terminent, afin d'éviter de gâcher inutilement de l'espace de stockage. Nous pouvons le faire facilement dans notre script, en ajoutant la ligne `rm $msgfile` après le code qui envoie le message. Mais que se passe-t-il si le programme reçoit un signal pendant son exécution ? Par exemple, que faire si un utilisateur change d'avis et décide de ne plus écrire, et tape CTRL-C pour arrêter la procédure ? Il nous faudrait au moins « faire le ménage » avant de sortir du code. Nous allons émuler le comportement du système de courrier UNIX en sauvant le message en cours d'écriture dans un fichier nommé *lettre.perdue*[14], dans le répertoire courant. C'est réalisable en utilisant `trap` avec une chaîne de commandes qui inclut `exit` :

```
trap 'mv $message lettre.perdue; exit' INT TERM
message=/tmp/msg$$
cat > $message
# code envoyant le contenu de $message à l'adresse du correspondant...
rm $message
```

14. Traditionnellement, ce fichier se nomme en réalité *dead.letter*.

Lorsque le script reçoit un signal INT ou TERM, il supprime le fichier temporaire et se termine. Notez que la chaîne de commande n'est pas évaluée avant qu'elle n'ait besoin d'être exécutée, aussi `$message` contiendra la valeur correcte ; c'est pourquoi nous l'avons protégée par des apostrophes.

Mais que se passe-t-il si ce script reçoit un signal avant que le fichier ne soit créé (même s'il y a peu de chances que cela se produise) ? Eh bien, `mv` essaiera de renommer un fichier qui n'existe pas. Pour corriger ce défaut, nous devons vérifier l'existence du fichier `$message` avant de tenter de le supprimer. Le code correspondant est un peu gros pour être mis dans une seule ligne de commandes, aussi nous utiliserons une fonction :

```
function balai {
    if [ -e $message ]; then
          mv $message lettre.perdue
    fi
    exit
}
trap balai INT TERM
message=/tmp/msg$$
cat > $message
# code envoyant le contenu de $message à l'adresse du correspondant...
rm $message
```

Ignorer des signaux

Il arrive parfois que l'on ne veuille rien faire sur réception d'un signal. Si l'on indique une chaîne nulle (`""`) comme argument à `trap`, le shell ignorera ce signal. L'exemple classique de signal que l'on veut souvent ignorer, c'est HUP (*hangup*). Il se produit sur certains systèmes UNIX lors d'une déconnexion (comme la coupure de la ligne téléphonique sur une liaison par modem) ou certaines conditions sur un réseau.

Par défaut, ce signal fait comme les autres, il tue le processus qui le reçoit. Mais il y a des cas où ce n'est pas souhaitable, lorsqu'un traitement s'effectuant en tâche de fond doit absolument continuer.

Pour cela, on peut écrire une fonction très simple comme celle-ci :

```
function ignorehup {
    trap "" HUP
    eval "$@"
}
```

Nous créons une fonction plutôt qu'un script pour des raisons qui apparaîtront plus claires lorsque nous aborderons les sous-shells en détail, à la fin de ce chapitre.

En fait, il existe une commande UNIX appelée **nohup** qui fait exactement cela. Le script de lancement présenté page 207 dans le dernier chapitre pourrait inclure **nohup** :

```
eval nohup "$@" > fichier.trace 2>&1 &
```

Il évite que le signal HUP n'arrête votre commande, et enregistre les deux sorties standard dans un fichier. En réalité, la ligne suivante est suffisante :

```
nohup "$@" > fichier.trace 2>&1 &
```

Si vous comprenez pourquoi `eval` est redondant lorsque vous employez **nohup** dans ce cas, c'est que vous avez parfaitement assimilé les notions présentées dans le chapitre précédent.

Remise à zéro

Un autre cas « spécial » de la commande **trap** se produit lorsqu'on lui donne un tiret (`-`) en argument : l'action effectuée sur la réception du signal correspondant est remise à sa valeur par défaut, qui est généralement l'arrêt du processus.

Comme exemple, revenons à notre programme de courrier électronique. Après que l'utilisateur a envoyé son message, le fichier temporaire est effacé. À ce point, puisqu'il n'y a plus besoin de ménage, nous pouvons remettre le traitement du signal à sa valeur par défaut. Le code, en dehors des définitions des fonctions, est alors celui-ci :

```
trap abandon INT
trap balai TERM
message=/tmp/msg$$
cat > $message
# code envoyant le contenu de $message à l'adresse du correspondant...
rm $message
trap - INT TERM
```

La dernière ligne remet à zéro les gestionnaires des signaux INT et TERM.

Tout cela pourrait faire penser que l'on peut passer beaucoup de temps lors de l'écriture d'un script, rien que pour la gestion des signaux. Il est vrai que les programmes de classe « industrielle » contiennent des quantités considérables de code pour ce traitement. Mais ils sont en général eux-mêmes tellement grands, que cela n'en représente malgré tout qu'une infime partie. Vous pouvez vous douter que, par exemple, le système de courrier électronique d'UNIX est complètement à l'épreuve des balles.

Toutefois, vous n'écrirez probablement jamais de script si complexe et devant être parfaitement sécurisé, qui demande une gestion des signaux efficace. Il se peut que vous utilisiez le langage shell pour réaliser un prototype de programme de taille conséquente, mais les prototypes, par définition, n'ont pas besoin d'être parfaits.

Par conséquent, vous n'avez pas à vous inquiéter et mettre une gestion de signaux toutes les 20 lignes de code. Il suffit que vous sachiez déterminer les quelques situations où un signal pourrait provoquer un comportement vraiment gênant de la part de votre application, et ajouter juste le code nécessaire pour parer à cette situation. Comment définir un « comportement vraiment gênant » ? Disons pour fixer les idées, que dans les exemples précédents, le cas où HUP provoque l'arrêt de vos travaux en cours est extrêmement gênant, alors que celui du fichier temporaire dans notre programme de courrier ne l'est pas vraiment.

Coroutines

Nous avons consacré les dernières pages à des détails du comportement des processus, pratiquement microscopiques. Plutôt que de continuer à descendre dans l'infiniment petit, nous allons maintenant observer ces processus d'un peu plus haut.

Au cours de ce chapitre, nous avons vu comment contrôler de multiples processus simultanés pendant une session ; nous allons aborder ici la manière de contrôler de multiples processus depuis un programme shell. Lorsque deux (ou plus) programmes sont explicitement conçus pour fonctionner en même temps, voire communiquer ensemble, on les appelle des *coroutines*.

Il n'y a rien de neuf, si ce n'est le nom : un pipe-line est un exemple de coroutines. Dans une ligne composée de plusieurs commandes enchaînées par des tubes, le shell encapsule les processus selon un ensemble de règles très sophistiquées, en ce qui concerne la manière dont ils inter-réagissent les uns avec les autres. Si nous voulons examiner cela de plus près, nous avons intérêt à comprendre d'autres méthodes de gestion de coroutines ; la plupart s'avérant d'ailleurs bien plus simples.

Lorsque vous invoquez un pipe-line, par exemple `ls | more`, le shell appelle une série d'opérations UNIX, qui sont des *primitives* ou des *appels systèmes*. En fait, il demande à UNIX de faire les choses suivantes (au cas où cela vous intéresserait, nous avons indiqué entre parenthèses l'appel système utilisé à chaque étape) :

- créer deux sous-processus, que nous appellerons P1 et P2 (appel système `fork`) ;

- initialiser les E/S entre les processus de sorte que la sortie standard de P1 envoie ses données à l'entrée standard de P2 (`pipe`) ;

- lancer `/bin/ls` dans le processus P1 (`exec`) ;

- lancer `/bin/more` dans le processus P2 (`exec`) ;

- attendre que les deux processus se terminent (`wait`) ;

Vous pouvez facilement déduire de cet exemple ce qui se passe lorsque la ligne de commandes met en jeu plus de deux programmes.

Pour l'instant, simplifions les choses. Nous allons voir comment créer plusieurs processus s'exécutant simultanément, mais qui ne communiquent pas entre eux. Par exemple, nous voulons que les programmes `moulinette` et `filtre` fonctionnent comme coroutines, sans communication, dans un shell script. Notre solution initiale serait celle-ci:

```
moulinette &
filtre
```

Considérons pour le moment que `filtre` est la dernière commande du script. L'exemple ci-dessus fonctionnera, mais uniquement si `moulinette` se termine en premier. Si ce programme est toujours en fonctionnement lorsque notre script se termine, il deviendra orphelin, c'est-à-dire qu'il entrera dans un des « états bizarres » que nous avions mentionné plus haut dans ce chapitre. Ne nous préoccupons pas des détails de cet état, considérons que nous ne voulons surtout pas que cela se produise ; si cela vous arrive, vous devrez employer la méthode de recherche de ces processus décrite à partir de la page 229.

La commande wait

Il existe un moyen de s'assurer que le script ne se terminera pas avant `moulinette` : la commande interne `wait`. Sans argument, elle attend jusqu'à ce que tous les processus en arrière-plan se terminent. Aussi, pour que notre exemple se comporte correctement, nous ajoutons `wait` :

```
moulinette &
filtre
wait
```

Ici, lorsque `filtre` se termine en premier, le shell parent attendra que `moulinette` finisse son travail avant de se terminer lui-même.

Si votre script comporte plus d'un processus en arrière-plan et que vous devez attendre la fin de certains, bien spécifiques, vous pouvez passer à `wait` le PID de chacun.

Toutefois, vous trouverez probablement que `wait` sans argument suffit à la plupart des coroutines que vous aurez à programmer. Les situations dans lesquelles il faut attendre la fin de programmes particuliers sortent du cadre de cet ouvrage.

Avantages et inconvénients des coroutines

En fait, vous êtes en droit de vous demander pourquoi programmer des coroutines qui ne communiquent pas entre elles. Par exemple, pourquoi ne pas simplement lancer `filtre` après `moulinette`, de la manière la plus naturelle? Quel avantage y a-t-il à faire tourner ces deux programmes en même temps?

Si vous travaillez sur un ordinateur ne comportant qu'un seul microprocesseur (CPU), cela peut améliorer les performances globales.

En gros, on peut classer les processus en fonction des ressources qu'ils consomment, en trois catégories : les consommateurs de CPU (par exemple, ceux qui effectuent beaucoup de traitements numériques), les consommateurs d'E/S (ceux qui font beaucoup de lectures/écritures sur disque), les interactifs (ceux qui demandent des interventions de la part de l'utilisateur).

Depuis le chapitre 1, nous savons que lancer un programme interactif en arrière-plan n'a aucun sens. Mais en dehors de ça, plus des processus diffèrent en fonction les trois critères ci-dessus, plus on a d'avantages à les faire fonctionner simultanément. Par exemple, un gros traitement numérique se fera très bien même si dans le même temps se déroule une longue recherche dans une base de données, faisant beaucoup d'entrées/sorties.

D'un autre côté, si deux processus utilisent les mêmes ressources de façon similaire, il peut même être moins efficace de les faire tourner ensemble que séparément. Pourquoi ? À la base, parce que dans de telles circonstances, le système d'exploitation doit partager plus souvent (« découper en tranches ») les ressources nécessaires.

Par exemple, si deux programmes sont des gros consommateurs d'accès disque, le système peut entrer dans un mode où il passe son temps à basculer le contrôle du disque dur entre les deux processus concurrents ; il peut arriver à passer plus de temps à effectuer la commutation que dans les processus eux-mêmes. Ce phénomène est connu sous le nom de *trashing* ; s'il devient très important, il peut même aller jusqu'à figer le système pendant un temps très long. C'est un problème courant ; les administrateurs système et les développeurs passent beaucoup de leur temps à tenter de le minimiser.

Parallélisme

Mais si vous possédez un ordinateur comportant plusieurs processeurs (comme Pyramid, Sequent, ou Sun MP), vous devriez être beaucoup moins concerné par ce problème. De plus, les coroutines peuvent apporter un gain de vitesse énorme sur ce type de machine. Le découpage d'un processus en plusieurs coroutines est parfois appelé *parallélisation*, car l'ordinateur exécutera sans doute chaque programme en *parallèle* sur différents processeurs : normalement, lorsqu'on lance un programme en tâche de fond sur ce type de machine, le système l'attribue au prochain processeur disponible. Cela signifie que deux processus (ou plus) fonctionnent réellement au même moment, sans artifice de découpage du temps entre eux.

Dans ce cas, le temps d'exécution des coroutines est essentiellement celui de la plus longue, au lieu de la somme des temps d'exécution de tous les processus concernés (bien que si tous les processeurs partagent le même disque dur, les problèmes de ralentissement dû aux d'entrées/sorties concurrentes persistent). Dans le meilleur des cas — tous les programmes s'exécutant en un temps voisin et pas de problèmes de partage d'E/S — vous obtenez un gain de vitesse égal au nombre de processeurs qui équipent l'ordinateur.

Paralléliser un shell script n'est pas toujours chose aisée ; il y a beaucoup de petits détails qui entrent en jeu et autant de sources d'erreurs. Néanmoins, il est bon de savoir le faire, que vous ayez ou non un ordinateur à multiples processeurs ; d'autant que ces machines deviennent de plus en plus courantes de nos jours.

Nous allons vous expliquer comment faire (en vous faisant toucher du doigt quelques-uns des problèmes qui vous attendent) au moyen d'un exercice simple, dont la solution peut se faire par le parallélisme.

Problème 8-3

> On se propose d'écrire un utilitaire qui permet de faire plusieurs copies d'un même fichier au même moment.

Nous appellerons ce script *mcp*. La commande `mcp fichier dest1 dest2 ...` devra copier *fichier* dans toutes les cibles données. Le code correspondant est assez évident :

```
fichier=$1
shift
for dest in "$@"; do
    cp $file $dest
done
```

Maintenant, admettons que nous possédons un ordinateur multi-processeurs et que nous désirons que cette commande s'exécute le plus vite possible. Pour paralléliser notre script, il suffit de lancer les commandes `cp` en arrière-plan et d'en attendre la fin par `wait` :

```
fichier=$1
shift
for dest in "$@"; do
    cp $fichier $dest &
done
wait
```

Simple, pas vrai ? Oui, mais il y a un petit problème : que se passe-t-il si l'utilisateur donne plusieurs destinations identiques ? Si vous avez de la chance, le fichier sera simplement copié deux fois au même endroit. Sinon, les commandes `cp` identiques interfèreront entre elles, ce qui aboutira sans doute en un fichier contenant deux copies habilement mélangées des données originales. Cela contraste avec le comportement de la commande `cp`, qui affiche un message d'erreur si l'on tente de donner deux arguments pointant sur la même destination, et ne copie rien.

Pour corriger ce problème, nous devrions écrire du code qui scrute la liste d'arguments à la recherche de doublons. Bien que ce ne soit pas trop difficile à faire (voir les exercices à la fin de ce chapitre), le temps pris par ce traitement pourrait faire perdre le gain en performances obtenu par la parallélisation ; de plus, ce code contrasterait avec l'élégance et la simplicité du script original.

Comme vous pouvez le voir, même la parallélisation de choses très élémentaires peut entraîner des problèmes dûs aux processus concurrents tentant d'accéder à une même ressource (un fichier dans notre cas). De tels problèmes deviennent d'autant plus difficiles à traiter que la complexité de l'application augmente. Ce type de programme contient souvent bien plus de lignes de code destinées à gérer les cas spéciaux, qu'à effectuer le travail réel.

Par conséquent, vous ne serez pas surpris d'apprendre que les chercheurs travaillent beaucoup sur le parallélisme, le but final étant de créer un outil qui parallélise le code automatiquement (de tels outils existent déjà, mais sont encore limités à quelques petites parties du problème). Même si vous n'avez pas accès à une machine multi-processeurs, la parallélisation d'un shell script est un exercice intéressant qui devrait vous apprendre certaines conséquences ayant trait aux coroutines.

Sous-shells

Pour terminer ce chapitre, nous allons examiner un type très simple de relation inter-processus : celle d'un sous-shell avec son shell père. Nous avons vu dans le chapitre 3 que lorsque vous lancez un script, vous invoquez en fait une autre copie du shell, qui est alors un sous-processus de ce shell principal, ou père. Voyons cela d'un peu plus près.

Héritage

Les choses les plus importantes à connaître dans cette situation sont les caractéristiques que les sous-shells obtiennent, ou *héritent*, de leurs parents. Ce sont :

- le répertoire courant ;
- les variables d'environnement ;
- l'entrée standard, les sorties standard et d'erreurs, plus tout descripteur de fichier ouvert ;
- toute caractéristique définie dans le fichier d'environnement (voir le chapitre 3) ;
- les signaux qui sont ignorés.

Tout aussi importantes sont les caractéristiques qui ne sont pas héritées du père :

- les variables shell, sauf celles d'environnement et celles définies dans le fichier d'environnement (généralement *.bashrc*) ;
- la gestion des signaux qui ne sont pas ignorés.

Nous avons traité certains de ces points dans le chapitre 3, mais comme ce sont de fréquentes sources de confusion, les répéter n'est pas un mal.

Sous-shells intégrés

Les sous-shells n'ont pas besoin d'être des scripts séparés, il est aussi possible d'en lancer depuis le programme (ou fonction) parent. Cela se réalise d'une manière assez semblable aux blocs de commandes que nous avons vus dans le dernier chapitre. Il suffit d'inclure du code shell entre deux parenthèses (au lieu d'accolades), et ce code sera exécuté dans un sous-shell.

Par exemple, voici le programme de calcul du chapitre précédent, dans un sous-shell au lieu d'un bloc de commandes :

```
( while read ligne; do
    echo "$(alg2npi $ligne)"
  done
) | dc
```

Le code situé entre parenthèses fera l'objet d'un processus séparé. Cette technique est généralement moins efficace qu'un bloc de commandes ; il y a très peu de différences de fonctionnalités, elles se situent surtout dans des domaines comme la visibilité, c'est-à-dire les endroits où des choses comme les variables shell et les gestions de signaux sont connus. Tout d'abord, le code contenu dans un sous-shell intégré obéit aux règles d'héritage énoncées ci-dessus, sauf qu'il connaît les variables définies dans le shell qui l'entoure ; au contraire, il faut voir les blocs de commandes comme des modules qui héritent tout de leur shell. Ensuite, les variables et les gestionnaires de signaux définis à l'intérieur d'un bloc de commandes sont connus du code shell situé après ce bloc, alors que ce qui est défini dans un sous-shell ne l'est pas.

Par exemple, considérons le code suivant :

```
{
    alice=moche
    trap "echo 'Vous avez tapé CTRL-C !'" INT
}
while true; do
    echo "\$alice est $alice"
    sleep 60
done
```

Si vous l'exécutez, vous verrez le message « `$alice est moche` » toutes les 60 secondes, et si vous tapez CTRL-C, vous aurez l'affichage de « `Vous avez tapé CTRL-C !` ». Il vous faudra taper CTRL-Z pour l'arrêter (n'oubliez pas de le tuer par `kill %+` ensuite). Maintenant, transformons ce bloc en un sous-shell intégré :

```
(
    alice=moche
    trap "echo 'Vous avez tapé CTRL-C !'" INT
)
while true; do
    echo "\$alice est $alice"
    sleep 60
done
```

Si vous exécutez ce code, vous verrez le message « `$alice est` » ; le shell, en dehors, ne connaît pas la définition de la variable `alice` dans le sous-shell et par conséquent pense qu'elle est nulle. De plus, il ne connaît pas la gestion du signal INT initialisée dans le sous-shell, aussi le script se terminera si vous tapez CTRL-C.

Lorsqu'un langage supporte l'intégration d'unités de code de ce type, il est considéré comme désirable que les définitions contenues dans une unité n'aient de portée qu'à l'intérieur de cette unité. En d'autres termes, les sous-shells intégrés offrent un meilleur contrôle de la visibilité des variables et des gestionnaires de signaux que les blocs de commandes. Par conséquent, nous vous conseillons d'utiliser des sous-shells lorsqu'il doit y avoir des définitions de variables ou de traitement de signaux, à moins que l'efficacité soit un critère décisif.

Substitution de processus

Une possibilité unique à **bash**, mais rarement utilisée, est la substitution de processus. Admettons que vous ayez deux versions d'un programme qui produit de grandes quantités de données en sortie. Vous voulez déterminer la différence entre les sorties de chaque version. Vous pourriez lancer ces deux applications, rediriger leurs sorties dans des fichiers et faire appel à des utilitaires UNIX comme `cmp` ou `diff` pour voir ces différences.

Il y a une autre méthode, qui emploie la substitution de processus. Cette substitution existe sous deux formes : l'une pour l'entrée dans un processus (>`(liste)`), et l'autre pour la sortie (<`(liste)`). Dans ce cas, `liste` est un processus qui a son entrée ou sa sortie connectée à quelque chose via un *tube nommé*. Un tube nommé n'est pas autre chose qu'un fichier temporaire qui agit comme un tube, mais qui porte donc un nom de fichier.

Dans notre cas, nous pourrions connecter les sorties de nos deux programmes à comparer à l'entrée de la commande `cmp` par des tubes nommés :

```
cmp <(prog1) <(prog2)
```

Les deux programmes sont alors exécutés simultanément et leurs sorties connectées à des tubes nommés ; `cmp` lit dans chacun des tubes et compare les informations, en affichant toutes les différences, puisque c'est son rôle.

Ce chapitre a couvert un vaste domaine. Voici quelques exercices qui devraient vous permettre de vérifier que vous avez bien assimilé tout ce que nous venons de voir. Ne vous inquiétez pas si le dernier vous pose quelques problèmes ; il est particulièrement difficile.

1. Écrire un shell script appelé `pinfo` qui combine les commandes `jobs` et `ps` pour afficher une liste des jobs en cours, avec leurs numéros, leurs numéros de processus correspondants, leurs temps d'exécution, et les lignes de commandes complètes.

2. Prenez la dernière version de notre script de compilation C (ou tout autre shell script quelque peu complexe) et sécurisez-la par des gestions de signaux.

3. Prenez la version non pipe-line de notre script de compilation C (ou tout autre shell script quelque peu complexe) et parallélisez-la autant que possible.

4. Écrivez le code qui teste les doublons dans les arguments de notre script `mcp`. Souvenez-vous que différents chemins d'accès peuvent pointer sur le même fichier (truc : si `$i` est `"1"`, alors `eval 'echo \$$i'` affiche le premier argument de la ligne de commandes. Cherchez pourquoi, si vous ne le comprenez pas).

Dans ce chapitre :

- Aides de base au déboguage

9

Déboguage des programmes shell

NOUS ESPÉRONS VOUS AVOIR CONVAINCU que **bash** peut sérieusement être employé en tant qu'environnement de programmation UNIX ; il possède toutes les caractéristiques nécessaires. Mais dans un tel environnement, il est utile de disposer d'un ensemble d'outils puissants et parfaitement intégrés. Par exemple, il existe un grand nombre d'éditeurs de texte, compilateurs, débogueurs, profileurs, analyseurs de références croisées, etc., pour les langages comme C ou C++. Si vous développez dans l'un de ces langages, vous considérez sûrement ces outils comme indispensables, et vous crieriez au scandale si l'on vous imposait de travailler avec, disons, l'éditeur `ed` et le débogueur de code machine `adb`.

Mais quels sont les outils de développement disponibles pour **bash** ? Bien sûr, vous pouvez choisir l'éditeur que vous préférez, y compris `vi` et Emacs. Et comme le shell est un langage interprété, vous n'avez nul besoin de compilateur [1]. Mais il n'y a pas d'autre outil.

Toutefois, on peut utiliser certaines possibilités de **bash** à des fins de déboguage, et c'est ce que nous allons voir dans ce chapitre.

Aide de base au déboguage

De quoi avons-nous besoin pour déboguer un script ? Au niveau le plus empirique, il nous faut un moyen de déterminer ce qui provoque un comportement anormal du programme, et l'endroit où se situe le problème dans le code. On part généralement d'une cause évidente (message d'erreur, sortie inappropriée, boucle infinie, etc.), et l'on tente de remonter jusqu'à trouver quelque chose d'encore plus évident, encore plus proche du problème

1. En fait, si vous êtes vraiment concerné par l'efficacité des scripts, il existe des compilateurs de code shell sur le marché ; ils convertissent les scripts en code C, qui s'exécute souvent un peu plus rapidement une fois compilé.

constaté (variable ayant une valeur erronée, mauvaise option à une commande, etc.), pour éventuellement arriver à l'endroit exact où se trouve l'erreur.

Notez que ces étapes représentent un travail de déduction faisant appel à beaucoup d'intuition, en partant de faits évidents pour aboutir à des informations souvent obscures ; les aides au déboguage facilitent et orientent les déductions en fournissant facilement des informations cohérentes, parfois même automatiquement, et de préférence sans avoir à modifier le code original.

L'aide la plus simple (pour tout langage) est depuis toujours l'instruction d'affichage, `echo` dans le cas du shell. C'est tellement vrai que dans le temps, les programmeurs FORTRAN possédaient dans ce but des cartes pré-perforées contenant l'instruction WRITE qu'ils n'avaient plus qu'à insérer dans le lot... Vous pouvez placer beaucoup de commandes `echo` dans votre code (en les supprimant après), mais vous allez passer beaucoup de temps non seulement à cerner le problème, mais aussi à déterminer où et quand vous désirez voir quoi. Cela produira aussi probablement une grande quantité de lignes, dans lesquelles il vous faudra trouver la petite information que vous cherchez.

Les options de `set`

Heureusement, le shell possède quelques options de base qui offrent certaines fonctionnalités de déboguage, en dehors de la commande `echo`. Les plus élémentaires sont les options de `set -o` (voir le chapitre 3). Elles peuvent aussi être utilisées sur la ligne de commandes lors de l'exécution d'un script, comme le montre le tableau 9.1. L'option `verbose` affiche simplement (sur la sortie d'erreurs) toutes les entrées que le shell lit. Elle est utile pour déterminer le point exact où le script « plante ». Par exemple, supposons que votre programme soit comme celui-ci :

set -o	Ligne de commande	Action
noexec	-n	N'exécute pas les commandes ; vérifie juste la syntaxe
verbose	-v	Affiche les commandes avant de les exécuter
xtrace	-x	Affiche les commandes après traitement de la ligne

TAB. 9.1 - *Les options de déboguage*

```
moulinette
filtre
analyse
imprime
mange
boit
```

Aucune de ces commandes n'est un utilitaire standard d'UNIX et chacune s'exécute sans afficher quoi que ce soit. Admettons que le programme s'arrête inopinément avec le message peu engageant « `segmentation violation` ». Cela ne nous dit pas quelle commande a provoqué cette erreur. Mais si vous tapez `bash -v nom-du-script`, il s'affichera quelque chose du genre :

```
moulinette
filtre
analyse
segmentation violation
imprime
mange
boit
```

Vous voyez immédiatement que le coupable est le programme *analyse*, bien qu'il soit aussi possible qu'il ait eu un problème dû aux résultats de *filtre* et *moulinette*, auxquels il ne s'attendait pas (par exemple, un fichier d'entrée qui n'aurait pas été créé).

L'option `xtrace` est plus puissante : elle affiche les lignes de commandes après qu'elles ont subi la substitution de paramètres et de commandes, et les autres étapes de traitement (décrites dans le chapitre 7). Par exemple :

```
$  set -o xtrace
$  alice=moche
+ alice=moche
$  echo "$alice"
+ echo moche
moche
$  ls -l $(type -path vi)
++ type -path vi
+ ls -F -l /usr/bin/vi
lrwxrwxrwx  1 root   root      5 Jul 26 20:59 /usr/bin/vi -> elvis*
$
```

Comme vous le constatez, `xtrace` commence chaque ligne qu'il affiche par le signe `+` (chacun représentant un niveau d'expansion). Ce signe est configurable : c'est le but de la variable interne PS4. Par conséquent, si vous attribuez la valeur « `xtrace -->` » à PS4 (dans votre *.bashrc* ou *.bash_profile* par exemple), vous obtiendrez des traces ayant l'allure suivante :

```
$  ls -l $(type -path vi)
xxtrace--> type -path vi
xtrace--> ls -l /usr/bin/vi
lrwxrwxrwx  1 root   root      5 Jul 26 20:59 /usr/bin/vi -> elvis*
$
```

Notez que pour de multiples niveaux d'expansion, seul le premier caractère de PS4 est affiché afin de rendre la sortie plus lisible.

Il existe une méthode encore meilleure pour configurer PS4, qui consiste à employer une variable interne dont nous n'avons pas encore parlé : `LINENO`, qui contient le numéro de la ligne en cours d'exécution dans le shell script[2]. Mettez la ligne suivante dans votre *.bash_profile*, ou votre fichier d'environnement :

```
PS4='ligne $LINENO: '
```

Nous utilisons ici la même technique que pour PS1 dans le chapitre 3 : protéger la chaîne par des apostrophes pour retarder l'évaluation de l'expression, qui sera faite chaque fois que le shell affichera cette invite. Ici, nous aurons un affichage de la forme « `ligne N:` » dans la trace. On peut même inclure le nom du shell en cours de déboguage dans cette invite, en utilisant le paramètre positionnel `$0` :

```
PS4='$0 ligne $LINENO: '
```

Prenons un autre exemple. Disons que vous essayez de trouver un bogue dans un script nommé `bidule` qui contient ce code :

```
dbfmq=$1.fmq
  ...
fndrs=$(cut -f3 -d' ' $dfbmq)
```

Vous tapez la commande `bidule demain` pour l'exécuter normalement, et il plante. Vous faites alors `bash +x bidule demain`, et vous voyez ceci :

```
+ dbfmq=demain.fmq
  ...
+ + cut -f3 -d
```

Il plante encore à cet endroit. Vous notez que `cut` n'a pas de nom de fichier en argument, ce qui signifie qu'il doit y avoir une erreur dans

2. `LINENO` ne vous donnera pas la ligne courante dans une fonction. En effet, les informations sur les lignes de code source sont perdues une fois que la fonction est chargée en mémoire. Cette variable donne alors une approximation du nombre de commandes simples exécutées dans la fonction en cours.

la variable `dbfmq`. Mais la ligne `dbfmq demain.dbfmq` a été correctement exécutée... Ah ! Voilà ! Vous avez fait une faute de frappe dans le nom de la variable, à l'intérieur de l'instruction de substitution de commande[3]. Après correction de ce bogue, votre script fonctionne parfaitement. Vous voilà donc heureux.

La dernière option, `noexec`, lit le script, recherche les erreurs de syntaxe, mais n'exécute rien. Elle rend service lorsque le programme est syntaxiquement complexe (beaucoup de boucles, de blocs de commandes, d'opérateurs de chaînes, etc.) et que le bogue a des effets de bords indésirables (comme la création d'un gigantesque fichier ou le blocage du système).

Vous pouvez mettre ces options en service en plaçant une instruction `set -o` dans vos scripts, comme nous l'avons expliqué dans le chapitre 3, et les annuler par `set +o`. Par exemple, si vous déboguez un bout de code, vous pouvez le faire précéder de `set -o xtrace` pour faire afficher les commandes exécutées à cet endroit particulier, et mettre `set +o xtrace` juste un peu plus loin.

Le signal EXIT

On peut aussi utiliser des signaux pour le déboguage de programmes. Il est possible, en particulier, de faire envoyer un signal par le script lorsqu'il se termine : **bash** propose à cet effet le signal EXIT.

Il ressemble à tous les autres signaux que nous avons rencontrés dans le chapitre précédent, à la différence qu'il est généré par le shell au lieu du système d'exploitation. Souvenez-vous que `trap` permet l'installation de code destiné à être exécuté lorsqu'un signal particulier est envoyé au programme. Il est donc possible de faire exécuter du code de déboguage lorsqu'un script se termine[4].

En voici un exemple simple :

```
trap 'echo sortie du script' EXIT
echo 'entrée dans le script'
```

Si vous exécutez ce programme, vous obtiendrez ceci :

```
entrée dans le script
sortie du script
```

3. Admettez que si vous aviez mis en service l'option `nounset` au début de ce script, le shell vous aurait immédiatement indiqué cette erreur.

4. On ne peut capter que la sortie d'un script. Les fonctions ne génèrent pas le signal EXIT, puisqu'elles sont partie intégrante du shell courant.

En clair, le script commence par positionner le gestionnaire de sa propre sortie, puis il affiche un message. Il se termine juste après, ce qui lui fait générer le signal EXIT, qui à son tour exécute le code du gestionnaire installé, qui fait afficher « `sortie du script` ».

EXIT est déclenché quelle que soit la manière dont se termine le script ; que ce soit normalement (en se terminant sur la dernière ligne), ou par une instruction explicite **`return`** ou **`exit`**, ou en recevant un « vrai » signal comme INT ou TERM. Considérons le stupide programme suivant, où l'utilisateur doit tenter de deviner un nombre :

```
trap 'echo Au revoir cher ami.' EXIT
magicnum=$(($RANDOM%10+1))
echo 'Trouvez un nombre entre 1 et 10.'
while echo -n 'Votre proposition: ' >&2 ; read guess ; do
    sleep 4
    if [ "$guess" = $magicnum ]; then
        echo 'Bravo !'
        exit
    fi
    echo 'Perdu !'
done
```

Ce programme choisit un entier entre 1 et 10 en prenant un nombre aléatoire (la variable interne RANDOM), dont il extrait le dernier chiffre (le reste de la division par 10), et y ajoute 1. Puis il demande à l'utilisateur de proposer un nombre, et après quatre secondes de délai (juste ce qu'il faut pour énerver un peu), il indique si c'est gagné ou perdu.

Si l'utilisateur gagne, ce script se termine en affichant le message « `Au revoir, cher ami.` », c'est-à-dire qu'il exécutera le gestionnaire du signal EXIT. S'il perd, le programme propose à nouveau une invite, jusqu'à ce que le bon chiffre soit trouvé.

Si ce petit jeu vous ennuie au point de taper CTRL-C ou CTRL-D pendant qu'il attend que vous saisissiez un nombre, le message s'affichera aussi.

Le signal EXIT est particulièrement intéressant lorsque l'on veut faire afficher les valeurs de variables à l'endroit où le programme se termine. Par exemple, en affichant la valeur d'une variable compteur de tours dans une boucle, vous pouvez déterminer quels sont les endroits les plus appropriés pour mettre en route `xtrace` ou une commande d'affichage, dans un script très complexe que vous devez déboguer.

Dans ce chapitre :
- *Installation de Bash comme shell standard*
- *Configuration de l'environnement*
- *Sécurité du système*

10
Administration et Bash

LES ADMINISTRATEURS SYSTÈME utilisent le shell dans deux domaines : l'initialisation d'un environnement pour les utilisateurs, et la sécurité du système. Nous allons voir de quoi il retourne dans ce chapitre ; nous considérerons les notions de base concernant l'administration système sous UNIX comme acquises par le lecteur. [1]

Installation de bash *comme shell standard*

Comme prélude à la configuration générale au système, nous voulons vraiment insister sur le fait que **bash** peut être installé à la place du shell Bourne ordinaire, */bin/sh.* D'ailleurs, certains systèmes, comme Linux, utilisent directement **bash** comme shell Bourne standard.

Si vous voulez faire de même sur votre machine, il vous suffit de sauvegarder le shell Bourne original sous un autre nom (au cas où quelqu'un voudrait vraiment l'utiliser) et installer **bash** soit sous le nom *sh* dans le répertoire */bin*, soit le mettre sous son vrai nom dans ce répertoire et créer un lien symbolique de */bin/sh* vers */bin/bash*. La dernière solution est à notre sens la meilleure, car **bash** modifie légèrement son comportement s'il est lancé sous le nom de *sh*, comme nous allons le voir bientôt.

Bash assure une totale compatibilité ascendante avec le shell Bourne, à l'exception d'une chose : il ne supporte pas le caractère « ^ » comme synonyme du caractère tube (|). À moins que vous soyez en possession d'un très ancien système UNIX, ou que vous possédiez de très, très vieux shell scripts, vous n'avez vraiment aucune raison de vous inquiéter de ce fait.

1. L'ouvrage *Essential System Administration*, par Æleen Frish, aux éditions O'Reilly & Associates est une excellente source d'informations sur le sujet.

Mais si vous voulez en être absolument sûr, il vous suffit de faire une recherche dans tous les scripts de tous les répertoires de votre chemin de recherche PATH. C'est facile à réaliser en faisant appel à la commande `file`, que nous avons déjà rencontrée dans les chapitres 5 et 9, « Structures de contrôle » et « Déboguage des programmes shell ». Cette commande affiche le message « `executable shell script` » lorsqu'on lui en donne un en pâture[2]. Voici un programme qui recherche le caractère ^ dans les scripts trouvés dans tous les répertoires de votre PATH :

```
IFS=:
for d in $PATH; do
    echo Test de $d:
    cd $d
    scripts=$(file * | grep 'shell script' | cut -d: -f1)
    for f in $scripts; do
        grep '\^' $f /dev/null
    done
done
```

La première ligne rend possible l'utilisation de `$PATH` en tant que liste destinée à la boucle `for`. Pour chaque répertoire, le programme s'y déplace par `cd` et recherche tous les scripts en connectant par un tube la commande `file` à l'utilitaire `grep`, puis cette dernière à `cut` qui extrait juste le nom de fichier. Ensuite, il recherche le caractère qui nous intéresse.[3]

Si vous exécutez ce script, vous trouverez sans doute beaucoup d'occurrences de cet accent circonflexe, mais il ne devrait apparaître que dans des expressions rationnelles destinées à `grep`, `sed`, ou des commandes `awk`, jamais en tant que tube. Tant que ce caractère n'est pas utilisé pour désigner un tube, vous pouvez installer **bash** en tant que */bin/sh* en toute sécurité.

Comme nous l'avons mentionné plus haut, si **bash** est lancé sous le nom de *sh* (car l'exécutable a été renommé ou bien il y a un lien symbolique */bin/sh* → */bin/bash*), sa procédure de démarrage sera légèrement modifiée afin d'imiter le mieux possible le shell Bourne. Pour un login shell, il ne tentera de lire que */etc/profile* et *~/.profile*, ignorant tout autre fichier d'initialisation comme *~/.bash_profile*. Pour les shells interactifs, il ne lira pas *.bashrc*[4].

2. Le message exact varie selon les systèmes ; assurez-vous que le vôtre affiche le même lorsqu'il tombe sur un shell script. Sinon, modifiez le code de l'exemple qui suit en fonction de ce qui s'affiche chez vous. Sous Linux, par exemple, vous aurez soit « `Bourne shell script text` », soit « `Bourne-Again shell script tex` », selon le cas.

3. L'inclusion de */dev/null* dans la commande `grep` est une astuce qui force ce programme à afficher les noms des fichiers qui correspondent à la recherche, même s'il n'en existe qu'un seul dans un répertoire donné.

4. Les prochaines versions de **bash** entreront aussi en mode POSIX si elles sont lancées sous le nom de *sh*.

Mode POSIX

En plus de son mode d'opération natif, **bash** peut aussi être commuté en mode POSIX. Le standard POSIX (*Portable Operating System Interface*), décrit en détails dans l'annexe A, définit des lignes à suivre pour la standardisation d'UNIX. Une partie de POSIX est consacrée aux shells.

Bash est déjà presque à 100% POSIX dans son mode natif. Si vous désirez une stricte conformité à ce standard, vous pouvez soit le lancer avec l'option `-posix`, soit le faire depuis la ligne de commandes par `set -o posix`.

Vous n'aurez besoin de ce mode qu'en de très rares circonstances. Les différences, soulignées dans l'annexe A, sont peu nombreuses et concernent essentiellement l'ordre de recherche des commandes et la manière dont sont gérées les fonctions. La plupart des utilisateurs de **bash** n'auront jamais besoin de passer en mode POSIX.

Configuration de l'environnement

Tout comme le shell Bourne, **bash** utilise le fichier */etc/profile* pour la configuration générale. Lorsqu'un utilisateur se connecte, le shell lit et exécute ce fichier avant de rechercher un éventuel *.bash_profile* dans son répertoire personnel.

Nous ne décrirons pas toutes les commandes qu'il est possible de placer dans */etc/profile*, mais **bash** possède des fonctionnalités uniques qui concernent particulièrement la configuration générale au système ; c'est ce que nous détaillerons ici.

Nous allons commencer par deux commandes internes utilisables dans */etc/profile* dans le but de modifier les environnements de tous vos utilisateurs, en imposant des restrictions sur leur utilisation des ressources du système. Ils peuvent eux aussi employer ces commandes dans leurs *.bash_profile*, ou bien à tout autre moment, afin de modifier les valeurs par défaut imposées.

La commande umask

La commande `umask`, identique dans la plupart des autres shells, permet de spécifier les permissions par défaut des fichiers créés par les utilisateurs. Elle accepte les mêmes types d'arguments que la commande `chmod`, c'est-à-dire des valeurs absolues (sous forme d'un nombre octal) ou symboliques.

La valeur `umask` contient les permissions qui, par défaut, ne sont pas positionnées lorsqu'un processus crée un fichier, quelle que soit la valeur que ce processus spécifie[5].

Nous utiliserons la notation octale pour nos explications. Comme vous le savez déjà, les chiffres d'un nombre représentant la permission correspondent, de gauche à droite, aux droits du propriétaire, du groupe, et de tous les autres utilisateurs, respectivement. Chaque chiffre est à son tour constitué de trois bits, qui indiquent les droits de lecture, d'écriture et d'exécution (si un fichier est un répertoire, la permission d'exécution est par convention l'autorisation de « recherche » dans ce répertoire ; c'est à dire `cd`, lister ses fichiers, etc.).

Par exemple, le nombre octal 640 est égal à la valeur binaire 110 100 000. S'il s'agit d'une permission de fichier, c'est alors que son propriétaire peut le lire et l'écrire (110) ; les utilisateurs faisant partie du groupe auquel il appartient ne peuvent que le lire (100), et tous les autres n'y ont pas du tout accès (000). Un fichier dont la permission d'accès vaut 755 peut être lu, écrit et exécuté par son propriétaire, tous les autres ayant les droits de lecture et d'exécution (mais pas d'écriture).

022 est une valeur de `umask` très courante. Elle implique que lorsqu'un fichier est créé, la « plus grande » permission qu'il sera possible d'obtenir sera 755, ce qui est la valeur uselle pour un fichier exécutable issu d'un compilateur. Un éditeur de texte, d'un autre côté, peut demander à créer un fichier de permission 666 (lecture et écriture pour tout le monde), mais `umask` agit comme un masque qui forcera alors la valeur à 644.

la commande `ulimit`

À l'origine, la commande `ulimit` était destinée à spécifier une limite de taille pour la création de fichiers. Mais la version offerte par **Bash** possède des options qui autorisent la limitation de bien d'autres ressources du système : le tableau 10.1 en dresse la liste. Chaque option prend un argument numérique qui indique la limite voulue, dans les unités indiquées dans le tableau. On peut également donner l'argument `unlimited` (qui peut malgré tout signifier quelque limite bien physique), ou bien omettre tout argument, dans ce dernier cas le shell indique simplement la limite en cours. La commande `ulimit -a` affiche toutes les limites de tous types. On ne peut spécifier qu'une seule ressource à la fois. Si aucune option n'est indiquée, c'est `-f` qui sera prise par défaut.

Certaines de ces options dépendent étroitement de possibilités qui n'existent pas dans d'anciennes versions d'UNIX. Par exemple, certaines vieilles

5. Si la logique booléenne ne vous perturbe pas trop, imaginez `umask` comme un nombre qui sert au système d'exploitation pour effectuer un NAND avec la permission demandée par le processus créateur du fichier.

Option	Ressource limitée
-a	toutes (pour affichage seulement)
-c	taille des fichiers *core* (blocs de 1 Ko)
-d	segment de données des processus (Ko)
-f	taille des fichiers (blocs de 1 Ko)
-m	taille résidente maximum
-n	descripteurs de fichiers
-p	taille des tubes (blocs de 512 octets)
-s	segment de pile des processus (Ko)
-t	temps CPU utilisé par processus (secondes)
-u	nombre de processus autorisés par utilisateur
-v	mémoire virtuelle (Ko)

TAB. 10.1 - *Options de limitations de ressources par* `ulimit`.

implémentations ont une limite fixe de 20 descripteurs de fichier par processus (ce qui rend l'option `-n` non applicable), d'autres ne supportent pas la mémoire virtuelle (l'option `-v` y est donc inutile).

Les options `-d` et `-s` sont en rapport avec l'allocation dynamique de mémoire, c'est-à-dire la mémoire que le programme peut demander au système lors de son exécution. L'utilisateur normal n'a généralement pas à se soucier de ces paramètres, mais les développeurs de logiciels pourront exploiter très utilement ces possibilités de limitation, afin d'éviter à un programme en cours de réalisation de monopoliser toute la mémoire en raison d'un bogue comme une boucle infinie, par exemple.

Les options `-v` et `-m` sont similaires; `-v` impose une limite sur l'usage global de la mémoire, et `-m` limite la quantité de mémoire physique qu'un processus est autorisé à exploiter. Vous n'aurez pas besoin de ces options, sauf si votre installation impose de sérieuses contraintes quant à la mémoire disponible, ou que vous désiriez limiter la taille des processus afin de ne pas surcharger la machine.

L'option `-u` peut aussi être employée lorsque votre système possède peu de mémoire, ou plus généralement lorsque vous voulez empêcher les utilisateurs de monopoliser les ressources disponibles.

Vous pouvez avoir à limiter la taille des fichiers (`-c` et `-f`) si vous êtes limité en espace disque. Les utilisateurs ont parfois besoin de créer de très grands fichiers, mais c'est très rare ; les fichiers gigantesques sont la plupart du temps le résultat d'un programme bogué qui entre dans une boucle infinie. Les programmeurs qui emploient des débogueurs comme `sdb`, `dbx` ou `gdb` ne doivent surtout pas limiter la taille des fichiers *core*, car ceux-ci sont indispensables pour certaines opérations le déboguage.

L'option `-t` constitue une autre barrière possible contre les méfaits des boucles infinies. Mais nous objecterons qu'un programme qui entre dans une telle boucle mais qui n'est pas en train d'allouer de la mémoire ou d'écrire des fichiers, n'est pas particulièrement dangereux ; il vaut mieux ne pas limiter le temps CPU et laisser l'utilisateur tuer son malencontreux processus.

En plus de tous les types de ressources qu'il est possible de limiter, `ulimit` permet de spécifier si celles-ci seront « en dur » ou modifiables. Les valeurs limitées « en dur » (*Hard limits*) peuvent être diminuées par les utilisateurs, mais ils ne peuvent pas les augmenter : seul le superutilisateur (`root`) a le droit de le faire. Les limites modifiables (*Soft limits*) sont outrepassables par n'importe quel utilisateur sachant employer `ulimit`, mais seulement jusqu'à concurrence de la limite fixée en dur pour chaque ressource.

Si l'on indique `-H` avec l'une (ou plus) des options ci-dessus, la commande `ulimit` positionnera des valeurs en dur, alors que `-S` désigne les limites outrepassables. Par exemple, les commandes suivantes initialisent un maximum de 64 descripteurs de fichiers, cette valeur étant modifiable à volonté par tout utilisateur, la valeur fixe étant non limitée :

```
ulimit -Sn 64
ulimit -Hn unlimited
```

Lorsque `ulimit` affiche les valeurs en cours, il s'agit des valeurs modifiables, sauf si vous spécifiez `-H`.

Types de configuration globale

La meilleure approche pour une configuration ayant un effet global serait de disposer d'un fichier d'environnement commun à tout le système, séparé de celui de chaque utilisateur ; tout comme */etc/profile* agit par rapport aux *.bash_profile* personnels. Malheureusement, **bash** ne propose rien de tel.

Néanmoins, le shell offre quelques possibilités pour installer des configurations disponibles à tout moment pour tout utilisateur. Les variables d'environnement sont parmi les plus évidentes ; le fichier */etc/profile* de votre système contient déjà sans aucun doute les définitions de quelques unes d'entre elles, à commencer par `PATH` et `TERM`.

La variable `TMOUT` rend de grands services sur les systèmes accessibles via des lignes téléphoniques : donnez-lui la valeur N, et si un utilisateur n'a pas entré une commande dans les N secondes après le dernier affichage de l'invite du shell, ce dernier se terminera (ce qui aura pour effet de déconnecter automatiquement l'utilisateur). C'est une technique imparable pour éviter que certains monopolisent les lignes, en oubliant (volontairement ou non) qu'ils sont connectés.

On peut inclure des configurations plus complexes mettant en jeu des variables d'environnement, comme l'inclusion du répertoire courant dans la chaîne d'invite `PS1` (comme nous l'avons vu dans le chapitre 4, « Programmation du shell — les bases »).

Il est également possible de mettre certaines options en service, comme les modes d'édition Emacs ou `vi`, ou `noclobber` pour protéger les utilisateurs d'écrasements involontaires de fichiers. Tout shell script réalisé pour un usage général peut contribuer à la personnalisation du système.

Malheureusement, il est impossible de créer des alias globaux. On peut définir des alias dans */etc/profile*, mais il n'y a aucun moyen de les placer dans l'environnement de telle sorte qu'ils soient propagés dans les sous-shells (alors qu'au contraire, les utilisateurs peuvent se définir des alias globaux en mettant leurs définitions dans *~/.bashrc*).

On peut toutefois définir des fonctions globales. C'est une excellente méthode pour personnaliser l'environnement du système, car les fonctions sont partie intégrante du shell, ce ne sont pas des processus séparés.

Sécurité du système

La sécurité sous UNIX est un problème légendaire. Pratiquement toute partie d'un système UNIX est associée à la sécurité et c'est généralement le travail de l'administrateur système que de s'en occuper au mieux.

Bash possède deux possibilités en rapport avec la sécurité du système : le *shell restreint*, dont le fonctionnement est volontairement « réduit », et le *mode privilégié*, qui permet l'exécution de scripts comme si l'utilisateur était `root`.

Le shell restreint

Le shell restreint est conçu pour placer l'utilisateur dans un environnement tel que ses possibilités de déplacement et d'écriture de fichiers sont sévèrement limitées. On l'utilise généralement pour les comptes « invités » (**guest**)[6]. On peut passer le shell par défaut d'un utilisateur en mode restreint en mettant *rbash* dans l'entrée correspondante de */etc/passwd*[7].

6. Cette possibilité de **bash** n'est pas documentée dans sa page de manuel.

7. Cette possibilité est liée à une option de compilation de **bash**. Consultez le chapitre 11, « Bash pour votre système », pour plus de détails sur ce moyen de configuration.

Les contraintes imposées par le shell restreint interdisent les actions suivantes :

- le changement de répertoire de travail : la commande `cd` est inopérante. Si l'on tente de l'utiliser, on obtient le message « `bash: cd: restricted` » ;
- la redirection des E/S dans un fichier : les opérateurs de redirection >, >|, <> et >> ne sont pas autorisés ;
- l'affectation de nouvelles valeurs aux variables d'environnement `SHELL`, `ENV` ou `PATH` ;
- la spécification de tout chemin d'accès contenant une oblique, le séparateur de répertoires (`/`). Le shell traitera les fichiers situés hors du répertoire courant comme « non trouvés » ;
- l'emploi de la commande interne `exec`.

Ces restrictions prennent effet après la lecture des fichiers *.bash_profile* et d'environnement. De plus, il est conseillé de changer le propriétaire des fichiers *.bash_profile* et *.bashrc* des utilisateurs en **root**, et de les passer en lecture seule.

Tout cela signifie que tout l'environnement du shell restreint est initialisé dans */etc/profile* et *.bash_profile.* Comme l'utilisateur n'a pas accès au premier et ne peut pas réécrire le second, l'administrateur système peut décider de cet environnment comme il l'entend.

Les deux façons de mettre en œuvre de tels environnements consistent à préparer un répertoire ne contenant que des commandes « sûres », qui sera le seul accessible dans le `PATH`, ou à réaliser un menu spécifique depuis lequel l'utilisateur ne pourra sortir sans que le shell se termine.

Un exemple d'intrusion

Avant de continuer à parler de sécurité, voici quelques informations pratiques qui, nous l'espérons, vous feront comprendre pourquoi il ne faut rien négliger en ce domaine.

De nombreux problèmes de sécurité sous UNIX sont liés à un attribut des fichiers appelé *le bit suid* (*set user ID*). Il est semblable à un bit de permission (voir `umask` plus haut) : lorsque ce bit est validé sur un fichier exécutable, le programme en question s'exécutera avec comme utilisateur effectif le propriétaire du fichier, qui est très souvent **root**. L'identification d'utilisateur effectif est distincte de l'identification d'utilisateur réel du processus.

Cette possibilité permet aux administrateurs de réaliser des scripts qui effectuent certaines actions nécessitant les privilèges de **root** (par exemple, la configuration d'imprimantes) de façon bien contrôlée. Pour positionner ce bit, le superutilisateur peut taper `chmod 4755 fichier` ; le 4 correspond au bit suid.

De nos jours, les administrateurs système raisonnables considèrent que la création de shell scripts suid est une très, très mauvaise idée[8]. C'est particulièrement vrai sous le C shell, car son fichier d'environnement *.cshrc* autorise de nombreuses possibilités d'intrusion. Il existe aussi certains trous de sécurité équivalents sous **bash**, bien que les caractéristiques que nous allons voir bientôt rendent ce problème bien moins sérieux.

Nous allons vous démontrer pourquoi il est très dangereux de positionner le bit suid sur un shell script. Souvenez-vous que dans le chapitre 3, nous avons mentionné qu'il n'était pas raisonnable de mettre votre propre répertoire *bin* au début du chemin de recherche des commandes, `PATH`. Voici un petit scénario qui montre comment cet emplacement, combiné avec des scripts suid, constitue une brèche de sécurité : il s'agira d'une variation sur le thème connu du « cheval de Troie » informatique. Tout d'abord, le pirate doit repérer un utilisateur du système qui possède un `PATH` contenant son répertoire *bin* personnel apparaissant avant les répertoires publics contenant les binaires, et qui possède la permission d'écriture dans ce répertoire.

Une fois que notre pirate a repéré un utilisateur correspondant à ces critères (ce qui est très courant, les gens sont très négligeants ou peu informés en matière de sécurité), il agit de la manière suivante :

1. Il recherche dans tous les scripts suid qu'il trouve sur la machine, l'appel à un utilitaire très courant. Supposons que ce soit `grep`.

2. Il crée le cheval de Troie, qui dans ce cas est un shell script appelé *grep*, dans le répertoire des binaires personnels de notre utilisateur involontairement complice. Ce script a l'allure suivante :

   ```
   cp /bin/bash  nom-de-fichier
   chown root  nom-de-fichier
   chmod 4755  nom-de-fichier
   /bin/grep "$@"
   rm ~/bin/grep
   ```

   Le « `nom-de-fichier` » sera un nom choisi de telle sorte qu'il passe inaperçu, dans un répertoire accessible publiquement, comme */bin* ou */usr/bin*. Ce fichier, une fois créé, constituera l'un des pires trous de sécurité qui soit : un shell interactif suid.

8. En fait, certaines versions d'UNIX suppriment intentionnellement l'action de ce bit sur les shell scripts (c'est le cas de Linux, par exemple).

3. Il s'assied, se sert éventuellement un verre, et attend tranquillement que notre utilisateur lance le script suid ; cela aura pour effet d'appeler le cheval de Troie, qui à son tour créera le shell suid et s'auto-détruira une fois cette opération réalisée, effaçant toute trace de la manipulation.

4. Il exécute le shell suid. Il est alors **root** sur le système et peut créer tous les dégâts possibles et imaginables par ce genre de cambrioleur informatique.

Le mode privilégié

Le mode privilégié est un moyen de se protéger des chevaux de Troie. Il s'agit d'une option de `set -o` (`set -o privileged` ou `set -p`), mais le shell y entre automatiquement lorsqu'il exécute un script dont le bit suid est positionné.

Dans ce mode, lorsqu'un script **bash** suid est appelé, le shell ne recherche pas le fichier d'environnement de l'utilisateur (par exemple, il n'expansera pas sa variable d'environnement `ENV`).

Comme ce mode privilégié est une option, il est possible de le supprimer par la commande `set +o privileged` (ou `set +p`). Mais cela n'aidera pas le pirate potentiel pour autant : le shell change automatiquement son identificateur d'utilisateur effectif pour que ce soit le même que celui de l'utilisateur réel ; c'est-à-dire que si vous supprimez le mode privilégié, vous supprimez du même coup l'effet du bit setuid.

Le mode privilégié constitue une excellente sécurité ; il résoud un problème qui existe depuis que l'idée d'un fichier d'environnement est apparue dans le C shell.

Néanmoins, nous recommandons malgré tout d'éviter absolument de créer des shell scripts suid. Nous vous avons montré comment **bash** permet de sécuriser certaines situations, mais cela ne signifie aucunement que ce shell est « sûr », de manière absolue. Si vous devez vraiment employer de tels scripts, vous devez soigneusement étudier tout ce qu'ils impliquent au niveau de la sécurité du système.

Enfin, si vous désirez en apprendre plus en ce domaine, nous vous recommandons la lecture de l'ouvrage *Practical UNIX Security*, par Gene Spafford et Simson Garfinkel, publié par *O'Reilly & Associates*.

Dans ce chapitre :
- Comment se procurer bash
- Extraction de l'archive
- Contenu de l'archive
- Qui peut m'aider ?

11

Bash pour votre système

LES DIX PREMIERS CHAPITRES de cet ouvrage ont décrit pratiquement tous les aspects de **bash**, depuis la navigation dans le système de fichiers et l'édition de la ligne de commandes jusqu'à la programmation de scripts et de fonctions faisant appel aux caractéristiques les moins connues de ce shell. Tout cela est très bien, mais comment faire, si vous ne possédez qu'une très vieille version de **bash**, pour utiliser toutes les nouvelles possibilités décrites ici (ou pis, si vous ne possédez pas encore **bash**) ?

Nous allons donc maintenant voir comment vous procurer la dernière version de cet outil et comment l'installer sur votre système ; nous aborderons les problèmes potentiels que vous pourriez être amené à rencontrer au cours de ces étapes. Puis, nous verrons succintement les exemples fournis avec **bash** et comment signaler des bogues à la personne responsable de sa maintenance.

Comment se procurer Bash

Si vous êtes directement connecté au réseau Internet, vous n'aurez aucun problème pour obtenir **bash** ; sinon cela vous demandera quelques efforts supplémentaires.

Bash est disponible sur un grand nombre de sites FTP anonyme. La liste suivante (qui donne le nom du site, l'adresse IP et le répertoire où se trouve l'archive) est un bon point de départ :

```
prep.ai.mit.edu        18.71.0.38     /pub/gnu
sunsite.unc.edu        198.86.40.81   /pub/gnu
plaza.aarnet.edu.au    139.130.23.2   /gnu
isy.liu.se             130.236.1.3    /pub/gnu
unix.hensa.ac.uk       129.12.43.16   /pub/uunet/systems/gnu
```

Le premier, **prep.ai.mit.edu**, est le site officiel GNU et contiendra toujours la version la plus récente de **bash**. Les autres sites sont des miroirs de ce serveur officiel, ils contiennent donc eux aussi les mêmes fichiers, sauf modification majeure et très récente. Afin de réduire la charge du site GNU, il est toujours préférable de se connecter à l'un de ses miroirs.

En France, et en Europe en général, il est fortement déconseillé d'utiliser pour ce type de téléchargement les sites accessibles par des liaisons internationales, qui sont lentes, coûteuses et déjà surchargées par les utilisateurs qui en ont besoin pour travailler. Il existe de nombreux miroirs locaux, consultez `archie` pour en choisir un proche de chez vous. Voici quelques bons points de départ :

```
ftp.ibp.fr            132.227.60.2      /pub/gnu
ftp.imag.fr           129.88.30.10      /pub1/gnu
ftp.inria.fr          192.93.2.54       /gnu
ftp.pasteur.fr        157.99.64.12      /pub/Gnu
ftp.univ-lille1.fr    134.206.1.36      /pub/gnu
ftp.univ-lyon1.fr     134.214.103.240   /pub/gnu
```

Si vous n'avez jamais utilisé de service FTP anonyme, nous allons vous en donner un rapide exemple d'utilisation. L'enregistrement de session qui suit montre ce que vous devez taper, ainsi que nos commentaires, en italiques :

```
$ ftp ftp.ibp.fr
Connected to ftp.ibp.fr.
220-
220- -- Bienvenue sur le serveur ftp de l'IBP et du CCR Jussieu --
220- Utilisez le compte 'anonymous' avec votre adresse e-mail comme mot
de passe
220- Merci de signaler les problemes eventuels a ftpmaint@ibp.fr.
220-
220 pascal FTP server (Version wu-2.4(1) Sat Jun 4 18:47:39 MET DST 1994)
ready.
Name (ftp.ibp.fr:rene): anonymous
331 Guest login ok, send your complete e-mail address as password.
Password (ftp.ibp.fr:anonymous): dugenou@bistro.ducoin.fr (mettez votre
propre adresse ici !!)
230-
230- Ce service est assure par l'Institut Blaise Pascal (IBP) et le
230- Centre de Calcul Recherche (CCR) du campus Jussieu.
230-
230- L'heure locale est Sat Nov 11 19:44:21 1995.
230- Il y a 69 utilisateurs connectes dans votre classe.
```

```
230- Tous les transferts sont enregistres pour permettre l'exploitation
230- statistique de l'utilisation du serveur.
230-
230- Les fichiers avec l'extension .gz sont compresses avec gzip
230- et non avec compress (voir /pub/gnu/gzip*).
230- Veuillez consulter les fichiers d'information (cd /info).
230-
230 Guest login ok, access restrictions apply.
Remote system type is UNIX.
Using binary mode to transfer files.
ftp> cd /pub/gnu
250-
250- Please read the file README.elisp-archive
250- it was last modified on Mon Apr 12 02:00:00 1993 - 943 days ago
250 CWD command successful.
ftp> binary
200 Type set to I.
ftp> get bash-1.14.6.tar.gz
200 PORT command successful.
150 Opening BINARY mode data connection for bash-1.14.6.tar.gz (1518387
bytes).
226 Transfer complete.
1518387 bytes received in 3.87 secs (3.8e+02 Kbytes/sec)
.
. (répétez cette étape pour chaque fichier désiré)
.
ftp> quit
221 Goodbye.
$
```

Vous pouvez aussi récupérer les fichiers par FTPMAIL, BITFTP et UUCP. Pour savoir comment utiliser ces méthodes, consultez l'annexe E.

Si aucune de ces méthodes classiques ne vous convient, il vous reste toujours la solution de commander **bash** sur bande magnétique ou CD-ROM, directement à la *Free Software Foundation*:

> The Free Software Foundation (FSF)
> 675 Massachusetts Avenue
> Cambridge MA, 02139
> E-mail: gnu@prep.ai.mit.edu
> Téléphone: (617) 876-3296

Extraction de l'archive

Après avoir obtenu l'archive par l'une ou l'autre des méthodes ci-dessus, vous devez en extraire le contenu et l'installer sur votre système. Cela peut se faire n'importe où, mais nous considèrerons que vous le faites dans votre répertoire personnel. L'installation dans le système nécessite que vous possédiez les privilèges de **root**. Si vous n'êtes pas un administrateur système possédant ces droits, vous pouvez toujours compiler et utiliser **bash** ; vous ne pourrez simplement pas l'installer en tant qu'utilitaire général au système. La première chose à faire consiste à décompacter le fichier d'archive en tapant `gunzip bash-1.14.6.tar.gz`[1]. Ensuite, il faut extraire le contenu par la commande `tar -xf bash-1.14.6.tar`. Les options `xf` signifient « extraire le contenu de l'archive dont le nom de fichier suit ». Cette opération créera un répertoire nommé *bash-1.14.6* dans votre répertoire personnel.

Vous serez alors en présence de tout le code source nécessaire pour la compilation de **bash**, d'une abondante documentation et de nombreux exemples. Le reste de ce chapitre va être consacré à l'exploitation de tout ce matériel, afin de réaliser un programme **bash** exécutable.

Contenu de l'archive

L'archive originale de **bash** contient un répertoire principal (*bash-1.14.6* pour ce qui est de la version à jour à l'heure où nous écrivons ces lignes) et un jeu de fichiers et de sous-répertoires. Parmi les premiers fichiers que vous devez examiner, citons :

- *MANIFEST*, une liste de tous les fichiers et répertoires contenus dans l'archive, pour une éventuelle vérification ;
- *COPYING*, la licence GNU de **bash**;
- *NEWS*, une liste des corrections de bogues et des nouveautés depuis la dernière version[2] ;

1. La commande `gunzip` correspond à l'utilitaire de décompression GNU. Il est très populaire et répandu, mais relativement nouveau et certains systèmes n'en sont pas encore équipés. Si vous êtes dans ce cas, vous pouvez l'obtenir par les mêmes méthodes qui vous ont permis de récupérer **bash**.

2. Les versions sont des mises à jour pendant une révision particulière. La dernière révision, à l'heure où ce livre est rédigé, porte le numéro 1.14 et est composée des versions 1.14.1, 1.14.2, ... 1.14.6. De nouvelles versions ont probablement vu le jour depuis la publication de cet ouvrage. La prochaine révision, qui comportera des changements majeurs, portera le numéro 2.0.

- *RELEASE*, une liste des corrections de bogues et des nouveautés depuis la dernière révision ;
- *README*, une courte introduction et quelques instructions pour la compilation de **bash**.

Vous devez également connaître l'existence de deux répertoires importants :

- *documentation*, qui contient des informations relatives à **bash** dans différents formats ;
- *examples* (il n'y a pas de faute d'orthographe, c'est de l'anglais), qui contient une bonne quantité d'exemples de fichiers d'initialisation, de scripts et de fonctions.

Les autres fichiers et répertoires sont principalement les éléments nécessaires pour la construction du programme. À moins que vous ne comptiez effectuer des modifications dans le fonctionnement interne du shell, ils ne vous concernent pas vraiment.

La documentation

Le répertoire *documentation* contient quelques articles qu'il est bon de lire. Vous y trouverez également la page de manuel de **bash**, que nous vous conseillons vivement d'imprimer afin de pouvoir l'utiliser conjointement à ce présent ouvrage.

Cette documentation est fournie principalement sous deux formes : fichiers texte ASCII pur (ceux qui se terminent en *.txt*) et fichiers PostScript (qui se terminent par *.ps*). Le fichier *README* donne un petit résumé du contenu de chacun[3].

Le document que vous consulterez le plus souvent, c'est sans nul doute la page de manuel de **bash** (*bash.txt* ou *bash.ps*)[4]. Elle rassemble toutes les possibilités que votre version du shell possède et constitue la référence la plus à jour que vous puissiez vous procurer. Ce document sera également accessible depuis la commande `man` de votre système, une fois l'ensemble installé ; mais il est quelquefois bon de disposer d'une copie imprimée que l'on peut griffonner à loisir...

Parmi les autres fichiers fournis, *features* traite des caractéristiques de **bash** et des shells dont certaines sont dérivées, *readline* est la page de

3. Nous devons vous avertir que toute cette documentation est bien entendu rédigée en anglais.

4. Vous trouverez aussi le fichier *bash.1*, qui est la version `troff` destinée au système de manuel en ligne d'UNIX.

manuel de la bibliothèque `readline`, et *article* est une copie d'un article sur **bash** paru dans Linux Journal, dont l'auteur n'est autre que le responsable actuel de la maintenance du programme, Chet Ramey.

Configuration et compilation

La compilation de **bash** est un jeu d'enfant : il suffit de taper `make` ! Le *Makefile* tente de déterminer quel type de machine et quel système d'exploitation vous utilisez. Il stocke ensuite ces informations dans un fichier nommé *.machine*, que vous pourrez examiner après l'opération, si vous êtes curieux.

Après la compilation, vous pouvez vérifier le fonctionnement de l'exécutable en tapant `./bash`. S'il ne fonctionne pas, consultez la section « Problèmes potentiels ».

L'étape suivante consiste à installer le programme. Si vous avez les privilèges du superutilisateur, vous pouvez le mettre en place comme tout autre utilitaire système en le plaçant dans l'un des répertoires ad hoc (généralement */usr/bin* ou */usr/local/bin*). Sinon, vous pouvez l'installer dans votre répertoire personnel.

L'installation se fait en tapant `make install bindir=/usr/local/bin` (remplacez éventuellement */usr/local/bin* par le répertoire dans lequel vous voulez placer le programme). Si vous n'êtes pas **root**, vous pouvez effectuer l'installation dans votre répertoire personnel en faisant `make install prefix=votre-répertoire`. Cette opération créera tous les sous-répertoires nécessaires (*bin*, *info*, *man*) et y copiera les fichiers.

Si vous avez choisi d'installer **bash** dans votre répertoire personnel, assurez-vous d'avoir ajouté le sous-répertoire contenant les binaires dans votre `PATH` et celui du manuel dans `MANPATH`.

Bash est fourni préconfiguré avec pratiquement toutes les possibilités validées, mais il est possible de personnaliser votre version en éditant le fichier *config.h*. Pour supprimer une option, commentez le « `#define OPTION` » correspondant en l'entourant des symboles de commentaire du langage C, `/*` et `*/`. Pour valider une option, supprimez ce commentaire. Après ces modifications, recompilez **bash** pour qu'elles soient prises en compte dans l'exécutable.

Le tableau 11.1 contient la liste des options de configuration et une courte description de leur fonction. Les options DEFAULT_ECHO_TO_USG, RESTRICTED_SHELL et DISABLED_BUILTINS ne sont pas en service par défaut, toutes les autres le sont ou ont une définition par défaut dans le fichier *config.h*.

Option	Description
JOB_CONTROL	Intègre le contrôle de processus via `fg`, `bg` et `jobs`.
ALIAS	Autorise la création d'alias.
PUSHD_AND_POPD	Autorise la manipulation de répertoires par `pushd`, `popd` et `dirs`.
BRACE_EXPANSION	Autorise l'expansion des accolades.
READLINE	Intègre l'édition de la ligne de commandes et la gestion d'historique.
BANG_HISTORY	Intègre l'expansion et l'édition d'historique à la C shell.
HISTORY	Intègre la gestion d'historique par les commandes de `fc`.
DEFAULT_PATH_VALUE	Définit la valeur par défaut de la variable `PATH`.
STANDARD_UTILS_PATH	Définit la valeur de `PATH` lors de l'appel `commande -p`.
V9_ECHO	Intègre l'option `-e` de `echo`.
DEFAULT_ECHO_TO_USG	Positionne `echo -e` par défaut pour la commande `echo`.
CONTINUE_AFTER_KILL_ERROR	Continue le traitement des arguments même si l'un d'eux échoue.
BREAK_COMPLAINS	Valide les messages d'erreurs sur un `break` hors contexte et continue.
GETOPTS_BUILTIN	Intègre la commande interne `getopts`.
ALLOW_RIGID_POSIX_COMPLIANCE	Autorise le fonctionnement de POSIXLY_CORRECT.
RESTRICTED_SHELL	Autorise le shell restreint non documenté. Cela valide l'option `-r` du shell, et `rbash`.
DISABLED_BUILTINS	Autorise une commande interne à être exécutée par la commande `builtin`, même si elle est invalidée par `enable -n`.
PROCESS_SUBSTITUTION	Autorise le fonctionnement de la substitution de processus.
PROMPT_STRING_DECODE	Permet les caractères encodés dans PS1 et PS2.
BUFFERED_INPUT	Autorise la *bufferisation* du clavier par le shell.
INTERACTIVE_COMMENTS	Autorise les commentaires (`#`) à être utilisés interactivement.
ONESHOT	Empêche `sh -c` d'effectuer un `fork`
PPROMPT	Détermine la valeur par défaut de PS1.
SPROMPT	Détermine la valeur par défaut de PS2.
SELECT_COMMAND	Intègre la construction `select`.

TAB. 11.1 - *Les options de configuration à la compilation de* ***bash****.*

Tester bash

Il est fourni une série de tests que l'on peut faire passer à toute nouvelle version de **bash**, afin de vérifier qu'il fonctionne correctement. Ce sont des scripts, établis en fonction des problèmes rencontrés dans les précédentes versions du shell. Normalement, la toute dernière version ne devrait donc provoquer aucune erreur.

Pour exécuter ces tests, il suffit de taper `make tests` dans le répertoire principal des sources de **bash**. Le nom de chaque test est affiché, puis il est lancé. Ceux qui se déroulent correctement ne provoquent aucun affichage supplémentaire ; vous devriez obtenir quelque chose comme ceci :

```
$  make tests
make  -f bash-Makefile   bindir=/usr/local/bin tests
make[1]: Entering directory '/home/rene/src/bash-1.14.6'
( cd tests ; sh run-all )
Any output from any test indicates an anomaly worth investigating
run-dollars
run-exp-tests
run-glob-test
run-ifs-tests
run-input-test
run-minus-e
run-new-exp
run-precedence
run-set-e-test
run-strip
run-varenv
make[1]: Leaving directory '/home/rene/src/bash-1.14.6'
```

Si l'un de ces tests échoue, vous verrez une liste de lignes qui représentent les différences entre ce qui est attendu et ce qui s'est produit. Si cela vous arrive, vous pouvez remplir un rapport de bogue ; consultez la section correspondante dans ce chapitre pour savoir comment procéder.

Problèmes potentiels

Bien que **bash** ait été installé sur un grand nombre d'architectures et de systèmes d'exploitation différents, il peut toujours se produire des problèmes, occasionnellement. En général, ils ne sont pas bien graves et un peu d'investigation permet rapidement d'en trouver la solution.

Si le programme n'a pu être compilé, la première chose à vérifier est si le *Makefile* a bien déterminé le type de machine et le système d'exploitation concerné, en examinant le fichier *.machine*. Consultez également le fichier *INSTALL*, qui contient quelques notes concernant certains systèmes UNIX particuliers. Si les informations du fichier *.machine* sont correctes, il va alors falloir éditer le fichier de configuration *machines.h.*

Recherchez votre machine dans les définitions contenues dans ce fichier. Si elle s'y trouve, vous aurez peut-être à effectuer quelques ajustements aux définitions proposées. Regardez aussi attentivement la section « *Global Assumptions* », au début de *machines.h.* Chaque machine est considérée comme possédant ces caractéristiques, mais ce n'est peut-être pas le cas chez vous ; aussi aurez-vous peut-être à supprimer quelques définitions. Notez que ces définitions peuvent être changées plus loin, par la section spécifique à votre machine.

Si vous ne trouvez pas votre machine dans *machine.h*, ou si **bash** l'a indiquée comme `UNKNOWN_MACHINE` dans le fichier *.machine*, c'est qu'elle n'est pas officiellement supportée. Cela ne signifie pas que vous ne pouvez pas installer **bash**, mais simplement que vous devrez effectuer un petit portage du code. Ce travail dépasse le cadre de cet ouvrage, mais toutes les instructions sont données dans la section « *What if You Have to Port to a New Machine?* » du fichier *INSTALL.*

Installation de `bash` *comme shell par défaut*

Après avoir installé **bash** et vous être assuré qu'il fonctionne correctement, l'étape suivante consiste à en faire votre shell par défaut, le fameux *login shell.* Il y a deux façons de faire.

Les utilisateurs individuels peuvent employer la commande `chsh` (*change shell*) après être entrés sous leurs comptes. Cette commande demande le mot de passe, puis affiche une liste des shells parmi lesquels choisir. Ce choix fait, `chsh` modifie l'entrée appropriée dans le fichier */etc/passwd.* Pour des raisons de sécurité, il n'est autorisé de changer de shell que si celui-ci existe dans le fichier */etc/shells* (si ce fichier n'existe pas, `chsh` demande le chemin d'accès complet du shell).

Une autre méthode consiste à éditer directement le fichier des mots de passe. Sur la plupart des systèmes, */etc/passwd* est composé de lignes de la forme :

```
cam:pK1Z9BCJbzCrB:501:100:Cameron Newham:/home/cam:/bin/bash
rene:Ctpe/AL.s5btz:502:100:Rene Cougnenc:/home/rene:/bin/bash
card:dszfjt1GHfh3b:503:100:Remy Card:/lost+found:/bin/tcsh
```

En tant que **root**, il vous suffit d'éditer le dernier champ pour y placer le chemin d'accès de n'importe quel shell, qui deviendra alors le shell par défaut de l'utilisateur concerné.

Les exemples

L'archive de **bash** contient aussi un répertoire *examples*. On y trouve des sous-répertoires de scripts, de fonctions, et d'exemples de fichiers d'initialisation.

Les fichiers d'initialisation contenus dans le répertoire *startup-files* proposent de nombreux exemples de ce qu'il est possible de mettre dans les vôtres. *Bash_aliases*, en particulier, donne beaucoup d'alias très utiles. Attention au fait que si vous les copiez, vous devrez les éditer pour les adapter à votre système, car beaucoup de chemins d'accès seront différents. Consultez éventuellement le chapitre 3, « Personnalisation de l'environnement ».

Le répertoire *functions* contient environ une vingtaine de fichiers de définitions de fonctions qui pourront vous rendre service. Citons parmi ces fichiers :

- *basename*, l'utilitaire du même nom absent de certains systèmes ;
- *dirfuncs*, outils de manipulation de répertoires ;
- *dirname*, l'utilitaire du même nom, absent de certains systèmes ;
- *whatis*, une implémentation de la commande interne `whatis` de la 10e édition du Bourne Shell ;
- *whence*, un clone quasi parfait de la commande interne `whence` du Korn shell.

Si vous utilisiez le shell Korn auparavant, le fichier *kshenv* vous sera particulièrement utile : il contient des définitions de fonctions internes de ce shell comme `whence`, `print` et le `cd` à deux paramètres.

Le répertoire *scripts* propose quatre exemples de scripts **bash**. Les deux plus gros montrent les applications complexes qu'il est possible de réaliser en script. Le premier est un jeu d'aventure interprété (plutôt amusant) et le second un interprète de C shell. Les deux autres démontrent les règles de priorité et la manière de demander aux utilisateurs des types particuliers de réponses.

Ces exemples de scripts et de fonctions sont utiles une fois intégrés dans votre environnement, mais ils constituent un excellent supplément à ce présent ouvrage, nous vous encourageons à les expérimenter.

Qui peut m'aider?

Quelle que soit la qualité et l'abondance de la documentation d'un produit, il arrive parfois que l'on soit confronté à un problème que l'on ne sait pas résoudre seul. Dans ce cas, il ne sera jamais assez répété de lire attentivement cette documentation (en jargon informatique: RTFM[5]). Dans bien des cas, vous y trouverez la réponse à vos questions, cachée dans des lignes que vous aviez juste survolées.

Mais quelquefois, c'est l'effet inverse qui se produira ; vous serez encore plus perdu, ou vous réaliserez que le programme a réellement un problème quelque part. La première chose à faire est alors d'en parler à un spécialiste de votre entourage. Si vous n'en connaissez pas, ou s'il ne peut rien pour vous, il faut alors vous tourner vers d'autres sources d'information.

Poser des questions

Poser des questions au sujet de **bash** peut se faire de deux manières : soit par courrier électronique à l'adresse **bug-bash@prep.ai.mit.edu**, soit dans le forum USENET **gnu.bash.bug**.

Dans les deux cas, le responsable de **bash** ou quelque personne compétente sur USENET vous donnera des conseils éclairés. Essayez d'être précis et décrivez bien le problème dans le sujet du message.

Signaler des bogues

Les rapports de bogues doivent être envoyés à l'adresse suivante : **bash-maintainers@prep.ai.mit.edu**. Ils doivent inclure la version de **bash** et du système d'exploitation sur lequel il est utilisé, le compilateur employé pour réaliser l'exécutable, une description claire du problème, une description de la manière dont il a été mis en évidence, et, si possible, la modification à effectuer dans les sources pour corriger ce bogue. La meilleure méthode consiste à utiliser le script *bashbug* qui est automatiquement mis en place lors de l'installation de **bash**.

Avant de lancer ce programme, assurez-vous d'avoir positionné (et exporté) la variable d'environnement `EDITOR` sur votre éditeur de texte préféré (*bashbug* choisit Emacs par défaut, qui pourrait ne pas être installé sur votre système). Le script insère dans l'éditeur un formulaire partiellement rempli (la version de **bash**, le système d'exploitation, etc., sont déjà en place) ;

5. Ce qui signifie en anglais : *Read The F(laming) Manual*, que l'on peut adapter en français par « Regarde ton fichu manuel ». Les mots « *flaming* » et « fichu » sont inexacts ; on emploie dans la réalité des expressions bien plus crues...

vous devrez compléter les autres champs. Nous allons regarder rapidement ce formulaire, mais pour l'essentiel, il parle de lui-même.

Le champ « `From:` » doit être suivi de votre adresse électronique. Par exemple :

```
From: perdu@marche.pas.fr
```

Ensuite, vient le champ « `Subject:` » ; faites un effort pour le remplir, car cela facilite énormément le travail des destinataires. Il vous suffit de remplacer la partie entre crochets par un texte informatif, décrivant le problème en quelques mots précis.

Les quelques lignes qui suivent sont une description de votre système, générée automatiquement, et vous ne devez pas les modifier. Ensuite, vous trouvez le champ « `Description:` ». Ici, vous devez décrire en détails le problème constaté, et en quoi le résultat diffère de ce qui est attendu. Essayez d'être aussi précis et concis que possible.

C'est dans le champ « `Repeat-By:` » que vous devez expliquer comment vous avez déclenché le bogue ; si nécessaire, indiquez les séquences de touches que vous avez employées. Quelquefois, il vous sera impossible de reproduire le problème vous-même, mais remplissez quand même ce formulaire avec les opérations qui vous ont mené à un disfonctionnement. Essayez de réduire le message au mieux. Par exemple, si le bogue met en jeu un grand shell script, tentez d'isoler juste la partie qui est en cause et joignez-là à ce rapport.

Enfin, le champ « `Fix:` » est destiné à recevoir éventuellement votre solution, la correction à effectuer dans le code source (sous forme de *patch*) si vous avez recherché la cause du problème et trouvé ce qui n'allait pas. Si cela vous dépasse ou si vous ne trouvez pas, laissez cette partie en blanc.

Une fois ce formulaire correctement rempli, sauvez-le et sortez de votre éditeur. Il sera automatiquement expédié par courrier électronique aux responsables de la maintenance de **bash**.

Dans cette annexe :

- *Le shell Bourne*
- *Le shell standard POSIX IEEE 1003.2*
- *Le Korn shell*
- *Le petit pdksh*
- *Outils pour MS-DOS*

A

Autres shells

La fragmentation du marché UNIX a eu des avantages et des inconvénients. Les avantages datent principalement des tout débuts : le manque de standardisation et sa prolifération dans des milieux académiques ou professionnels contribuèrent à un « libre marché » de logiciels UNIX, dans lequel plusieurs programmes du même type (par exemple les shells, les éditeurs de texte, les outils d'administration) entraient en compétition. Les meilleurs d'entre eux devenaient les plus répandus, alors que les plus discutables avaient tendance à disparaître.

Mais souvent, il n'y avait pas de « meilleure » application dans une catégorie donnée, et plusieurs dominaient. Cela a mené à la situation actuelle, où la cohabitation de multiples programmes similaires conduit à une certaine confusion, un manque de compatibilité, et — pis que tout — l'incapacité d'UNIX à s'emparer d'une grande part du marché occupée par d'autres systèmes (MS-DOS, Microsoft Windows, Novell NetWare, etc.).

La catégorie « shells » est probablement celle qui a le plus souffert de cette situation. Comme nous l'avons dit au début de ce livre, il existe plusieurs shells actuellement ; leurs différences ne sont pas toujours très importantes.

Par conséquent, il nous a semblé nécessaire d'inclure des informations relatives aux autres shells semblables à **bash**. Cette annexe résume les différences entre ce dernier et les shells suivants :

- le Bourne shell standard Version 7, un genre de « référence de base » ;
- le shell standard IEEE POSIX 1003.2, auquel **bash** et certains autres se conformeront dans l'avenir ;
- le Korn shell `ksh`, un outil commercial très populaire, fourni avec de nombreux systèmes UNIX ;
- `pdksh`, une implémentation en domaine public du Korn shell, très répandue et largement utilisée ;

– des outils pour plates-formes de type PC non-UNIX, comprenant le *MKS Toolkit*.

L'annexe C traite de l'avenir de **bash**, des nouvelles caractéristiques et des modifications apportées par la prochaine version 2.0.

Le shell Bourne

Bash assure une compatibilité ascendante avec le Bourne shell quasiment complète. La seule chose qu'il ne supporte pas est le caractère « ^ » comme synonyme du caractère tube (|). Il s'agit d'une caractéristique archaïque que le shell Bourne inclut lui-même par compatibilité avec de très anciennes versions. Aucun UNIX moderne ne comporte de programmes shells utilisant l'accent circonflexe comme caractère tube.

Afin de décrire les différences entre le Bourne shell et **bash**, nous allons passer chaque chapitre de ce livre en revue et énumérer les possibilités présentes dans **bash**, que le premier ne possède pas. Bien qu'il existe certaines versions en proposant quelques-unes[1], nous prenons comme référence le shell Bourne version 7, qui est disponible depuis de nombreuses années.

- Chapitre 1, « *Bash, notions de base* » : la forme `cd -` de la commande `cd`, l'expansion du tilde, les commandes `jobs` et `help`.

- Chapitre 2, « *Édition de la ligne de commandes* », tout : le shell Bourne ne supporte ni `readline`, ni l'historique des commandes, ni les possibilités d'édition présentées dans ce chapitre.

- Chapitre 3, « Personnalisation de l'environnement » : les alias, la configuration de la chaîne d'invite, les options `set`. Le shell Bourne ne connaît que `-e`, cmd-k, cmd-n, cmd-t, cmd-u, cmd-v et cmd-x. Il ne supporte pas les noms d'options (cmd-o), pas plus que les fichiers d'environnement.

  Les variables suivantes sont inconnues du shell Bourne :

  ```
  BASH               BASH_VERSION
  CDPATH             ENV
  FCEDIT             HISTCMD
  HISTCONTROL        HISTFILE
  HISTFILESIZE       HISTSIZE
  HOSTFILE           HOSTTYPE
  IGNOREEOF          INPUTRC
  ```

1. Par exemple, le Bourne shell distribué avec System V supporte les fonctions et quelques autres caractéristiques communes à **bash** et au Korn shell.

```
LINENO                      MAILCHECK
MAIL_WARNING                OLDPWD
OPTARG                      OPTERR
OPTIND                      OSTYPE
PPID                        PROMPT_COMMAND
PS3                         PS4
PWD                         RANDOM
REPLY                       SECONDS
SHLVL                       TMOUT
allow_null_glob_expansion   auto_resume
cdable_vars                 command_oriented_history
glob_dot_filenames          histchars
no_exit_on_failed_exec      noclobber
nolinks                     notify
```

- Chapitre 4, « Programmation du shell — les bases » : fonctions, commandes `type` et `local`, l'opérateur `${#paramètre}`, les opérateurs de recherche de chaînes (`%`, `%%`, `#` et `##`), les commandes internes `pushd` et `popd`. La syntaxe de substitution de commandes est différente, il faut utiliser l'ancienne (`` `commande` ``) au lieu de `$(commande)` ;

- Chapitre 5, « *Structures de contrôle* » : Le mot-clé « `!` », la construction `select`. Le shell Bourne ne sort pas d'un script lorsqu'il est sourcé par « `.` » (point).

- Chapitre 6, « *Options en ligne de commandes et variables typées* » : utiliser la commande externe `getopt` au lieu de `getops`, mais notez que ce n'est pas exactement la même chose. L'arithmétique des entiers n'est pas supportée, il faut employer la commande externe `expr` au lieu de la syntaxe `$((expression))`; `let` n'existe pas.

- Chapitre 7, « *Entrées/sorties et traitement de la ligne de commandes* » : `command`, `builtin` et `enable`. Les options `-e` et `-E` de `echo` ne sont pas supportées ; les redirections d'E/S >| et <> n'existent pas ; aucune des options de `read` n'est supportée.

- Chapitre 8, « *Gestion des processus* » : le contrôle de processus, et par là-même les commandes `jobs`, `fg` et `bg`, la notation de jobs par `%`, etc. Les commandes `kill` et `wait` n'acceptent que des numéros de processus ; l'option `-` de `trap` (remise à zéro) ; `trap` n'accepte que des numéros de signaux, pas des noms logiques.

- Chapitre 9, « *Déboguage des programmes shell* » : le pseudo-signal EXIT est supporté en tant que signal 0.

- Chapitre 10, « *Administration et Bash* » : la commande `ulimit` et le mode privilégié ne sont pas supportés, pas plus que l'option `-S` de `umask`. La version restreinte du shell Bourne, `rsh`, n'inhibe que les modifications de `PATH`.

Le shell POSIX IEEE 1003.2

Il y a eu beaucoup de tentatives de standardisation d'UNIX. Les compagnies commerciales, tentant de dominer le marché, les fragiles coalitions entre industriels, les échecs financiers, et bien d'autres opérations de ce type font partie de l'histoire du système, et sont sources de bien des frustrations.

Il n'existe qu'un seul projet de standardisation qui ne soit pas lié à des intérêts commerciaux : POSIX, *Portable Operating System Interface.* Il a commencé en 1981 avec le */usr/group Standards Committee* (/usr/group est maintenant UniForum), qui produisit le */usr/group Standard* trois ans plus tard. La liste des contributeurs grandit, pour inclure maintenant l'IEEE (*Institute of Electrical and Electronic Engineers*) et l'ISO (*International Organization for Standardization*).

Le premier standard POSIX fut publié en 1988. Sous le nom de IEEE P1003.1, il couvre des fonctionnalités de bas niveau, portant sur les appels système. IEEE P1003.2, qui traite du shell, des programmes utilitaires et des interfaces utilisateurs fut ratifié en septembre 1992 après six années de travail.

Les standards POSIX n'ont jamais été destinés à être rigides et suivis à la lettre. Les membres du comité ne sont pas du genre à braquer un fusil sur les réalisateurs de systèmes d'exploitation pour les forcer à s'y conformer. Au contraire, ces standards sont conçus de manière suffisamment souple pour permettre la coexistence de logiciels similaires de sorte que le code existant ne soit pas en danger d'obsolescence, et l'addition de nouvelles possibilités, afin de stimuler les vendeurs par des innovations. En d'autres termes, ils sont censés être des standards non propriétaires que les entreprises commerciales devraient avoir intérêt à suivre.

Le résultat est que la plupart des versions d'UNIX actuelles se conforment à la norme POSIX 1003.1. Maintenant que POSIX 1003.2 est disponible, les shells les plus importants vont sans nul doute suivre ce standard dans l'avenir. **Bash** ne fait pas exception à la règle : il est déjà presque à 100% POSIX et continuera à évoluer en fonction des futures spécifications.

La norme POSIX 1003.2 est constituée de deux parties. La première, 1003.2, concerne la portabilité des shell scripts ; elle définit le shell et les utilitaires standard. La seconde, 1003.2a, appelée UPE (*User Portability Extensions*), spécifie des standards pour l'utilisation interactive du shell et des utilitaires comme l'éditeur `vi`. Le document complet (de l'ordre de 2000 pages) est disponible auprès de l'IEEE ; téléphonez au (800) 678-IEEE pour plus d'informations.[2]

Les membres du comité furent motivés par deux facteurs lors de la mise au point du standard 1003.2, qui concerne les shells. D'un côté, il fallait qu'il puisse autant que possible s'accommoder du code shell existant écrit pour différentes versions dérivées du shell Bourne (Version 7, System V, BSD, Korn). Tous ces shells ont de subtiles différences, la plupart en rapport avec la manière dont certains éléments syntaxiques inter-réagissent les uns avec les autres.

Déterminer ces différences a sûrement dû être un travail minutieux, long et pénible, tout comme celui de trouver de bons compromis. Ajoutez à cela les préférences de certains membres du comité pour tel ou tel shell particulier, et vous comprendrez pourquoi il a fallu six ans pour aboutir au standard 1003.2.

D'un autre côté, la conception du shell devait pouvoir servir de standard sur lequel se baser pour les futures implémentations. Cela impliquait simplicité, clarté et précision ; des objectifs difficilement conciliables avec les considérations précédentes.

Les concepteurs trouvèrent une solution à ce dilemme : ils décidèrent que le standard devrait inclure non seulement les possibilités offertes par le shell, mais également celles explicitement omises et celles existantes, mais avec des fonctionnalités non spécifiées. La dernière catégorie permet à certains shells existants de « passer le cap » sans toutefois être partie du standard, alors que citer les possibilités omises aide les programmeurs à déterminer quelles opérations présentes dans les scripts existants ne seront pas portables dans l'avenir.

Le standard POSIX est basé sur le shell Bourne System V, qui est un surensemble du shell Version 7 dont nous avons parlé plus haut dans cette annexe. Par conséquent, vous pouvez considérer que les possibilités de **bash** qui ne sont pas présentes dans le shell Bourne ne sont pas non plus comprises dans le standard POSIX.

Les caractéristiques de **bash** qui vont suivre sont « non spécifiées » dans le standard, ce qui signifie que leur syntaxe est acceptable mais que leurs fonctionnalités ne sont pas standardisées :

– l'autre syntaxe montrée dans le chapitre 1 est supportée, voir plus bas ;

2. En France, prenez plutôt contact avec l'AFNOR, Tour Europe, 92049 Paris La Défense Cedex. (Téléphone : (1) 42 91 55 55). Les documents finaux sont vendus, ce qui finance les organismes de normalisation ; on peut néanmoins consulter des *drafts* sur l'Internet, soit sous forme PostScript, soit en HTML. Voici un point de départ WWW : `http://www.ensta.fr/~beaupuis/posix/`.

- la structure de contrôle `select` ;
- les blocs de code (`{ ... }`) sont supportés, mais pour une portabilité maximum, les accolades doivent être protégées (pour des raisons trop compliquées pour être expliquées ici) ;
- les numéros de signaux ne sont autorisés que si les valeurs correspondant à certaines fonctions (INT, TERM et quelques autres) sont les mêmes que sur les plus importantes versions de l'histoire d'UNIX. En général, les shell scripts ne doivent contenir que des noms symboliques pour désigner les signaux.

Le standard POSIX supporte les fonctions, mais leur sémantique est moins élaborée : elles ne peuvent pas être exportées et il est impossible de définir des variables locales.

L'ordre de recherche des commandes a été modifié pour permettre de remplacer certaines commandes internes par des fonctions (puisque les alias ne font pas partie du standard). Les commandes internes sont réparties en deux ensembles, selon leur position dans l'ordre de recherche : certaines sont traitées avant les fonctions, d'autres après. En particulier, ont priorité sur les fonctions : `break` (ne rien faire), `continue`, `.` (source), `eval`, `exec`, `exit`, `export`, `readonly`, `return`, `set`, `shift`, `trap` et `unset`.

Enfin, comme le standard POSIX est destiné à promouvoir la portabilité des shell scripts, il évite volontairement de mentionner les caractéristiques qui ne s'appliquent qu'à l'utilisation interactive du shell (ce qui comprend les alias, les modes d'édition, les touches de contrôle, et ainsi de suite ; c'est l'UPE qui couvre ce domaine). Il ne mentionne pas non plus certaines notions fondamentales relatives à l'implémentation : il n'est en particulier pas nécessaire de faire appel à un fonctionnement multitâche pour les jobs en arrière-plan, les sous-shells, etc. Cela a été décidé afin d'autoriser la portabilité vers des systèmes non-multitâches aussi limités que MS-DOS de sorte que, par exemple, le *MKS Toolkit* (voir plus bas) puisse malgré tout être conforme à POSIX.

Le Korn shell

Le Korn shell fut la première grande alternative aux shells « traditionnels », Bourne et C. Sorti officiellement en 1986 comme partie du *Experimental Toolchest* de AT&T, il a été réalisé par David Korn, travaillant pour cette compagnie. La première version n'était pas supportée, mais USL (*UNIX System Laboratories*) décida de s'en occuper lorsqu'ils diffusèrent leur version d'UNIX (System VR4) en 1989. Le Korn shell de novembre 1988 constitue la version la plus utilisée de ce shell.

Cette version n'est pas totalement en conformité POSIX (moins que **bash**). La dernière version (1993) l'est déjà beaucoup plus, et offre bien plus de possibilités.

À la différence de **bash**, le Korn shell est un produit commercial; le code source n'est pas disponible et il faut acheter l'exécutable (qui est généralement fourni avec d'autres utilitaires sur les versions commerciales d'UNIX).

Le Korn shell 1988 et **bash** partagent beaucoup de caractéristiques, mais il existe certaines différences importantes dans le premier :

- les fonctions sont plus comme des entités séparées que partie intégrante du shell appelant (options et gestionnaires de signaux ne sont pas partagés avec celui-ci) ;

- les coroutines sont supportées, les deux processus peuvent communiquer à l'aide des commandes `print` et `read` ;

- la commande `print` remplace `echo` ; on peut lui passer un descripteur de fichier et elle peut être utilisée pour faire communiquer des coroutines ;

- la commande `time` est interne au shell ;

- le chargement automatique des fonctions est supporté (elles ne sont chargées en mémoire que lorsqu'elles sont appelées) ;

- les tests conditionnels sur les chaînes ont une nouvelle syntaxe, de la forme `[[ ... ]]` ;

- les tests conditionnels arithmétiques ont une nouvelle syntaxe, de la forme `(( ... ))` ;

- il y a deux pseudo-signaux supplémentaires, DEBUG et ERR ; le premier est envoyé après chaque exécution d'une instruction d'une fonction ou d'un script, le second est généré lorsqu'une fonction ou un script sort avec un statut non nul ;

- les tableaux à une dimension sont supportés ; cela permet des déclarations comme :

```
tableau[0]=valeur1
tableau[1]=valeur2
tableau[2]=valeur3
 ...
```

- les possibilités de génération de noms de fichiers sont substantiellement étendues par l'expansion des expressions rationnelles (*regular expressions*) ;
- la liste d'historique est stockée dans un fichier plutôt qu'en mémoire, ce qui permet aux instances concurrentes du shell de partager le même historique, ce qui constitue un avantage possible en certaines circonstances ;
- il n'y a pas de fichier d'initialisation par défaut ; si `ENV` n'est pas définie, rien n'est lu ;
- la commande `type` est remplacée par une version plus restreinte, `whence` ;
- l'invite principale (PS1) ne supporte pas de séquences spéciales de commandes ;
- il n'existe pas d'équivalent à `builtin`, `command` et `enable` ;
- il n'existe aucune configuration de séquence de touches et pas d'équivalent de `readline` ;
- il n'y a pas d'équivalent interne à `puhd`, `popd` et `dirs` ; il faut les définir en tant que fonctions si l'on en a besoin ;
- le mécanisme de substitution d'historique n'est pas supporté ;
- l'expansion des accolades n'est pas supportée dans la configuration par défaut, mais c'est une option de compilation ;
- « `!` » n'est pas un mot-clé ;
- les chaînes d'invite ne supportent pas les caractères spéciaux encodés par contre-oblique ;
- il n'existe pas d'aide intégrée ;
- beaucoup des variables connues de **bash** n'existent pas, en particulier :

```
allow_null_glob_expansion        auto_resume
BASH                             BASH_VERSION
cdable_vars                      command_oriented_history
EUID                             FIGNORE
glob_dot_filenames               histchars
HISTCMD                          HISTCONTROL
HISTFILESIZE                     HOSTFILE
HOSTTYPE                         IGNOREEOF
```

INPUTRC	MAIL_WARNING
noclobber	no_exit_on_failed_exec
notify	nolinks
OSTYPE	PROMPT_COMMAND
SHLVL	UID

De plus, les fichiers d'initialisation et d'environnement du Korn shell sont différents ; ils sont principalement constitués de *.profile* et du fichier spécifié dans la variable d'environnement `ENV`, tout comme **bash** lorsqu'il est en mode POSIX. Il n'y a pas de fichier *logout*.

Le Korn shell constitue une bonne alternative à **bash**. Ses seuls inconvénients majeurs sont qu'il n'est pas disponible gratuitement et qu'il n'est mis à jour qu'à intervalles de plusieurs années.

Le petit pdksh

Il existe une implémentation en domaine public du Korn shell, connue sous le nom de `pdksh` (*Public Domain Korn shell*). Elle est disponible sous forme de code source auprès de nombreux sites connectés à l'Internet, et postée également dans le groupe USENET `comp.sources.unix`. Des instructions détaillées pour sa compilation et son installation sur diverses plates-formes UNIX dérivées de BSD (particulièrement SunOS) sont fournies.

Ce `pdksh` a été écrit par Eric Gisin, qui est parti de la version domaine public du shell Bourne Version 7 réalisée par Charles Forsyth. Il contient toutes les caractéristiques du Bourne shell, plus certaines extensions POSIX et quelques possibilités supplémentaires qui lui sont propres.

Parmi ces possibilités, notons la notation par tilde définissable par l'utilisateur, grâce à laquelle on peut définir ˜ comme abréviation de n'importe quoi, et pas seulement de noms d'utilisateurs.

Autrement, il manque à `pdksh` quelques caractéristiques du véritable Korn shell et de **bash**, en particulier :

- la variable interne PS4 ;
- les redirections d'E/S >| et <> ;
- les options `errexit`, `noclobber` et `privileged`.

L'avantage le plus important que possède `pdksh` par rapport à **bash**, c'est que son exécutable est environ trois fois plus petit et qu'il est considérablement plus rapide. En revanche, il est moins conforme à POSIX, beaucoup moins de développeurs y travaillent (et par conséquent il n'a pas été aussi sévèrement contrôlé que **bash**), et ce n'est pas un produit très fignolé (par exemple, sa documentation est incomplète).

Toutefois, pdksh est un excellent choix pour ceux qui désirent autre chose que **bash** et ne peuvent pas obtenir le Korn shell.

Outils pour plates-formes PC

La prolifération des shells ne s'est pas arrêtée aux frontières du monde UNIX. De nombreux programmeurs, dont l'éducation se fit sur des systèmes UNIX, ont eu à travailler sur des architectures de type PC et ont fatalement recherché un environnement de travail proche d'UNIX (particulièrement ceux confrontés aux horreurs de la ligne de commande de MS-DOS !), il n'est donc pas surprenant que différentes interfaces singeant UNIX virent le jour pour des systèmes d'exploitation de micro-ordinateurs[3], et en particulier des émulations du Korn shell.

Le *MKS Toolkit* est un ensemble de ce genre, disponible auprès de *Mortice Kern Systems, Inc.* Il s'agit d'un environnement de type UNIX pour MS-DOS (version 2.0 et supérieures) et OS/2 (version 1.2 et plus). En plus du shell, il est fourni un éditeur vi et de nombreux utilitaires d'UNIX, y compris les plus importants comme awk, uucp et make.

Le shell MKS est très compatible avec la version 1988 du Korn shell, et il lui est consacré un excellent manuel.

La plupart des différences que ce shell comporte avec le Korn shell et **bash** sont dues aux limitations du système d'exploitation sur lequel il doit fonctionner, plutôt qu'à lui-même. En particulier, MS-DOS ne supporte ni le multitâche ni les permissions de fichiers, aussi tout ce qui concerne ces domaines est absent du shell MKS (la version OS/2 supporte les permissions, toutefois).

Si vous désirez plus de détails sur ces différences, consultez l'annexe A du livre *Learning the Korn Shell*, par Bill Rosenblatt, aux éditions *O'Reilly & Associates.*

Beaucoup d'utilisateurs d'UNIX contraints à MS-DOS ne jurent que par le *MKS Toolkit* : il n'est pas cher (299 dollars à l'heure où nous écrivons ces lignes), il transforme DOS en un environnement raisonnablement utilisable pour des utilisateurs éclairés ou des développeurs. Il est disponible chez la plupart des revendeurs de logiciels informatiques, ou directement auprès de MKS.
Pour plus d'informations, contactez :

MKS
35 King St. North

3. Cela se passait bien avant que des implémentations gratuites et performantes d'UNIX comme Linux ou FreeBSD ne voient le jour ; et même maintenant, il faut bien développer pour les systèmes que le grand public achète...

Waterloo, Ontario, Canada N2J 2W9
Téléphone : (800) 265-2797 (US & Canada)
Fac-similé : (519) 884 8861 E-mail : toolkit@mks.com
Compu$erve : 73260,1043
BIX : mks

Dans cette annexe :
- *Options d'appel*
- *Commandes internes et mots réservés*
- *Variables internes*
- *Opérateurs de test*
- *Options*
- *Commandes des modes :*
  - *Emacs*
  - *vi*

B

Listes de référence

Options d'appel

Voici une liste des options que l'on peut utiliser lors du lancement de **bash**. Celles qui sont multi-caractères doivent apparaître sur la ligne de commandes avant les autres. En plus de ces options, toute option `set` peut être employée sur la ligne de commandes; voyez le tableau B.5 plus loin. Les login shells sont généralement invoqués avec les options `-i` (interactif), `-s` (lecture depuis l'entrée standard) et `-m` (contrôle de processus en service).

Option	Signification
-c*chaîne*	Les commandes sont lues depuis *chaîne*, si elle est donnée. Tout argument après *chaîne* est interprété en tant que paramètre positionnel, en partant de $0.
-s	Lit les commandes depuis l'entrée standard. Si un argument est passé à **bash**, ce drapeau a priorité (par exemple, l'argument ne sera pas considéré comme nom de script et c'est l'entrée standard qui sera lue).
-r	Shell restreint. Voir chapitre 10, page 259.
-	Signale la fin des options et interdit tout autre traitement d'option. Toutes les options après ce tiret seront considérées comme fichiers et arguments. `--` (double tiret) en est un synonyme.

Suite de ce tableau page suivante...

Option	Signification
-norc	Ne lit pas le fichier d'initialisation *~/.bashrc* si le shell est interactif. Cette option est en service par défaut si **bash** est invoqué sous le nom de `sh`.
-noprofile	Ne lit pas le fichier d'initialisation */etc/profile* ou tout autre fichier personnel du même genre.
-rcfile *fichier*	Exécute les commandes lues dans *fichier* au lieu de *~/.bashrc*, si le shell est interactif.
-version	Affiche le numéro de version au démarrage.
-quiet	N'affiche aucune information au démarrage. C'est l'option par défaut.
-login	Demande à **bash** d'agir comme s'il était invoqué en tant que login shell.
-nobraceexpansion	N'effectue pas l'expansion des accolades.
-nolineediting	N'utilise pas la bibliothèque GNU Readline pour lire les commandes s'il est en mode interactif.
-posix	Modifie le comportement de **bash** afin d'être le plus possible conforme aux spécifications POSIX, là où le mode d'opération par défaut est différent.

Commandes internes et mots réservés

Voici la liste de toutes les commandes internes et des mots réservés.

Commande	Chap.	Description
:	7	Ne fait rien (juste l'expansion des arguments).
.	4	Lit un fichier et exécute son contenu dans le shell courant.
alias	3	Positionne un « surnom » pour une commande ou une ligne de commandes.
bg	8	Passe un programme en arrière-plan.
bind	2	Assigne une séquence de touches à une fonction ou macro Readline.
builtin	5	Exécute la commande interne spécifiée.
break	5	Sort d'une boucle `for`, `select`, `while` ou `until`.
case	5	Structure de contrôle, conditions multiples.
cd	1	Change le répertoire de travail.
command	7	Lance une commande en court-circuitant l'ordre de recherche.

Suite de ce tableau page suivante...

Commande	Chap.	Description
continue		Passe immédiatement à la prochaine itération d'une boucle.
declare	6	Déclare des variables et leur donne des attributs. Identique à typeset.
dirs		Affiche la liste des répertoires mémorisés.
echo	4	Expanse et affiche ses arguments.
enable	7	Valide et invalide les commandes internes.
eval	7	Passe les arguments donnés au traitement de la ligne de commandes.
exec	9	Remplace le shell par le programme donné.
exit	5	Sort du shell.
export	3	Crée des variables d'environnement.
fc	2	*Fix Command* (édition de l'historique).
fg	8	Passe un job en avant-plan.
for	5	Construction de boucle.
function	4	Définit une fonction.
getopts	6	Traite les options de la ligne de commandes.
hash	3	Chemins d'accès complets déterminés et mémorisés.
help	1	Aide en ligne sur les commandes internes du shell.
history	1	Affiche l'historique des commandes.
if	5	Structure de contrôle, condition.
jobs	1	Liste les jobs en arrière-plan.
kill	8	Envoie des signaux aux processus.
let	6	Affectation de variables arithmétiques.
local	4	Crée une variable locale.
logout	1	Termine une session.
newgrp		Lance un nouveau shell avec un nouvel identificateur de groupe.
popd	4	Supprime un répertoire de la pile de répertoires.
pushd	4	Ajoute un répertoire à la pile de répertoires.
pwd	1	Affiche le répertoire de travail.
read	7	Lit une ligne sur l'entrée standard.
readonly	6	Passe les variables en lecture seule (non modifiables).
return	5	Sort d'une fonction ou d'un script.
select	5	Permet la réalisation de menus.
set	3	Positionne des options.
shift	6	Décale les arguments de la ligne de commandes.

Suite de ce tableau page suivante...

Commande	Chap.	Description
suspend		Suspend l'exécution d'un shell.
test	5	Évalue une expression conditionnelle.
times		Lance une commande et affiche ses temps d'exécution.
trap	8	Met en place un gestionnaire de traitement de signal.
type	3	Identifie la source d'une commande.
typeset	6	Déclare des variables et leur donne des attributs. Identique à declare.
ulimit	10	Initialise/affiche les limitations de ressources.
umask	10	Initialise/affiche le masque de permissions de fichiers.
unalias	3	Supprime des définitions d'alias.
unset	3	Supprime des définitions de variables ou de fonctions.
until	5	Construction de boucle.
wait	8	Attend qu'un processus fils se termine.
while	5	Construction de boucle.

Variables internes

Voici la liste complète des variables d'environnement de **bash** disponibles dans la version 1.14. Les variables `HISTCMD`, `HOSTTYPE`, `PS3`, `HISTCONTROL` et `HOSTFILE` ne sont pas disponibles dans les versions antérieures.

Commande	Chap.	Signification
*	4	Paramètres positionnels passés au script ou à la fonction en cours.
@	4	Paramètres positionnels passés au script ou à la fonction en cours.
#	4	Nombre d'arguments passés au script ou à la fonction encours.
- (tiret)		Options d'appel du shell.
?	5	Valeur de retour de la commande précédente.
_ (souligné)		Dernier argument de la commande précédente.
$	8	Numéro de processus du shell.
!	8	Numéro de processus de la dernière commande en arrière-plan.

Suite de ce tableau page suivante...

Commande	Chap.	Signification
0	4	Nom du shell ou du shell script.
BASH	3	Chemin d'accès complet utilisé pour appeler cette instance de **bash**.
BASH_VERSION	3	Numéro de version de cette instance de **bash**.
CDPATH	3	Liste des répertoires à rechercher pour la commande `cd`.
ENV	3	Nom du fichier à lire en tant que fichier d'environnement lorsque le shell est lancé.
FIGNORE		Liste des noms à ignorer lors du complètement de noms de fichiers.
IFS	7	*Internal Field Separator*: liste des caractères qui agissent comme séparateurs. Normalement initialisé aux trois caractères ESPACE, TABULATION et SAUT DE LIGNE.
HISTCMD	3	Numéro de la commande courante dans l'historique.
HISTCONTROL	3	Contrôle ce qui est inséré dans l'historique.
HISTFILE	2	Nom du fichier d'historique.
HISTSIZE	2	Nombre de lignes conservées dans l'historique des commandes.
HISTFILESIZE	3	Nombre max. de lignes conservées dans le fichier d'historique.
HOME	3	Répertoire personnel.
HOSTFILE	3	Fichier à utiliser pour le complètement de noms de machines.
HOSTTYPE	3	Le type de machine sur laquelle **bash** est en train de fonctionner.
IGNOREEOF	3	Nombre de caractères EOF (CTRL-D) reçus avant de terminer un shell interactif.
INPUTRC	2	Fichier d'initialisation de la bibliothèque Readline.
LINENO	9	Nombre de lignes exécutées dans un script ou une fonction.
		Suite de ce tableau page suivante...

Commande	Chap.	Signification
MAIL	3	Nom du fichier à tester en tant que boîte aux lettres.
MAILCHECK	3	Intervalle (en secondes) entre deux tests de nouveau courrier.
MAILPATH	3	Liste de fichiers à tester comme boîte aux lettres, si MAIL n'est pas positionnée.
MAIL_WARNING		Si initialisée, teste la boîte aux lettres spécifiée dans MAILPATH.
OLDPWD	3	Répertoire de travail précédent la dernière commande `cd`.
OPTARG	6	Argument à l'option en cours de traitement par `getopts`.
OPTERR	6	Si sa valeur vaut 1, affiche les messages d'erreurs de `getopts`.
OPTIND	6	Numéro du premier argument après les options.
OSTYPE		Le système d'exploitation sur lequel **bash** est en fonctionnement.
PROMPT_COMMAND		Sa valeur est exécutée en tant que commande avant chaque affichage de l'invite du shell.
PS1	3	Chaîne d'invite principale.
PS2	3	Chaîne d'invite pour les continuations de lignes.
PS3	5	Chaîne d'invite pour la commande `select`.
PS4	9	Chaîne d'invite pour l'option `xtrace`.
PPID	8	Numéro de processus du père.
PWD	3	Répertoire de travail.
RANDOM	9	Nombre aléatoire entre 0 et 32 767 (215-1).
REPLY	5, 7	Réponse de l'utilisateur à la commande `select` ; résultat de la commande `read` si aucun nom de variable n'est donné.
SECONDS	3	Nombre de secondes écoulées depuis que cette instance du shell a été invoquée.

Suite de ce tableau page suivante...

Commande	Chap.	Signification
SHELL	3	Chemin d'accès complet du shell.
SHLVL		Incrémentée chaque fois qu'une instance du shell est invoquée.
TMOUT	10	Si sa valeur est un entier positif, nombre de secondes entre les commandes avant que le shell ne se termine automatiquement.
UID		Numéro d'utilisateur de l'utilisateur courant.
allow_null_glob_expansion		Si positionnée, les modèles de noms de fichiers qui ne correspondent à aucun fichier sont expansés en une chaîne nulle.
auto_resume		Contrôle le mode de fonctionnement du contrôle de processus.
cdable_vars	3	Si positionnée, tente d'utiliser l'argument comme une variable contenant un nom de répertoire si le répertoire n'existe pas.
command_oriented_history		Spécifie comment les commandes multi-lignes sont enregistrées dans l'historique.
glob_dot_filenames		Si positionnée, les noms de fichiers commençant par un point sont inclus dans l'expansion de noms de fichiers.
histchars		Spécifie les caractères à utiliser pour le contrôle de l'historique.
no_exit_on_failed_exec		Si positionnée, les shells non-interactifs ne se terminent pas si un `exec` échoue.
noclobber	7	Si positionnée, les fichiers ne seront pas écrasés par les redirections par >, >`&` et <>.
nolinks		Spécifie s'il faut utiliser les répertoires physiques ou logiques dans les liens symboliques.

Opérateurs de test

Ici, nous trouvons les opérateurs employés pour les tests et la construction `[...]`. Ils peuvent être combinés logiquement par `&&` (ET) et || (OU) et groupés par des parenthèses protégées (`\(...\)`).

Opérateur	Vrai si...
-b *fichier*	*fichier* existe et est un périphérique de type bloc.
-c *fichier*	*fichier* existe et est un périphérique de type caractère.
-d *fichier*	*fichier* existe et est un répertoire.
-e *fichier*	*fichier* existe.
-f *fichier*	*fichier* existe et est un fichier ordinaire.
-g *fichier*	*fichier* existe et son bit setgid est positionné.
-G *fichier*	*fichier* existe et appartient au groupe ID effectif.
-k *fichier*	*fichier* existe et son *sticky bit* est positionné.
-L *fichier*	*fichier* existe et est un lien symbolique.
-n *chaîne*	*chaîne* n'est pas nulle.
-O *fichier*	*fichier* existe et appartient à l'utilisateur effectif.
-p *fichier*	*fichier* existe et est un tube ou un tube nommé (FIFO).
-r *fichier*	*fichier* existe et est lisible.
-s *fichier*	*fichier* existe et n'est pas vide.
-S *fichier*	*fichier* existe et c'est une socket.
-t N	Le descripteur de fichiers N pointe sur un terminal.
-u *fichier*	*fichier* existe et son bit setuid est positionné.
-w *fichier*	*fichier* existe et on peut y écrire.
-x *fichier*	*fichier* existe et est exécutable, ou c'est un répertoire accessible.
-n *chaîne*	*chaîne* a une longueur de zéro.
fichierA -nt *fichierB*	*fichierA* est plus récent que *fichierB*.
fichierA -ot *fichierB*	*fichierA* est plus ancien que *fichierB*.
fichierA -ef *fichierB*	*fichierA* et *fichierB* pointent vers le même fichier physique.
chaîneA = *chaîneB*	*chaîneA* est identique à *chaîneB*.
chaîneA != *chaîneB*	*chaîneA* et *chaîneB* sont différentes.
exprA -eq *exprB*	Les expressions arithmétiques *exprA* et *exprB* sont égales.
exprA -ne *exprB*	Les expressions arithmétiques *exprA* et *exprB* ne sont pas égales.

Suite de ce tableau page suivante...

Opérateur	Vrai si...
exprA -lt *exprB*	*exprA* est inférieure à *exprB*.
exprA -gt *exprB*	*exprA* est supérieure à *exprB*.
exprA -le *exprB*	*exprA* est inférieure ou égale à *exprB*.
exprA -ge *exprB*	*exprA* est supérieure ou égale à *exprB*.
exprA -a *exprB*	*exprA* est vraie et *exprB* est vraie.
exprA -o *exprB*	*exprA* est vraie ou *exprB* est vraie.

Options

Voici les options qui peuvent être mises en service par la commande `set -o argument`. Toutes sont initialement hors service, sauf indication contraire. Les noms complets, lorsqu'indiqués, sont des arguments qui peuvent être utilisés avec `set -o`.

Option	Nom complet	Signification
-a	allexport	Exporte toutes les variables subséquemment définies.
-b	notify	Indique immédiatement le statut des jobs en arrière-plan qui se terminent.
-C	noclobber	N'autorise pas de redirection pouvant écraser un fichier existant.
-d		Supprime le hâchage des commandes.
-e	errexit	Termine le shell lorsqu'une commande simple sort avec un statut non nul. Une commande simple est une commande qui ne fait pas partie d'un `while`, `until` ou `if` ; ni d'une liste `&&` ou `||` ; ou une commande dont la valeur de retour est inversée par `!`.
	emacs	Passe en mode d'édition Emacs pour la ligne de commandes.
-f	noglob	Supprime l'expansion de noms de fichiers.
-h		Localise et mémorise les commandes des fonctions lors de leur définition.
	ignoreeof	Supprime l'interprétation de CTRL-D pour sortir du shell.
-k		Place les arguments à un mot-clé dans l'environnement pour une commande, et pas seulement ceux qui précèdent le nom de la commande.

Suite de ce tableau page suivante...

Option	Nom complet	Signification
-l		Sauve et restaure l'affectation de `nom` dans une boucle `for nom`.
-m	monitor	Valide le contrôle de processus (en service par défaut).
-n	noexec	Lit les commandes et teste leur syntaxe mais ne les exécute pas. Ignoré dans les shells interactifs.
-P	physical	Ne suit pas les liens symboliques dans les commandes qui changent de répertoire courant ; utilise le répertoire physique.
-p	privileged	Le script est exécuté en mode suid.
	posix	Modifie le comportement de **bash** là où il diffère du standard POSIX 1003.2, pour être en conformité avec cette norme.
-t		Sort après avoir lu et exécuté une seule commande.
-u	nounset	Traite les variables non définies comme des erreurs, et non pas comme étant nulles.
-v	verbose	Affiche les lignes d'entrée avant de les exécuter.
	vi	Passe en mode d'édition `vi` pour la ligne de commandes.
-x	xtrace	Affiche les commandes (après expansion) avant de les exécuter.
-		Signale la fin des options. Tous les arguments restants sont affectés aux paramètres positionnels. Les options `x` et `v` sont mises hors service. S'il ne reste pas d'arguments à affecter, les paramètres positionnels restent inchangés.
--		Si aucun argument ne suit, supprime (`unset`) les paramètres positionnels. Sinon, ces paramètres se voient affecter les arguments qui suivent (même s'ils commencent par `-`).

Commandes du mode Emacs

Voici la liste complète des commandes du mode d'édition Emacs.

Commande	Signification
CTRL-A	Déplacement en début de ligne.
CTRL-B	En arrière d'un caractère (sans effacer).
CTRL-D	Supprime le caractère et avance.
CTRL-E	Positionnement en fin de ligne.
CTRL-F	En avant d'un caractère.
CTRL-G	Abandon de la commande d'édition courante et émet un bip sonore.
CTRL-J	Identique à RETOUR (ENTRÉE).
CTRL-K	Suppression de la fin de la ligne.
CTRL-L	Efface l'écran et réaffiche la ligne.
CTRL-M	Identique à RETOUR (ENTRÉE).
CTRL-N	Ligne suivante de l'historique des commandes.
CTRL-O	Comme RETOUR, puis affiche la ligne suivante de l'historique.
CTRL-P	Ligne précédente de l'historique des commandes.
CTRL-R	Recherche en arrière.
CTRL-S	Recherche en avant.
CTRL-T	Transposition (inversion) de deux caractères.
CTRL-U	Efface du début de la ligne jusqu'au point.
CTRL-V	Le caractère suivant sera inséré verbatim (protection).
CTRL-V TAB	Insère une tabulation.
CTRL-W	Efface le mot précédent (l'espace est le délimiteur).
CTRL-X ~	Liste tous les complètements en noms de fichiers possibles du mot courant.
CTRL-X $	Liste tous les complètements en variables shell possibles du mot courant.
CTRL-X @	Liste tous les complètements en noms de machines possibles du mot courant.
CTRL-X !	Liste tous les complètements en noms de commandes possibles du mot courant.
CTRL-X (	Commence l'enregistrement des caractères dans la macro clavier courante.
CTRL-X)	Stoppe l'enregistrement des caractères dans la macro clavier courante.
CTRL-X e	Exécute la dernière macro clavier définie.
CTRL-X CTRL-R	Lit le contenu du fichier d'initialisation de Readline.

Suite de ce tableau page suivante...

Commande	Signification
CTRL-X CTRL-V	Affiche le numéro de version du **bash** utilisé.
CTRL-Y	Récupère (recolle) le dernier item supprimé.
DEL	Supprime le caractère précédent.
CTRL-[	Identique à ESC (sur la plupart des claviers).
ESC-b	En arrière d'un mot.
ESC-c	Passe en majuscules la première lettre du mot situé après le point (capitalisation).
ESC-d	Supprime un mot en avant.
ESC-f	En avant d'un mot.
ESC-l	Passe en minuscules le mot situé après le point.
ESC-n	Recherche en avant non incrémentale.
ESC-p	Recherche en arrière non incrémentale.
ESC-r	Annule la dernière modification faite sur cette ligne.
ESC-t	Transpose (inverse) deux mots.
ESC-u	Passe en majuscules le mot situé après le point.
ESC CTRL-E	Effectue l'expansion d'alias, d'historique et de mot sur la ligne.
ESC CTRL-H	Supprime un mot en arrière.
ESC CTRL-Y	Insère le premier argument de la commande précédente au point (c'est généralement le second mot).
ESC DEL	Supprime un mot en arrière.
ESC ^	Effectue l'expansion d'historique sur la ligne.
ESC <	Va sur la première ligne de l'historique.
ESC >	Va sur la dernière ligne de l'historique.
ESC .	Insère le dernier mot de la commande précédente après le point.
ESC _	Comme ci-dessus.
TAB	Tente le complètement de nom de fichier avec le mot courant.
ESC?	Liste tous les complètements possibles du mot situé après le point.
ESC /	Tente le complètement de nom de fichier sur le mot courant.
ESC ~	Tente le complètement de nom d'utilisateur sur le mot courant.
ESC $	Tente le complètement de nom de variable sur le mot courant.
ESC @	Tente le complètement de nom de machine sur le mot courant.

Suite de ce tableau page suivante...

Commande	Signification
ESC !	Tente le complètement de nom de commande sur le mot courant.
ESC TAB	Tente le complètement depuis le texte situé dans l'historique des commandes.
ESC {	Tente le complètement de nom de fichier et retourne au shell la liste trouvée, en la mettant entre accolades.

Commandes du mode vi

Voici la liste complète des commandes du mode d'édition `vi`.

Commande	Signification
h	Déplacement d'un caractère vers la gauche.
l	Déplacement d'un caractère vers la droite.
w	Déplacement d'un mot vers la droite.
b	Déplacement d'un mot vers la gauche.
W	Déplacement au début du prochain mot non blanc.
B	Déplacement au début du mot non blanc précédent.
e	Déplacement à la fin du mot courant.
E	Déplacement à la fin du mot non blanc courant.
0	Déplacement au début de la ligne.
^	Déplacement sur le premier caractère non blanc de la ligne.
$	Déplacement à la fin de la ligne.
i	Insertion de texte avant le caractère courant.
a	Insertion de texte après le caractère courant.
I	Insertion de texte au début de la ligne.
A	Insertion de texte à la fin de la ligne.
R	Insertion de texte par-dessus le texte existant.
dh	Supprime le caractère précédent le curseur.
dl	Supprime le caractère sous le curseur.
db	Supprime le mot à gauche.
dw	Supprime le mot à droite.
dB	Supprime le mot non blanc à gauche.
dW	Supprime le mot non blanc à droite.
d$	Supprime la fin de la ligne.
d0	Supprime le début de la ligne.
D	Équivalent à d$ (supprime la fin de la ligne).
dd	Équivalent à 0d$ (supprime toute la ligne).
C	Équivalent à c$ (supprime la fin de la ligne et passe en mode saisie).
	Suite de ce tableau page suivante...

Commande	Signification
cc	Équivalent à 0c$ (supprime toute la ligne et passe en mode saisie).
x	Équivalent à dl (supprime le caractère sous le curseur).
X	Équivalent à dh (supprime le caractère avant le curseur).
k ou -	Remonte d'une ligne dans l'historique.
j ou -	Avance d'une ligne dans l'historique.
G	Va à la ligne donnée par l'argument numérique.
/*chaîne*	Recherche en avant de *chaîne*.
?*chaîne*	Recherche en arrière de *chaîne*.
n	Répète la recherche en avant.
N	Répète la recherche en arrière.
f*x*	Avance jusqu'à la prochaine occurrence du caractère x.
F*x*	Recule jusqu'à la prochaine occurrence du caractère x.
t*x*	Avance jusqu'à la prochaine occurrence du caractère x, puis recule d'un espace.
T*x*	Recule jusqu'à la prochaine occurrence du caractère x, puis avance d'un espace.
;	Répète la dernière recherche de caractère.
,	Répète la dernière recherche de caractère, en direction opposée.
*	Effectue l'expansion des caractères génériques (sur la ligne de commandes).
=	Effectue l'expansion des caractères génériques (sous forme de liste affichée).
~	Inverse (bascule) le caractère sous le curseur de majuscule/minuscule.
_	Ajoute le dernier mot de la commande précédente, et passe en mode saisie.
CTRL-L	Commence une nouvelle ligne et réécrit la ligne courante dessus.
#	Ajoute un dièse (caractère de commentaire) à la ligne et l'envoie dans l'historique.

Dans cette annexe :

- *Variables*
- *Les tableaux*
- *Expansion de paramètres*
- *Expansion de chaînes*
- *Nouvelles commandes internes*

C

Bash 2.0

Contrairement à beaucoup de logiciels commerciaux, qui restent figés pendant de longues périodes, **bash** est constamment amélioré. De nouvelles versions sortent tous les six mois environ, qui comportent essentiellement des corrections de bogues mineurs et quelques améliorations au code. **Bash** est maintenant un produit stable et les seules modifications d'importance qui y sont faites de temps à autres sont l'ajout de nouvelles fonctionnalités (comme l'implémentation de la construction `select` dans la version 1.14), et l'ajustement de quelques caractéristiques.

La prochaine version de **bash**, qui portera le numéro 2.0, constitue une grande révision de la version actuelle. Plusieurs fonctionnalités nouvelles seront ajoutées (dont de nouvelles variables, les tableaux, et de nouvelles commandes internes), et quelques-unes, devenues redondantes, seront supprimées. Cette annexe décrit les modifications et améliorations que l'on peut attendre.

Variables

La version 2.0 inclut de nouvelles variables d'environnement, et voit disparaître certaines autres faisant double emploi (certaines ont été déplacées dans la commande `shopt`). Le tableau C.1 donne une liste des nouvelles. La première de ces variables, `DIRSTACK`, est très semblable dans son fonctionnement à la variable `MAPILE` que nous avons utilisée dans notre implémentation de `pushd` et `popd`. Chaque nouveau répertoire empilé par la commande interne `pushd` est placé au sommet de `DIRSTACK`. La commande `popd` supprime cette entrée. Toutefois, contrairement à notre version personnelle, **bash** n'utilise pas une liste de répertoires séparés par des espaces ; il fait appel à un tableau (voir plus bas pour plus de détails sur ces variables particulières).

`DIRSTACK` autorise la modification des noms de répertoires déjà sur la pile, mais l'ajout ou la suppression de la variable ne peut se faire que par

Variable	Description
DIRSTACK	Tableau contenant les répertoires de la pile de répertoires.
GLOBIGNORE	Liste séparée par des deux-points de modèles définissant l'ensemble de noms de fichiers à ignorer par l'expansion de noms de fichiers.
PIPESTATUS	Tableau contenant la liste des valeurs de retour des processus les plus récemment exécutés en avant-plan par un pipe-line.
SHELLOPTS	Liste séparée par des deux-points des options du shell qui sont en service.
HISTIGNORE	Liste séparée par des deux-points de modèles utilisés pour choisir les lignes de commandes enregistrées dans l'historique.

TAB. C.1 - *Nouvelles variables dans **bash** 2.0.*

les commandes `pushd` et `popd`. Si l'on tape `unset DIRSTACK`, cette variable perd toutes ses propriétés, même si on la déclare à nouveau.

`GLOBIGNORE` est une liste de modèles décrits par des caractères génériques, utilisés pour décider de ce qui doit se passer pendant l'expansion des noms de fichiers. Si, pendant cette opération, un nom de fichier possible correspond à l'un de ces modèles, il ne sera pas pris en compte.

`PIPESTATUS` est une autre variable implémentée sous forme de tableau. Elle contient une liste des valeurs de retour des processus les plus récemment exécutés en avant-plan sur une ligne de commandes (pipe-line). Cela inclut la forme la plus simple, une commande seule.

`SHELLOPTS` est une liste des options en service dans le shell. Chaque mot de cette liste est un argument valide de `set -o`. Si cette variable est dans l'environnement au démarrage de **bash**, les options de la liste sont validées avant toute lecture de fichier d'initialisation.

`HISTIGNORE` est une liste de modèles utilisés pour décider de ce qui doit être enregistré dans la liste d'historique. Chaque modèle est « ancré » au début de la ligne (la comparaison a lieu à partir du premier caractère de la ligne de commandes) et ils doivent complètement spécifier la ligne : il n'y a pas de * implicite ajouté au modèle. Les comparaisons sont faites après les tests relatifs à `HISTCONTROL`. En plus des caractères génériques standard, `&` désigne la ligne d'historique précédente. Un `&` explicite peut être entré en le faisant précéder d'une contre-oblique.

Certaines variables d'environnement qui existaient dans les précédentes versions de **bash** ont été supprimées. Dans tous les cas, la fonctionnalité correspondante est toujours disponible via la commande interne `set` ou d'autres variables. Ont disparu : `MAIL_WARNING`, `notify`, `history_control`, `command_oriented_history`, `glob_dot_filenames`, `nolinks`, `noclobber`, `allow_null_glob_expansion`, `no_exit_on_failed_exec` et `cdable_vars`.

Les tableaux

La version 2.0 étend les types de variables supportés aux tableaux à une dimension. Comme dans les autres langages informatiques, les tableaux sont des listes d'éléments, chaque élément pouvant être référencé par un nombre entier jouant le rôle d'index.

Sous **bash**, on peut créer des tableaux soit en utilisant une nouvelle option de la commande `declare` (`declare -a nom`), ou par une affectation directe (`nom[index]=valeur`). Chaque tableau est indexé à partir de zéro, sans limite de taille. Il n'est pas nécessaire que les éléments soient contigüs. Par exemple :

```
personnages[42]=marcel
personnages[96]=albert
```

Ici, nous attribuons respectivement les valeurs **marcel** et **albert** aux éléments 42 et 96 du tableau `personnages`. Tous les autres éléments sont considérés comme vides ; tenter d'y accéder retournera une chaîne vide. Les indices peuvent être des expressions arithmétiques, tant que leur résultat est supérieur ou égal à zéro. La valeur de `personnages[21+21]`, dans l'exemple ci-dessus, serait `marcel`.

On peut également effectuer des affectations groupées, par exemple :

```
groupe1=([6]=martin [9]=germaine [66]=charles)
groupe2=([10]=martin gilles germaine charles)
```

La première ligne attribue respectivement **martin**, **germaine** et **charles** aux éléments 5, 9 et 66 du tableau `groupe1`. La seconde ligne est une variante : **martin** est mis dans l'élément 10 alors que **gilles**, **germaine** et **charles** sont placés dans les éléments 11, 12 et 13. Si l'on ne précise pas d'index dans cette forme d'affectation, la valeur utilisée sera la dernière affectation augmentée de 1. Si le tableau était vide, le premier élément sera placé à l'index zéro. Cette forme d'écriture est aussi acceptée par `declare`.

Pour lire une valeur d'un tableau, l'élément peut être référencé en employant la syntaxe `${nom[index]}`. Les accolades sont nécessaires pour éviter des conflits avec l'expansion de noms de fichiers. Si l'index est `@` ou `*`, sa valeur correspondra à tous les éléments du tableau. Le résultat de ces deux indices est le même, sauf si le tableau est protégé par des double-apostrophes (`" "`). Dans ce cas, `${nom[*]}` est expansé en un mot unique, contenant la valeur de chaque élément, chaque valeur étant séparée par le premier caractère de la variable `IFS`, et `${nom[@]}` expanse chaque élément en un mot séparé.

On peut déterminer le nombre d'éléments contenus dans un tableau par `${#nom[@]}` ou `${#nom[*]}`. Si vous utilisez un indice numérique, le résultat sera la longueur de l'élément contenu à cet endroit. Si vous ne spécifiez aucune valeur (`${nom}`), vous obtiendrez la longueur de l'élément zéro.

Pour supprimer des tableaux ou des éléments de tableau, il faut faire appel à la commande `unset`. Si l'on indique un indice, c'est l'élément correspondant qui sera supprimé. Si l'on spécifie un `@`, un `*` ou rien du tout, c'est le tableau tout entier qui sera supprimé. Par exemple, en prenant le tableau `groupe2` de notre exemple précédent, `unset groupe2[11]` supprimera le onzième élément (**gilles**)[1]. Ou encore, `unset groupe2` ou `unset groupe2[@]` supprimera le tableau `groupe2` tout entier.

Tout comme avec les autres variables, les tableaux peuvent posséder des attributs positionnés à l'aide des commandes `declare` et `readonly`. Chaque attribut s'applique à tous les éléments du tableau.

Certaines des commandes internes prennent une option `-a` pour traiter les tableaux : `declare`, `local`, `read` et `readonly`. La commande `read` assigne les mots lus sur l'entrée standard aux éléments d'un tableau lorsqu'on lui passe l'option `-a`.

Expansion de paramètres

L'un des exercices de la fin du chapitre 7, « *Entrées/sorties et traitement de la ligne de commandes* », demande d'employer `eval` pour créer une forme d'indirection de variable ; une variable servant à stocker le nom d'une autre, qui à son tour contient la valeur désirée. La version 2.0 de **bash** offre directement cette possibilité (connue sous le nom d'expansion indirecte), sous la forme `${!variable}`.

Le principe paraîtra plus clair avec un exemple. Supposons que `$objet` vaut `"personne"` et que `$personne` vaut `"dugenou"`. On peut alors employer l'expansion indirecte pour obtenir `dugenou` à partir de `objet` en utilisant la notation `${!objet}`. Dans ce cas, `objet` est expansé en `personne`. Le shell prend alors cette valeur comme le nom d'une autre variable, qu'il expanse à son tour. Ici, `$personne` a pour valeur `dugenou`. Ce sera donc le résultat de l'expansion de `${!objet}`.

1. Attention à l'expansion de noms de fichiers lorsque vous employez cette notation.

La version 2.0 étend la liste des opérations de recherche et de substitution. Le tableau C.2 donne une liste des nouvelles. Ces nouvelles substitutions, tout comme `${variable#modèle}`, `${variable##modèle}`, `${variable%modèle}`, `${variable%%modèle}` et `${#variable}` ont été étendues pour pouvoir gérer tous les paramètres positionnels spécifiés par `@` ou `*` en ce qui concerne la variable, et tous les éléments de tableaux en spécifiant l'indice par `@` ou `*`.

Opérateur	Signification
${variable:taille}	Expanse jusqu'à « taille » caractères de variable.
${variable:taille:départ}	Expanse jusqu'à « taille » caractères, en partant de « départ ». Si cette valeur est inférieure à zéro, elle sera comptée à partir de la fin de la valeur de la variable et non du début.
${variable/modèle/chaîne}	Le modèle est expansé comme dans l'expansion de noms de fichiers, la variable est expansée aussi et la plus grande longueur commune entre ces résultats est remplacée par « chaîne ».
${variable//modèle/chaîne}	Le modèle est expansé comme dans l'expansion de noms de fichiers, la variable est expansée aussi et la plus grande longueur commune entre ces résultats est remplacée par « chaîne ». Tout ce qui correspond est remplacé.

TAB. C.2 - *Nouveaux opérateurs de substitution dans **bash** 2.0.*

Expansion de chaînes

La version 2.0 traite la forme `$'chaîne'` de manière spéciale. Le mot est expansé en `chaîne`, et tout caractère protégé par une contre-oblique pouvant y être contenu est remplacé selon les spécifications du standard ANSI C. Le tableau C.3 liste ces séquences, et le caractère correspondant.

Séquence	Caractère correspondant
\a	Alerte (bip sonore)
\b	Correction (*BackSpace*)
\e	Le caractère ESC
\f	Saut de page
\n	Saut de ligne
\r	Retour chariot
\t	Tabulation horizontale (TAB)
\v	Tabulation verticale
\\	Contre-oblique
nnn	Code de caractère en octal

TAB. C.3 - *Nouvelles séquences de chaînes dans* ***bash*** *2.0.*

Nouvelles commandes internes

Cette section détaille les plus importantes commandes et options qui ont été ajoutées dans **bash** version 2.0.

La commande `cd` possède deux options : `-P` et `-L`. La première demande à `cd` d'utiliser la structure de répertoires physiques et non pas la hiérarchie logique (vue comme liens symboliques). La seconde demande l'inverse. Par exemple, si votre répertoire personnel contient un lien symbolique vers */usr*, voici ce qui se passera avec l'otion `-P` :

```
$  pwd
~
$  cd -P /usr
$  pwd
/usr
$  cd ..
$  pwd
/
```

Et voici la même chose avec l'option `-L` :

```
$  pwd
~
$  cd -P /usr
$  pwd
/usr
$  cd ..
$  pwd
~
```

La commande `pwd` possède les mêmes options.

La commande `declare` (et son synonyme `typeset`) supportent l'option `-a` pour la spécification de tableaux. Les tableaux peuvent aussi être créés à l'aide de `declare` (voyez la section traitant des tableaux dans cette annexe).

La commande `dirs` se voit ajouter quatre nouvelles options. La première, `-c`, efface la pile de répertoires en supprimant toutes les entrées. Les trois autres modifient la manière dont la sortie est affichée : `-l` produit une liste « longue », où la notation par tilde est remplacée par le chemin complet, `-p` affiche le contenu de a pile sous forme d'une entrée par ligne, et `-v` fait la même chose, mais préfixe chaque entrée par son indice dans cette pile.

Une nouvelle commande, `disown`, autorise la suppression d'une entrée dans la table des jobs. Sa syntaxe est de la forme `disown spécif`, où `spécif` peut être soit un numéro de job, soit un numéro de processus. Si aucun argument n'est donné, c'est le job courant qui sera supprimé.

La commande `enable` possède plusieurs options nouvelles, et l'option `-all` a été remplacée par `-a` et `-p`. La seconde affiche toutes les possibilités, la première indique de plus si elles sont en service ou non. Les deux autres options permettent le chargement dynamique de ces commandes internes (sur les systèmes qui autorisent cette méthode). L'option `-f` prend un nom de fichier en argument, et charge les fonctions qu'il contient dynamiquement. L'option `-d` permet de supprimer ce qui a été chargé par `-f`.

Les commandes internes `pushd` et `popd` ont une option supplémentaire destinée à la manipulation de la pile de répertoires. L'option `-n` supprime le changement normal de répertoire lorsque l'une ou l'autre de ces commandes est appelée. Cette possibilité, combinée avec la commande `dirs`, peut être utilisée pour sauver la pile de répertoire entre différentes sessions.

La commande `read` a trois nouvelles options. Nous avons déjà mentionné la première, `-a`, qui permet de placer les valeurs lues dans un tableau. L'option `-p` prend un argument qui est affiché en tant qu'invite sur la sortie d'erreurs. La dernière option, `-e`, permet d'utiliser la bibliothèque `Readline` pour la saisie de la ligne ; elle ne fonctionnera bien sûr que depuis un terminal.

Une nouvelle commande interne, `shopt`, permet de basculer les valeurs des variables contrôlant le comportement du shell. Sa syntaxe est de la forme `shopt option noms`. Le tableau C.4 indique ses options. Une liste des noms applicables est donnée dans le tableau C.5.

Certaines de ces options remplacent des variables d'environnement présentes dans de précédentes versions du shell.

Option	Signification
-p	Affiche la liste des options modifiables.
-s	met en service chaque option citée.
-u	met hors service chaque option citée.
-q	Supprime tout affichage. La valeur de retour indique si la variable est en service ou non.
-o	Limite les valeurs des noms possibles à celles définies pour l'option `-o` de la commande `set`.

TAB. C.4 - *Options de la nouvelle commande **shopt** dans **bash** 2.0.*

Option	Signification
cdable_vars	Si positionnée, un argument à la commande interne `cd` qui n'est pas un répertoire sera considéré comme étant le nom d'une variable dont la valeur est le répertoire vers lequel se déplacer.
checkhash	Si positionnée, **bash** teste si une commande trouvée dans la table de hâchage existe, avant de tenter de l'exécuter. Si cette commande ne s'y trouve plus, une recherche normale dans le chemin de recherche est effectuée.
cmdhist	Si positionnée, **bash** tente d'enregistrer toutes les lignes d'une commande multi-lignes dans la même entrée de l'historique.
dotglob	Si positionnée, **bash** inclut les noms de fichiers commençant par un point dans les résultats de l'expansion de noms de fichiers.
execfail	Si positionnée, un shell non-interactif ne se terminera pas s'il ne peut exécuter le fichier spécifié en argument à la commande `exec`. Un shell interactif ne se termine pas si un `exec` échoue.
histappend	Si positionnée, la liste d'historique est ajoutée au fichier indiqué par la valeur de la variable `HISTFILE` lorsque le shell se termine, plutôt que d'écraser ce fichier.
histeedit	Si positionnée, et que Readline est utilisée, donne à l'utilisateur la possibilité d'éditer à nouveau une substitution d'historique ratée.

Suite de ce tableau page suivante...

Option	Signification
histverify	Si positionnée, et que Readline est utilisée, les résultats de la substitution d'historique ne sont pas immédiatement passés au shell. La ligne résultante est chargée dans le tampon d'édition de la bibliothèque Readline, ce qui autorise toute modification supplémentaire.
interactive_comments	Si positionnée, autorise le caractère `#` à fonctionner comme commentaire sur la ligne de commandes, tout ce qui le suit étant alors ignoré dans un shell interactif. Cette option est en service par défaut.
lithist	Si positionnée et que l'option `cmdhist` est en service, les commandes multi-lignes sont enregistrées dans le fichier d'historique selon des lignes imbriquées, plutôt que d'employer le point-virgule comme séparateur, chaque fois que c'est possible.
mailwarn	Si positionnée, et qu'il y a eu un accès au fichier que **bash** teste en tant que boîte aux lettres depuis la dernière vérification, le message « *The mail in mailfile has been read* » est affiché.
nullglob	Si positionnée, **bash** autorise les modèles qui ne s'expansent en aucun nom de fichier à être remplacés par une chaîne nulle, plutôt que par eux-mêmes.
promptvars	Si positionnée, les chaînes d'invite subissent l'expansion de variables et de paramètres après avoir été expansées. Cette option est en service par défaut.
shift_verbose	Si positionnée, la commande `shift` affiche un message d'erreur lorsque le compte de décalages excède le nombre de paramètres positionnels.
sourcepath	Si positionnée, la commande `source` utilise la valeur de `PATH` pour trouver le répertoire contenant le fichier donné en argument. Cette option est en service par défaut.

Table C.5: *Noms des options de la commande* `shopt`.

La commande `time` est maintenant intégrée. Elle lance le programme qu'on lui passe en argument, et affiche le temps CPU et le temps total pris par son exécution (qui comprend le temps passé dans les entrées/sorties ou à ne rien faire).

La commande `trap` reconnaît un nouveau pseudo-signal, DEBUG. Si un gestionnaire de signal est positionné pour DEBUG, il sera exécuté après chaque commande simple exécutée par le shell. Ce signal autorise l'implémentation d'un débogueur, comme le `kshdb` décrit dans le livre *Learning the Korn Shell*. Chet Ramey a porté `kshdb` sous **bash** 2.0 ; il est disponible avec les exemples de programmes de ce livre.

Dans cette annexe :

- *Mots réservés*
- *Description BNF*

D

Syntaxe

Mots réservés

Les mots suivants sont réservés et ont une signification spéciale pour le shell lorsqu'ils ne sont pas protégés :

```
if        then      else      elif      fi        case
esac      for       while     until     do        done
function  in        select    !         {         }
```

Description BNF

Voici la syntaxe de **bash**, décrite selon la notation Backus-Naur (BNF) :

```
<ascii> est défini comme étant tout caractère.

<lettre> ::= a|b|c|d|e|f|g|h|i|j|k|l|m|n|o|p|q|r|s|t|u|v|w|x|y|z|
             A|B|C|D|E|F|G|H|I|J|K|L|M|N|O|P|Q|R|S|T|U|V|W|X|Y|Z

<chiffre> ::= 0|1|2|3|4|5|6|7|8|9

<souligné> ::= _

<lettre ou chiffre ou souligné> ::= <lettre> | <chiffre> | <souligné>

<nombre> ::= <chiffre> | <nombre> <chiffre>

<nom> ::= <lettre> | <nom> <lettre ou chiffre ou souligné>

<mot> ::= <lettre ou chiffre ou souligné>
        | <mot> <lettre ou chiffre ou souligné>
```

```
<mot_affectation> ::= <mot> '=' <mot>

<comparaison> ::= '&&'|'||'|'>'|'<'|'<='|'>='

<unité_entrée> ::= <simple_liste> '\\n'
                 | '\\n'

<mots> ::=      <mot>
                 | <mots> <mot>

<redirection> ::= '>' <mot>
                 | '<' <mot>
                 | <nombre> '>' <mot>
                 | <nombre> '<' <mot>
                 | '>>' <mot>
                 | <nombre> '>>' <mot>
                 | '<<' <mot>
                 | <nombre> '<<' <mot>
                 | '<&' <nombre>
                 | <nombre> '<&' <nombre>
                 | '>&' <nombre>
                 | <nombre> '>&' <nombre>
                 | '<&' <mot>
                 | <nombre> '<&' <mot>
                 | '>&' <mot>
                 | <nombre> '>&' <mot>
                 | '<<-' <mot>
                 | <nombre> '<<-' <mot>
                 | '>&' '-'
                 | <nombre> '>&' '-'
                 | '<&' '-'
                 | <nombre> '<&' '-'
                 | '&>' <mot>
                 | <nombre> '<>' <mot>
                 | '<>' <mot>
                 | '>|' <mot>
                 | <nombre> '>|' <mot>

<élément_de_commande_simple> ::= <mot>
                 | <mot_affectation>
                 | <redirection>

<liste_de_redirections> ::= <redirection>
                 | <liste_de_redirections> <redirection>

<commande_simple> ::= <élément_de_commande_simple>
                 | <commande_simple> <élément_de_commande_simple>
```

```
<commande> ::= <commande_simple>
             | <commande_shell>
             | <commande_shell> <liste_de_redirections>

<commande_shell> ::= <commande_for>
             | <commande_case>
             | while <liste> do <liste> done
             | until <liste> do <liste> done
             | <commande_select>
             | <commande_if>
             | <sous-shell>
             | <group_command>
             | <fonction_def>

<commande_for> ::= for <mot> <newlines> do <liste> done
             | for <mot> <newlines> '{' <liste> '}'
             | for <mot> ';' <newlines> do <liste> done
             | for <mot> ';' <newlines> '{' <liste> '}'
             |   for   <mot>   <newlines>   in   <mots>
<terminaison_liste>
                <newlines> do <liste> done
             |   for   <mot>   <newlines>   in   <mots>
<terminaison_liste>
                <newlines> '{' <liste> '}'

<commande_select> ::= select <mot> <newlines> do <liste> done
             | select <mot> <newlines> '{' <liste> '}'
             | select <mot> ';' <newlines> do <liste> done
             | select <mot> ';' <newlines> '{' <liste> '}'
             |   select   <mot>   <newlines>   in   <mots>
<terminaison_liste>
                   <newlines> do <liste> done
             |   select   <mot>   <newlines>   in   <mots>
<terminaison_liste>
                   <newlines> '{' <liste> '}'

<commande_case> ::= case <mot> <newlines> in <newlines> esac
             |      case      <mot>      <newlines>      in
<séquence_clause_case>
                 <newlines> esac
             | case <mot> <newlines> in <clause_case> esac

<fonction_def> ::= <nom> '(' ')' <newlines> <group_command>
             |   fonction   <mot>   '('   ')'   <newlines>
<group_command>
             | fonction <mot> <newlines> <group_command>

<sous-shell>  ::=  '('  <liste> ')'      <commande_if> ::= if <liste>
```

```
then <liste> fi
                | if <liste> then <liste> else <liste> fi
                | if <liste> then <liste> <clause_elif> fi

<group_command> ::= '{' <liste> '}'

<clause_elif> ::= elif <liste> then <liste>
                | elif <liste> then <liste> else <liste>
                | elif <liste> then <liste> <clause_elif>

<clause_case> ::= <liste_modèle>
                | <séquence_clause_case> <liste_modèle>

<liste_modèle> ::= <newlines> <modèle> ')' <compound_list>
                | <newlines> <modèle> ')' <newlines>
                | <newlines> '(' <modèle> ')' <compound_list>
                | <newlines> '(' <modèle> ')' <newlines>

<séquence_clause_case> ::= <liste_modèle> ';;'
                         | <séquence_clause_case>  <liste_modèle> ';;'

<modèle> ::=   <mot>
                | <modèle> '|' <mot>

<liste> ::= <newlines> <liste0>

<compound_list> ::= <liste>
                | <newlines> <liste1>

<liste0> ::= <liste1> '\n' <newlines>
                | <liste1> '&' <newlines>
                | <liste1> ';' <newlines>

<liste1> ::= <liste1> '&&' <newlines> <liste1>
                | <liste1> '||' <newlines> <liste1>
                | <liste1> '&' <newlines> <liste1>
                | <liste1> ';' <newlines> <liste1>
                | <liste1> '\n' <newlines> <liste1>
                | <pipeline>
                | '!' <pipeline>

<terminaison_liste> ::= '\n'
                    | ';'

<newlines> ::=
                | <newlines> '\n'

<simple_liste> ::= <simple_liste1>
```

```
                | <simple_liste1> '&'
                | <simple_liste1> ';'

<simple_liste1> ::= <simple_liste1> '&&' <newlines> <simple_liste1>
                | <simple_liste1> '||' <newlines> <simple_liste1>
                | <simple_liste1> '&' <simple_liste1>
                | <simple_liste1> ';' <simple_liste1>
                | <pipeline>
                | '!' <pipeline>

<pipeline> ::= <pipeline> '|' <newlines> <pipeline>
                | <commande>
```

E

Comment se procurer les exemples

Certains exemples de ce livre sont disponibles sous forme électronique par un certain nombre de méthodes : FTP, FTPmail, BITFTP et UUCP. Les solutions les plus rapides et les moins chères seront décrites en premier. Si vous lisez cette annexe dans l'ordre, la première qui vous convient sera donc la meilleure. Choisissez FTP si vous êtes directement connecté à l'Internet. Prenez FTPmail si vous n'êtes pas relié à ce réseau, mais que vous pouvez émettre et recevoir du courrier électronique. Utilisez BITFTP si votre courrier passe par BITNET. Enfin, si aucune des solutions précédentes ne vous convient, prenez UUCP.

FTP

Pour utiliser FTP, il vous faut une machine connectée au réseau Internet. Voici un exemple de session, ce que vous devez taper est imprimé en italiques :

```
% ftp ftp.uu.net
Connected to ftp.uu.net.
220 FTP server (Version 6.21 Tue Mar 10 22:09:55 EST 1992) ready.
Name (ftp.uu.net:kismet): anonymous
331 Guest login OK, send domain style e-mail address as password.
Password: kismet@ora.com (mettez votre propre adresse électronique ici)
230 Guest login OK, access restrictions apply.
ftp> cd
250 CWD command successful.
ftp> binary (Très important pour transférer des fichiers compressés !)
200 Type set to I.
ftp> get *
```

```
200 PORT command successful.
150 Opening BINARY mode data connection for *.
226 Transfer complete.
ftp> quit
221 Goodbye.
%
```

Si le fichier est une archive `tar` compressée, vous devez extraire le contenu de cette archive en tapant :

```
% zcat   | tar xf -
```

Sous System V, il faut utiliser la syntaxe suivante à la place :

```
% zcat   | tar xof -
```

Si vous ne disposez pas de `zcat` sur votre système, vous devrez faire appel aux commandes séparées `uncompress` et `tar`.

FTPMAIL

FTPMAIL est un serveur commandé par courrier, disponible à quiconque peut émettre ou recevoir du courrier électronique à destination de sites connectés au réseau Internet. Cela inclut la plupart des stations de travail pouvant envoyer des messages dans le monde extérieur ; il n'est pas nécessaire d'être directement connecté au réseau. Voici comment faire.

Vous envoyez un message à l'adresse `ftpmail@decwrl.dec.com` ; dans le corps de ce courrier, donnez le nom du site FTP anonyme et les commandes FTP que vous désirez y voir exécutées. Le serveur réalisera la session pour vous et vous enverra les fichiers correspondants, par courrier électronique. Pour obtenir un fichier d'aide, envoyez un message sans sujet, et ne comportant que le mot « `help` ». Ce qui suit est un exemple de session réelle, qui devrait vous permettre de rapatrier les exemples de ce livre. La commande vous envoie une liste des fichiers contenus dans le répertoire sélectionné, et les fichiers d'exemples demandés. La liste est utile, au cas où il y aurait des fichiers plus récents que ceux que vous comptiez rapatrier.

```
% mail ftpmail@decwrl.dec.com
Subject:
reply alan@ora.com (adresse à laquelle vous voulez recevoir les fichiers)
connect ftp.uu.net
chdir
dir
```

```
binary
uuencode
get
quit
%
```

BITFTP

BITFTP est un serveur de courrier pour les utilisateurs de BITNET. On lui envoie des messages électroniques contenant des requêtes de fichiers, et il vous retourne ces fichiers par le même moyen. BITFTP ne sert que les utilisateurs qui expédient leur courrier depuis des nœuds directs de BITNET, EARN ou NetNorth ; c'est un service public de l'université de Princeton. Voici comment il fonctionne.

Envoyez un courrier contenant vos commandes FTP à l'adresse `BITFTP@PUCC`. Pour obtenir de l'aide, mettez `HELP` dans le corps du message Voici le texte du message que vous devez envoyer à BITFTP :

```
FTP ftp.uu.net NETDATA
USER anonymous
PASS votre adresse courrier Internet, et non votre adresse BITNET
CD
DIR
BINARY
GET *
QUIT
```

Après avoir récupéré le fichier désiré, suivez les instructions données dans la section FTP pour le décompactage de l'archive. Comme vous n'avez probablement pas un système UNIX, il vous faudra peut-être vous procurer des versions de `uudecode`, `uncompress` et `tar` fonctionnant sur votre machine. Il en existe des versions VMS, Mac et DOS ; les versions VMS se trouvent sur `gatekeeper.dec.com` dans le répertoire */archive/pub/VMS*.

Les questions concernant BITFTP peuvent être posées directement à Melinda Varian, `MAINT@PUCC` sur BITNET.

UUCP

UUCP vient en standard avec pratiquement tous les systèmes UNIX, et est disponible pour Apple Macintosh et compatibles IBM-PC (ceux qui ne fonctionnent pas sous UNIX bien sûr). Les exemples fournis ici sont valables pour des sessions UUCP par modem avec UUNET ; les tarifs de connexion à ce service s'appliquent.

On peut télécharger les exemples de ce livre sur UUNET, que l'on y possède un compte ou non. Si votre société possède un compte UUNET, vous disposez d'un système en liaison UUCP directe avec ce service. Trouvez ce système, et tapez :

```
% uucp uunet \!\~ /
      votre_machine \!\~/ votre_nom/
```

Les contre-obliques peuvent être omises si vous utilisez le shell Bourne standard `sh` au lieu du C shell (`csh`). Les fichiers devraient apparaître quelques temps après (comptez au moins un jour ou deux) dans le répertoire */usr/spool/uucppublic/votre_nom*. Si vous n'avez pas de compte sur UUNET mais en aimeriez un pour avoir accès au courrier électronique, contactez UUNET au 703-204-8000.

Si vous ne possédez pas de compte UUNET, vous pouvez établir une connexion UUCP à UUNET par le numéro de téléphone 1-900-468-7727. À l'heure où nous écrivons ces lignes, le tarif est de 50 *cents* par minute ; le prix sera ajouté à votre prochaine facture téléphonique. Le nom de *login* à utiliser est **uucp**, sans mot de passe. Par exemple, une entrée *L.sys* ou*Systems* correspondante aura cette allure :

```
uunet Any ACU 19200 1-900-468-7727 ogin:--ogin: uucp
```

Cette entrée dépend de votre configuration UUCP. Si vous possédez un modem supportant PEP, assurez-vous que `s50=255s111=30` sont en place (initialisation des registres) avant d'appeler.

Essayez de récupérer le fichier */ls-lR.Z*, qui constituera un bon test ; il est court et contient les noms des fichiers et les tailles du contenu du répertoire.

Une fois en possession de l'archive désirée, suivez les instructions données dans la section FTP pour en extraire le contenu.

Index

Achevé d'imprimer
sur les presses de l'imprimerie
Arts Graphiques du Perche
28240 Meaucé
Dépôt légal Février 1996
Imprimé en France

96463